格致经管前沿

金融衍生品定价

陈文婷 著

格致出版社 上海人民出版社

前　言

在过去的 40 年中,衍生品市场在金融领域的地位变得愈发重要。当前,期货和期权交易在全世界十分活跃。金融机构、基金经理和企业的资金部之间经常在场外市场进行远期合约、互换、期权和其他形式的衍生品的交易。衍生品也常被嵌入债券之中,被用于公司商管的报酬、资本投资项目以及将按揭风险从发起人转移到投资人等。衍生品的市场规模庞大:如果以标的资产进行衡量,衍生品市场的规模远远大于股票市场。衍生品标的的资产价值是全世界经济总产值的若干倍。衍生品可用于对冲风险、投机和套利。在转移不同类型风险的过程中,它扮演着十分关键的角色。同时,衍生品市场的变化也是日新月异的:当前,信用衍生品、电力衍生品、气候衍生品和保险衍生品的交易均十分活跃;市场上也产生了许多与利率、外汇、股权相关的新型衍生品;在风险测量和风险管理方面也出现了许多新的方法;在资本投资估算方面也常会使用实物期权(real option)对项目进行分析与估值。

因此,在当今资本环境下,每一个金融从业人员(甚至包括很多非金融行业的从业人员)都应该了解衍生品市场的运作机制、衍生品的应用以及衍生品的定价过程。本书总结作者近十年来在衍生品定价领域的研究工作，探讨各类金融衍生品的特性，尝试给出能够确定衍生品公平价格的理论框架和方法，以切实反映其定价方面的进展。书中重点介绍了求解不同类型衍生品的解析技巧和数值方法，可作为高年级本科生、研究生、金融机构从业人员的参考书。

全书内容安排如下：第 1 章介绍金融衍生品的一些基本概念，如远期合约、期货合约和期权合约等。第 2 章阐述常用的衍生品定价模型，如 Black-Scholes(B-S)模型和 Heston 模型等，介绍与衍生品定价相关的随机分析、数值方法和逼近理论。本书的重点在第 3—8 章。其中，第 3 章阐明如何利用各类解析技巧获得不同模型下欧式普通期权的定价公式。第 4 章以巴黎期权和双障碍期权为例，介绍欧式奇异期权的定价。第 5 章则提供一些欧式期权的算例和讨论。第 6 章以构建数值方法为主，重点解决不同模型下美式期权的定价。第 7 章围绕近似方法，展开对永久美式期权定价的研究。第 8 章则在前文的基础上，分析信用违约互换和股票抵押贷款的定价。

本书所使用的大部分材料出自作者与一些同事的部分研究成果。在此，特别感谢我的导师 Song-Ping Zhu 教授长期研究的影响。本书从开始撰写到完成，历时一年多，在此，感谢我的学生牛一全、霍中尧、尹昌豪等对文稿仔细耐心的编辑工作，感谢江南大学商学院金融系同事们的支持和鼓励。在本书的写作过程中，真诚感谢父母的宽容态度以及我两个可爱的女儿徐籽沙和徐籽橙的爱，他们永远是支撑我努力工作的源泉。

本书的出版得到了教育部人文社会科学研究一般项目(21YJAZH005)的资助以及江南大学金融创新和风险管理基地的支持，在此也一并表示感谢。

由于作者时间和水平有限，书中难免有不妥之处，敬请广大读者给予批评指正。

目　录

第 1 章　金融衍生品概述

金融衍生品(derivative)可被定义为一种证券,其价格依赖于更基本的标的变量(郭宇权,2012)。衍生品的标的变量常常是某种交易资产的价格。例如,股票期权是由股票价格派生出的衍生品。然而,衍生品价值可以依赖于几乎任何变量,其中甚至包括猪肉价格和某个滑雪胜地的降雪量。多年来,衍生品种类激增,发展新型衍生品的定价方法已成为金融工程领域的主要挑战。本书集中研究金融衍生品的定价模型、定价方法和实际推广。为了方便读者理解后续章节的内容,本章将简要阐述与金融衍生品相关的基本概念。本章内容主要参考的相关著作有约翰·赫尔(2015)以及郑振龙、陈蓉(2020)。

1.1　交易所市场

谈到衍生品,就不得不提到交易所市场这个概念。衍生品交易所市场中交易的是经过交易所标准化之后的衍生品。衍生品交易所已经存在很久。几家主要交易所活跃至今。例如,芝加哥交易所(Chicago Board Trade,CBOT)成立于 1848 年,它的最初职能是对所交易的谷物进行数量和质量标准化。CBOT 的竞争对手芝加哥商业交易所(Chicago Mercantile Exchange,CME)成立于 1919 年。目前全球最大的期货交易所当属 2007 年 7 月 CME 与 CBOT 合并后组建的芝加哥商业交易所集团(CME Group)。2006 年,两家交易所交易的合约总数加起来超过 22 亿份,合约总名义本金超过 1 000 万亿美元。

芝加哥期权交易所(Chicago Board Options Exchange,CBOE)从 1973 年开始交易关于 16 种股票的看涨期权合约。事实上,早在 1973 年之前,期权就已经开始被市场交易,但 CBOE 首先明确给出了期权合约的定义,并成功为其建立了市场。CBOE 自 1977 年起交易看跌期权。迄今为止,CBOE 交易超过 2 500 种股票期权和股指期权。

当衍生品在交易所交易时,一旦两名交易员对一桩交易达成共识,具体的交易手续将由交易所的清算中心负责。清算中心是两名交易员之间的中介,并对交易风险负责。例如,假设交易员 A 同意在将来某时间从交易员 B 手中按每盎司 2 900 美元的价格购买 200 盎司黄金。这项交易的结果是交易员 A 有一份从清算中心按每盎司 2 900 美元的价格购买 200 盎司黄金的合约,而交易员 B 有一份以每盎司 2 900 美元的价格卖给清算中心 200 盎司黄金的合约。这样安排交易的优点是交易员们不需要考虑对手的信用问题。清算中心解决这个问题的方式是要求两个交易员都在清算中心储存一定数目的资金(保证金),以便确保他们履行自己的契约。

传统上,衍生品交易所是通过公开喊价系统来进行交易的。这一系统包括在交易大厅上的面谈、喊价和一套用来表达交易意向的复杂手势。交易所已逐渐采用电子交易代开系统。电子交易中,交易员需要输入交易指令,然后电脑会促成买卖双方的交易。虽然公开喊价系统有它的拥护者,但随着时间的推移,公开喊价系统已变得越来越少。通过计算机程序来进行、在交易过程中无须人员介入的电子交易促成了高频交易与算法交易的发展。借助于电子交易已成为当今衍生品市场的一个重要特色。

需要指出的是,并非所有衍生品交易都是在交易所进行的。场外市场上也有许多交易。银行与其他大型金融机构、基金经理以及一些大公司都是衍生品场外市场的主要参与者。一旦同意了场外交易,双方可以将交易递交到中央交易对手或进行双边清算。中央交易对手的作用与交易所的清算中心的作用类似:它介于交易对手之间,从而使交易的一方不用顾虑另一方的违约风险。当双边清算时,交易双方通常会签署一份覆盖它们之间所有交易的合约,在合约中常常会说明可以终止现存交易的情况、停止交易时的最终结算数量以及双方必须缴纳的抵押品(如果需要的话)数量。

衍生品场外市场参与者通常是通过电话或电子邮件来联系对方,或者通过经纪人来为自己的交易寻找对手的。金融机构常常是市场上流行产品的做市商。这意味着他们在随时准备提供买入价的同时,也提供卖出价。

在 2007 年信用危机爆发之前,衍生品场外市场基本是不受监管约束的。在信用危机与雷曼兄弟倒闭之后,场外市场受到许多新规则的影响,这些规则的目的是改善场外市场的透明度、改善市场有效性程度以及降低系统性风险。从某些方面来看,场外交易被强制性地变得越来越像交易所市场。

1.2　主要金融衍生品简介

金融衍生品的种类繁多,本节将针对最基本的三种衍生品——远期、期货和期权——进行简单介绍。

1.2.1　远期合约与期货合约

远期是一种较为简单的金融衍生品。它指的是,在将来某一指定时刻以约定价格买入或卖出某一产品的合约。远期合约常常由金融机构之间或金融机构与其客户之间在场外市场进行交易。外汇远期合约在市场上十分流行。

在远期合约中,同意在将来某一时刻以约定价格买入资产的一方被称为持有多头寸(以下简称多头),而同意在将来某一时刻以同一约定价格卖出资产的这一方被称为持有空头寸(以下简称空头)。

总体而言,作为场外交易的非标准化合约,远期的优势在于灵活性很大,可以根据交易双方的需要签订合约,较容易规避监管。然而,远期合约也具有以下明显的缺点:首先,远期合约没有固定集中的交易场所,不利于信息交流和传递,也不利于形成和发现统一的市场价格,市场效率较低;其次,每份远期合约千差万别,给远期合约的二级流通造成较大不利,因此远期合约的流动性较差;最后,履约没有保证,远期合约的违约风险相对较高。

与远期合约类似,期货合约也指在将来某一指定时刻以约定价格买入或卖出某一产品的合约。与远期合约不同的是,期货合约交易是在交易所内进行的。为了能够进行交易,交易所对期货合约进行了一些标准化规定。期货合约的交易双方并不一定知道交易对手,因此交易所设定了一套机制来保证交易双方履行合约承诺,如每日盯市结算和保证金制度等。从远期和期货的定义可以看出,期货合约与远期合约的本质是完全相同的,都是在当前时刻约定未来的各个交易要素。二者的重要区别在于交易机制之间的差异：远期合约是在场外交易的非标准化合约，而期货合约则是在交易所内交易的标准化合约。

更进一步来说，金融期货交易是在现代商品期货交易的基础上发展起来的。20 世纪 70 年代初，世界经济环境发生了巨大的变化，布雷顿森林体系崩溃，世界各国开始实行浮动汇率制，金融市场上的利率、汇率和证券价格开始发生急剧波动，整个经济体系的风险增大。人们日益增长的金融避险需求推动了金融期货交易的产生。金融期货问世至今不过短短 30 余年的历史，但其发展速度却相当惊人。时至今日，金融期货交易在许多方面都已经远远走在商品期货交易的前端。一些重要的期货交易甚至可以一天 24 小时在世界各地不同的期货市场上持续上演。

1.2.2　期权合约

期权，是一种较远期与期货复杂程度高一些的金融衍生品。该合约赋予持有人在某一特定日期或该日之前的任何时间以固定价格买入或卖出某一种标的资产的权利。当期权合约发起时，协议必须是双方的。一方被称为买方，买方有权利但没有义务参与资产的某些特定交易；另一方被称为卖方，是承担履行买方要求交易义务的一方，也被称为期权的立权人。

期权衍生品的交易可以追溯到 20 世纪 70 年代初。在 1973 年之前，所有的期权交易都被称为"场外交易"，由经纪人分别代表买方和卖方进行单独协商。自 CBOE 建立以来，期权市场出现了急剧的增长。尽管期权现在可在世界各地的许多交易所进行交易，但是场外交易市场仍然存在，由交易商和客户共同协商期权条款以满足客户的需求。

近几年来，中国的期权市场发展也比较迅速。2015 年 2 月 9 日，上证

50ETF 期权于上海证券交易所上市，它是中国首个场内期权品种。这不仅宣告了中国期权时代的到来，也意味着中国已拥有全套主流金融衍生品。2017 年 3 月 31 日，豆粕期权作为中国首只期货期权在大连商品交易所上市。同年 4 月 19 日，白糖期权在郑州商品交易所上市交易。2018 年 9 月 25 日，铜期权在上海期货交易所上市交易。自 2019 年以来，中国期权市场快速发展。权益类期权扩充了上交所 300ETF 期权、深交所 300ETF 期权和中金所的 300 股指期权；商品类期权陆续有玉米、棉花、黄金等十多个品种上市。2022 年 7 月 29 日，证监会宣布批准大连商品交易所自 2022 年 8 月 8 日起开展黄大豆 1 号、黄大豆 2 号及豆油期权交易。同时，大连商品交易所正式发布黄大豆 1 号、黄大豆 2 号和豆油期权合约及其上市交易有关事项的通知。

期权的分类标准多种多样。如果按照买方行权方向的不同，可将期权分为看涨期权和看跌期权。看涨期权赋予持有人在特定日期以特定价格购买标的的权利，而看跌期权则赋予持有人在特定日期以特定价格出售标的的权利。合同中规定的价格被称为行权价格或执行价格，合同中约定的日期被称为行权日或到期日。

如果按照对买方行权时间规定的不同，可以将期权分为美式期权和欧式期权。具体而言，美式期权可以在到期日前任何时候行权，而欧式期权只能在到期日时行权。由于美式期权比欧式期权拥有提前行权的权利，因此美式期权通常比相应的欧式期权价值更高。对于数学家而言，解决美式期权的定价问题更富挑战性，因为欧式期权的定价对应了求解线性问题，而美式期权的定价则对应了求解非线性问题。

如果按照期权结构的复杂程度来进行分类，则期权又可分为普通期权（vanilla option）和奇异期权（exotic option）。普通期权又被称为香草期权，因为国外普遍认为各类冰激凌口味中香草味是最纯粹、最原始的味道，所以用它来命名结构单一、没有内嵌任何特殊条款的普通期权;奇异期权又被称为新型期权,通常是有别于普通期权、自身嵌入复杂结构的期权产品。奇异期权可以分为以下四种类型:第一种是数字胜负型,代表的族群有 N 元期权、蛋糕期权等;第二种是敲入敲出型,代表的族群有向上/向下敲入期权、向上/向下敲出期权等;第三种是路径依赖型,代表的族群有亚式期权、回望期权等;第四种则是品种多样型,代表族群有彩虹期权等。

障碍期权是奇异期权中最简单的一类期权。其独特之处在于,收益不仅取决于标的资产的最终价格,还取决于在期权有效时期内标的价格是否达到某种障碍水平。障碍期权可以进一步分为敲出型和敲入型。敲出型是指如果标的资产价格触及障碍或执行价格,那么期权作废;敲入型则是指当标的价格达到障碍时,期权自动生效。如果标的价格持续一段时间达到障碍(而不是仅仅触碰一次障碍),才能够激发敲入或敲出功能,则这些特殊的障碍期权被称为巴黎型期权。根据衡量在障碍之上或之下所花费时间的不同方式,巴黎型期权可以进一步分为两类:巴黎期权和巴里期权。这两种期权的定价将在 4.1 节中进行详细介绍。

1.3　交易员种类

衍生品市场已经非常成功,其中的主要原因是这些市场吸引了许多不同类型的交易员。一般而言,衍生品市场中的交易员可以大致分为三类:对冲者、投机者和套利者。对冲者通常利用期货、远期和期权合约来降低由于未来市场变化可能导致的风险;投机者利用这些金融工具对市场未来的走势下赌注;套利者则通过两个或更多互相抵消的交易来锁定盈利。

第 2 章　金融衍生品定价的模型及理论

　　金融衍生品的定价是指确定衍生品的理论价格，它是金融工程最重要的内容之一。金融衍生品的理论价格是市场参与者进行套期保值、套利和投机的依据。金融衍生品定价涉及大量高深的数理知识、分析和计算技巧。在华尔街，关于金融衍生品的定价、使用及其风险管理方面的理论已被广泛认为是复杂而高深的科学（郭宇权，2012）。为了方便读者阅读，本章将详细介绍常用的衍生品定价模型及其相关理论。

2.1　常数波动率模型和常数利率模型

　　本节将重点介绍常数波动率模型和常数利率模型，主要包括 B-S 模型以及基于 B-S 模型的一些简单扩展模型。

2.1.1　B-S 模型

　　1973 年，Black 和 Scholes（1973）基于布朗运动提出了著名的 B-S 模型。

该模型是最为经典的用来做衍生品(特别是期权)定价和对冲的数学模型,是衍生品定价理论的奠基石。该模型的假设条件严格,具体包括以下七个方面(Black and Scholes,1973):标的价格服从对数正态分布;无风险利率和金融资产收益是常数;市场交易无摩擦,即无交易成本;标的资产在期权有效期内无红利;不存在无风险套利机会;投资者可以以无风险利率借贷;证券交易是连续的。

在 B-S 模型下,假设标的价格 S_t 满足如下随机微分方程(SDE):

$$dS_t = \mu S_t dt + \sigma S_t dW_t$$

其中,t 为当前时刻,W_t 为标准布朗运动,μ 为常数漂移率,σ 为常数波动率。现假设投资者持有一份资产组合 Π。该资产组合由一份期权 V 和一Δ 份标的资产构成,即 $\Pi = V - \Delta S$。因此,在极短的时间 dt 内,该资产组合的价格变化为 $d\Pi = dV - \Delta dS$。为了消除资产组合中随机风险项的影响,可知 $\Delta = \dfrac{\partial V}{\partial S}$。最后,通过运用伊藤引理以及一些数学演算,可得到如下著名的 B-S 方程:

$$\frac{\partial V}{\partial t} + \frac{1}{2}\sigma^2 S^2 \frac{\partial^2 V}{\partial S^2} + rS \frac{\partial V}{\partial S} - rV = 0$$

在推导 B-S 方程的过程中,有三点值得注意的地方。首先,Δ 衡量了期权价格相对于标的价格 S 的变化率,这是衍生品定价理论中一个较为重要的概念。其次,线性算子 $L_{BS} = \dfrac{\partial}{\partial t} + \dfrac{1}{2}\sigma^2 S^2 \dfrac{\partial^2}{\partial S^2} + rS \dfrac{\partial}{\partial S} - rI$ 衡量了对冲期权投资组合的回报和银行存款回报之间的差额。对于欧式期权来说,这种差额可能为零,但对于美式期权来说,很多情况下并非为零。最后,期权价格与标的价格的实际增长快慢无关,因为 B-S 方程中并不含有漂移率 μ。

在 B-S 模型下,欧式看涨/看跌期权价格的解析表达式是很容易找出的。对于欧式看涨期权来说,其定价公式为 $C_{B\text{-}S}(t,S)=SN(d_1)-Ke^{-r(T-t)}N(d_2)$,其中:

$$d_1=\frac{\ln\left(\dfrac{S}{K}\right)+\left(r+\dfrac{\sigma^2}{2}\right)(T-t)}{\sigma\sqrt{T-t}} \qquad d_2=\frac{\ln\left(\dfrac{S}{K}\right)+\left(r-\dfrac{\sigma^2}{2}\right)(T-t)}{\sigma\sqrt{T-t}}$$

$N(d)$ 是标准正态的概率密度分布函数,定义为:$N(d)=\dfrac{1}{\sqrt{2\pi}}\displaystyle\int_{-\infty}^{d}e^{-x^2/2}\mathrm{d}x$。

根据欧式看涨期权与看跌期权之间的平价关系可知,在 B-S 模型下,欧式看跌期权定价公式为 $P_{B\text{-}S}(t,S)=Ke^{-r(T-t)}N(-d_2)-SN(-d_1)$。

2.1.2 分数阶 B-S 模型

实证结果表明,布朗运动并不能很好地刻画标的价格的演变过程。为了避免模型本身带来的定价误差,许多学者对 B-S 模型做了修正。近年来比较流行的一种方式是假设标的价格服从分数布朗运动。

分数布朗运动最初由安德雷·柯尔莫哥洛夫(Andry Kolmogorov)于1940 年从希尔伯特空间中引入。随后,贝努瓦·曼德尔布罗特(Benoit Mandelbrot)和范内斯(Van Ness)正式提出了分数布朗运动的概念,并得出了其随机积分形式。分数布朗运动具有自相似性和平稳增量性,符合许多自然和社会现象的运动过程。迄今为止,分数布朗运动已被广泛运用到气象学、水文地理学、数据流分析、金融资产定价等诸多领域。分数布朗运动的正式定义如下:

定义 2.1 若随机过程 $\{B_t^H,t\cdots0\}$ 是连续高斯过程,对于 $\forall t\geqslant0$,

$E(B_{NH}^H)=0$，且协方差 $D_H(s,t)$ 满足 $R_H(s,t)=E[B_t^H,B_s^H]=\dfrac{1}{2}(|t|^{2H}+|s|^{2H}-|t-s|^{2H})$，其中 H 为 Hurst 指数，$H\in(0,1)$，则称该随机过程为分数布朗运动。$H=1/2$ 时，B_t^H 是标准布朗运动。

Hurst 指数由英国水文学家哈罗德·赫斯特（Harrod Hurst）于 1951 年提出，起初用于分析水库和河流间的进出流量，后被广泛应用于物理、统计学、金融等领域。由于金融资产价格往往具有分形特征，因此 Hurst 指数能够更准确地描述资产价格的运动过程，提高实证资产定价的精度。

分数布朗运动主要有以下几点性质：

（1）自相似性：对于 $\alpha>0$ 时，$\alpha^H B_t^H$ 的有限维分布与 $B_{\alpha t}^H$ 相同。

（2）对于 $\forall H\in(0,1)$ 和 $t\geqslant0$，有 $E[B_t^H]^2=t^{2H}$。

（3）$H>\dfrac{1}{2}$ 时，分数布朗运动具有长时记忆性；$H<\dfrac{1}{2}$ 时，分数布朗运动具有短时记忆性。

分数阶 B-S 模型就是采用分数布朗运动来刻画标的价格的演变过程。它建立在分形市场假说的基础上，强调标的价格的自相似性和长期记忆性，相比于经典的 B-S 模型，它更符合金融市场的实际情况。在分数阶 B-S 模型下，标的价格 S_t 满足如下随机微分方程：$\mathrm{d}S_t=\mu S_t\mathrm{d}t+\sigma S_t\mathrm{d}B_t^H$。其中 B_t^H 是 Hurst 指数为 H 的分数布朗运动。容易证明，当 $H=\dfrac{1}{2}$ 时，分数布朗运动等价于标准布朗运动，此时分数阶 B-S 模型就退化到经典的 B-S 模型。

Necula（2008）推导出在分数阶 B-S 模型下期权价格 V 满足的偏微分方程：$\dfrac{\partial V}{\partial t}+rS\dfrac{\partial V}{\partial S}+H\sigma^2 t^{2H-1}S^2\dfrac{\partial^2 V}{\partial S^2}=rV$。在该模型下，欧式看涨期权的定价公式为 $C_{FBM}(t,S)=SN(d_1)-Ke^{-r(T-t)}N(d_2)$，其中：$d_1=$

$$\frac{\ln\left(\dfrac{S}{K}\right)+r(T-t)+\dfrac{\sigma^2}{2}(T^{2H}-t^{2H})}{\sigma\sqrt{T^{2H}-t^{2H}}}, \quad d_2=\frac{\ln\left(\dfrac{S}{K}\right)+r(T-t)-\dfrac{\sigma^2}{2}(T^{2H}-t^{2H})}{\sigma\sqrt{T^{2H}-t^{2H}}}。$$

相应地,在分数阶 B-S 模型下,欧式看跌期权的定价公式为 $P_{FBM}(t,S)=Ke^{-r(T-t)}N(-d_2)-SN(-d_1)$。

需要注意的是,分数布朗运动既不是马尔可夫过程也不是半鞅过程,因此无法使用经典的伊藤引理。针对分数布朗运动,学者们提出了 Wick 乘积的概念,并证明了用分数布朗运动刻画的金融市场在 Wick 乘积意义下是不存在套利的(Cheridto,2001,2003)。然而,在 Wick 乘积意义下无套利与传统意义上认为的金融市场中的无套利在本质上是不同的。一个在 Wick 乘积意义下无套利的模型也是可能存在套利情况的。为了深入解决这些问题,学者们进一步提出了混合分数布朗运动、广义混合分数布朗运动等,详情可参见 Sun (2013)。

2.1.3 反常扩散模型

为了更切合实际地刻画标的价格的演变过程,一些学者将反常扩散的概念引入金融领域。反常扩散是一类与时间不成线性关系的扩散过程,布朗运动只是它的一个特殊情况。在统计界,反常扩散主要有三大类,包括连续时间随机游走、分数布朗运动以及分形拓扑上的扩散,而连续时间随机游走是其中最常见的一大类。

连续时间随机游走有两个基本要素:一次跳跃的长度和两次跳跃之间的等待时间。根据均方跳跃长度(Σ^2)和平均等待时间(T)是否是一个有限值,连续时间随机游走可划分为四个相域:传统马尔可夫 Lévy 飞行(即

超扩散 : $\Sigma^2 \to \infty$，$T < \infty$）、次扩散（$\Sigma^2 < \infty$，$T \to \infty$）、非马尔可夫 Lévy 飞行（$\Sigma^2 \to \infty$，$T \to \infty$），以及正常扩散（即布朗运动 : $\Sigma^2 < \infty$，$T < \infty$）（Metzler and Klafter，2000）。

在数学上，连续时间随机游走和分数阶偏微分方程（FPDE）紧密相连。一般来说，超扩散和次扩散分别对应了空间方向和时间方向的分数阶导数，而非马尔可夫 Lévy 飞行中，分数阶导数在时间和空间方向均会出现（Metzler and Klafter，2000）。近年来，除了正常扩散，连续时间随机游走在金融数学中的运用主要局限在超扩散上。从金融的角度来说，超扩散主要将标的资产在 t 时刻的价格 S_t 在 Δt 内会发生剧烈变化的可能性考虑在内，因此它对应的资产价格分布比正态分布具有更肥厚的尾。已有文献记载了这方面研究的一些初步的结果，如 Cartea 和 Del-Castillo-Negrete（2006）分别将有限矩对数稳定（FMLS）、Koponen-Boyarchenko-Levendorski（KoBol）模型以及 CGMY 过程与空间方向的分数阶导数联系起来。同 B-S 模型相比，这些模型中标的在 $t + \Delta t$ 时刻的价格 $S_{t+\Delta}$ 不仅与 S_t 有关，更是一个在 $[0, t]$ 上标的价格的加权平均值。

近年来，也有学者考虑了带有时间方向分数阶导数的 B-S 方程及其求解（Chen et al.，2015a），他们指出，时间方向的分数阶导数与分型拓扑的假设有关。然而，这种假设的合理性还有待考证。由于时间方向的分数阶导数与跳跃中的等待时间有关，而标的资产产生跳跃一般与交易关系最大，因此跳跃等待时间与两次交易的等待时间具有一致性。时间方向的分数阶导数在某种程度上可用来刻画交易中的等待时间对衍生品价格的影响。而经典的期权定价理论都建立在交易是在交易日中连续发生的假设上，它忽略了交易中的等待时间对标的资产价格的影响。在 3.1 节中，我们将具体介绍三种不同的常见反常扩散模型下的欧式期权定价问题，这里就不再详细展开。

2.2 非常数波动率或非常数利率模型

2.1 节主要阐述了一些常见的常数波动率模型。然而，现在的一个普遍共识是，从业者需要定期改变波动率参数，以反映最新的信息。此外，实证研究表明，隐含波动率（implied volatility）取决于执行价格（波动率微笑或皱眉现象）和到期时间（波动率的期限结构效应）。另外，在衍生品的存续期内，无风险利率保持常数也是个不符合实际情况的假设。为了处理这些问题，也有文献提供了一些可替代的模型，本节将对此类模型作简单介绍。

2.2.1 局部波动率模型

局部波动率模型是比较经典的非常数波动率模型。该模型假设标的价格的波动率是关于标的价格和当前时间的函数。具体而言，在局部波动率模型下，标的价格 S_t 满足如下随机微分方程：$\mathrm{d}S_t = \mu S \mathrm{d}t + \sigma(S, t)S\mathrm{d}W$，其中 $\sigma(S, t)$ 代表标的价格的波动率。

局部波动率模型在期权市场中应用较为广泛，特别是针对那些标的价格波动主要由标的价格水平引起的衍生品，如利率衍生品等。时齐的局部波动率模型被认为能够为股指期权提供最佳对冲。此外，2.2.2 小节中将提到的随机波动率模型也是基于局部波动率模型发展而来的。

局部波动率模型一个比较吸引人的特点是：一旦给定市场中看涨期权或看跌期权的价格，即可以推导出与理论期权价格相匹配的市场价格的局部波动率函数。在局部波动率模型下，如果对于所有执行价格 K 与到期时

间 T，欧洲普通期权的无套利价格均已知，则可以利用著名的 Dupire 公式从这些期权价格中提取出波动率函数 $\sigma(K, T)$ 的解析表达式：$\sigma(K, T)$

$$= \sqrt{\left(\frac{\partial C}{\partial T} + rK\,\frac{\partial C}{\partial K}\right) \bigg/ \left(\frac{K^2}{2}\frac{\partial^2 C}{\partial K^2}\right)}\,。$$

值得注意的是，局部波动率模型存在几个不容忽视的问题。首先，由于一些金融衍生品价格样本不充分甚至不可得，因此通常很难获得与模型匹配的合适的波动率函数。其次，使用 Dupire 公式计算的局部波动率准确度不够，因为当标的价格远超出或远小于执行价格时，Dupire 公式的分子和分母可能会变得非常小。最后，由于在局部波动率模型中，波动率只是一个确定性函数，因此它不适合应用于一些依赖于波动率随机性质的金融衍生品，如远期启动期权、棘轮期权等。

2.2.2　随机波动率模型

随机波动率模型是对常数波动率假设的一个强大的修正，能够描述复杂的金融市场。一方面，关于股票价格回报的实证研究显示了波动率会表现出随机的特征；另一方面，交易成本的影响也表现为波动性的不确定性。此外，随机波动率还可以很好地模拟价格回报的厚尾特征。

在所有的随机波动率模型中，史蒂夫·赫斯顿（Steve Heston）提出的Heston 模型是备受关注的模型之一。此模型假设标的价格服从几何布朗运动，而它的波动率服从 Cox-Ingersoll-Ross（CIR）过程，并且标的价格和波动率的变化是相关的。实证结果表明，该模型符合金融市场的一些特征，譬如可以保证波动率非负且围绕一个均值来回波动。在该模型下，赫斯顿找出了欧式看涨期权价格的半解析表达式，这对模型的校正和实际推广有着重要的意义（Heston，1993）。

在这个模型中，假设标的价格 S_t 遵循如下随机微分方程：$\mathrm{d}S_t = \mu S_t \mathrm{d}t + \sqrt{v_t} S_t \mathrm{d}W_1$，其中，$\mu$ 是漂移率，W_1 是标准布朗运动，$\sqrt{v_t}$ 是标的价格回报的标准差（即波动率）。在此模型中，方差 v_t 满足如下均值回归随机微分方程：$\mathrm{d}v_t = \kappa(\eta - v_t)\mathrm{d}t + \sigma\sqrt{v_t}\,\mathrm{d}W_2$，其中，$\eta$ 是 v_t 的长期均值，κ 是接近长期均值的松弛率，σ 通常被称为波动率的波动率，W_2 也是一个标准布朗运动，它与 W_1 间的相关系数为 $\rho \in [-1, 1]$。

Heston 模型与 B-S 模型的一个很大的不同之处在于，B-S 模型中的随机因素仅来自标的价格的变化，而在 Heston 模型中，随机因素不仅来自标的价格的变化，也来自波动率的演变。

为了对冲随机性，在 Heston 模型下可以建立如下资产组合：$\Pi = V - \Delta_1 S - \Delta_2 U$，其中，$V$ 为一份期权，S 为标的价格，U 为另一份期权，Δ_1、Δ_2 为数量。因此，$\mathrm{d}\Pi = \mathrm{d}V - \Delta_1 \mathrm{d}S - \Delta_2 \mathrm{d}U$。不难看出，在 $\mathrm{d}t$ 内，该资产组合价格的变化为：$\mathrm{d}\Pi = \mathrm{d}V - \Delta_1 \mathrm{d}S - \Delta_2 \mathrm{d}U$。对 $\mathrm{d}V$ 与 $\mathrm{d}U$ 进行伊藤展开，并且消除该资产组合中的随机性，可得 $\Delta_1 = \dfrac{\partial V}{\partial S} - \Delta_2 \dfrac{\partial U}{\partial S}$ 和 $\Delta_2 = \left(\dfrac{\partial V}{\partial v}\right) \Big/ \left(\dfrac{\partial U}{\partial v}\right)$。当投资组合中不再包含风险项后，可知其价值的增长率等同于无风险利率 r。因此，可知 $\mathrm{d}\Pi = r(V - \Delta_1 S - \Delta_2 U)\mathrm{d}t$。记 $A - \Delta_2 B = r(V - \Delta_1 S - \Delta_2 U)$，可得：

$$A - \Delta_2 B = rV - rS\left(\frac{\partial V}{\partial S} - \Delta_2 \frac{\partial U}{\partial S}\right) - \Delta_2 rU \tag{2.1}$$

将 Δ_1 与 Δ_2 的表达式代入式（2.1），最终可得：

$$\frac{1}{2}vS^2\frac{\partial^2 V}{\partial S^2} + \rho\sigma v S\frac{\partial^2 V}{\partial S\partial v} + \frac{1}{2}\sigma^2 v\frac{\partial^2 V}{\partial v^2} + rS\frac{\partial V}{\partial S} - rV + \frac{\partial V}{\partial t} = f(S,\ v,\ t)\frac{\partial V}{\partial v}$$

不失一般性，可令 $f(S,\ v,\ t) = -(\alpha - \beta\lambda)$，其中，$\lambda$ 是波动率的市场价格。

此时,可得在 Heston 模型下,衍生品价格应该满足的偏微分方程。

在 Heston 模型下,可得出欧式看涨期权价格的半解析表达式,即

$$C_{Heston}(S,\ v,\ \tau)=SP_1(\log S,\ v,\ \tau;\ \log K)-K\mathrm{e}^{-r\tau}P_2(\log S,\ v,\ \tau;\ \log K),$$

其中,$d_j=\sqrt{(\rho\sigma\phi\mathrm{i}-b_j)^2-\sigma^2(2u_j\phi\mathrm{i}-\phi^2)}$,　$g_j=\dfrac{b_j-\rho\sigma\phi\mathrm{i}+d_j}{b_j-\rho\sigma\phi\mathrm{i}-d_j}$,　$D_j=$

$\dfrac{b_j-\rho\sigma\phi\mathrm{i}+d_j}{\sigma^2}\left(\dfrac{1-\mathrm{e}^{d_j\tau}}{1-g_j\,\mathrm{e}^{d_j\tau}}\right)$,　$C_j=r\phi\tau\mathrm{i}+\dfrac{a}{\sigma^2}\left[(b_j-\rho\sigma\phi\mathrm{i}+d)\tau-2\log\left(\dfrac{1-g_j\,\mathrm{e}^{d_j\tau}}{1-\mathrm{e}^{d_j\tau}}\right)\right]$,

$f_j=\mathrm{e}^{C_j+D_jv+\mathrm{i}\phi x}$,　$P_j=\dfrac{1}{2}+\dfrac{1}{\pi}\displaystyle\int_0^\infty\Re\left\{\dfrac{\mathrm{e}^{-\mathrm{i}\phi y}f_j(x,\ v,\ \tau,\ \phi)}{\mathrm{i}\phi}\right\}\mathrm{d}\phi$,　$u_1=1/2$,

$u_2=-1/2$,$b_1=\kappa-\sigma\rho$,$b_2=\kappa$,$x=\log S$,$a=\kappa\eta$。

事实上,$P_j(x,\ v,\ \tau;\ y)$ 是对数标的价格的累积分布函数。需要注意的是,Heston 模型提供的价格表达式中包含一个有待进一步计算的显式积分,这一点与 B-S 模型中要求计算的累积分布函数相同。两者之间的显著区别在于,后者的被积函数是一个定义良好的光滑实函数,而 Heston 解中的被积函数是一个复值函数。这导致 Heston 模型的数值实现存在一定的困难。

2.2.3　随机利率模型

还有一种常见的对 B-S 模型假设的修正是假设利率也服从一个随机过程。此类模型被称为随机利率模型,比较适用于有效期较长的衍生品,如股票抵押贷款等。

最为常见的随机利率模型通常假设标的价格 S 与无风险利率 r 满足:$\mathrm{d}S_t=(r-D)S_t\mathrm{d}t+\sigma_1 S_t\mathrm{d}W_1$,$\mathrm{d}r=ar\mathrm{d}t+\sigma_2 r\mathrm{d}W_2$,其中,$D$ 是以连续复利形式计算的红利率,常数 σ_1 与 σ_2 分别是标的资产与无风险利率对应的波动

率。W_1 与 W_2 是标准布朗运动,它们之间的相关系数为 $\rho \in [-1, 1]$。下面以 Dothan 随机利率模型为例,推导出衍生产品价格应满足的偏微分方程。注意,在此模型下,$a = 0$。

现假设有一份投资组合 Π,包含做空一份期权 V,买入 Δ_1 份标的、Δ_2 份无违约风险的零息债券 P,即 $\Pi = -V + \Delta_1 S + \Delta_2 P$。在 Dothan 随机利率模型下,根据伊藤引理,可知 P 满足:$\dfrac{\partial P}{\partial t} + \dfrac{1}{2}\sigma_2^2 r^2 \dfrac{\partial^2 P}{\partial r^2} - rP = 0$。因此,在 $\mathrm{d}t$ 内,该投资组合的价值变化为:$\mathrm{d}\Pi = -\mathrm{d}V + \Delta_1 \mathrm{d}S + \Delta_2 \mathrm{d}P + D\Delta_1 S\mathrm{d}t$。利用伊藤引理将上式展开,消除 w_1 与 w_2 带来的随机风险,可得:$\Delta_1 = \dfrac{\partial V}{\partial S}$,$\Delta_2 = \dfrac{\partial V}{\partial r} \bigg/ \dfrac{\partial P}{\partial r}$,$\dfrac{\partial V}{\partial t} + (r - D)S \dfrac{\partial V}{\partial S} + \dfrac{1}{2}\sigma_1^2 S^2 \dfrac{\partial^2 V}{\partial S^2} + \dfrac{1}{2}\sigma_2^2 r^2 \dfrac{\partial^2 V}{\partial r^2} + \rho\sigma_1\sigma_2 rS \dfrac{\partial^2 V}{\partial S\partial r} - rV = 0$。

除了上述 Dothan 随机利率模型外,还有许多其他随机利率模型,如多尺度随机利率模型、单尺度随机利率模型等(Fouque et al.,2000)。除此之外,也有学者将随机利率模型与随机波动率模型进行结合,构造出随机利率波动率模型等(He and Chen,2021a)。这些模型将在后文中作详细介绍。

2.3 基本数学理论

衍生品定价需要大量数学知识。为了方便读者阅读本书,本节将简要介绍本书所涉及的相关数学知识。

2.3.1　随机分析

金融衍生品的价格是关于标的资产价格的函数,这里的资产价格过程是由随机微分方程来刻画的。为了建立衍生品的定价模型,必须熟悉对随机变量的数学运算,如对包含随机变量的函数进行复合、微分、积分等。本节将简单介绍相关的随机分析知识。

1. 随机积分

定义 2.2(随机积分定义)　设 $f(t)$ 是 t 的任意函数,W_t 为标准布朗运动,$f(t)$ 关于 W_t 是不可料的(non-anticipative),则有如下随机积分的伊藤定义: $\int_0^T f(t)\mathrm{d}W_t = \lim_{n\to\infty}\sum_{k=1}^n f(t_{k-1})[W_{t_k} - W_{t_{k-1}}]$,其中间隔点 $0 \leqslant t_0 < t_1 < \cdots < t_n = T$ 是 $[0, T]$ 上的一个划分,极限是在均方意义下取的。

定理 2.1(伊藤积分的性质)　对于任意常数 $a \in R$ 与 $b \in R$,任意函数 $G \in L^2(0, T)$ 与 $H \in L^2(0, T)$,有:

(1) $\int_0^T (aG + bH)\mathrm{d}W_t = a\int_0^T G\mathrm{d}W_t + b\int_0^T H\mathrm{d}W_t$

(2) $E\left[\int_0^T G\mathrm{d}W_t\right] = 0$

(3) $E\left[(\int_0^T G\mathrm{d}W_t)^2\right] = E\left[\int_0^T G^2\mathrm{d}t\right]$

(4) $E\left[\int_0^T G\mathrm{d}W_t \int_0^T H\mathrm{d}W_t\right] = E\left[\int_0^T GH\mathrm{d}t\right]$

一旦定义了随机积分,就可以给出一类随机过程(伊藤过程)的正式定义。

定理 2.2(伊藤过程)　假设 F_t 是通过对 W_t 轨线的观察由布朗过程 W_t

生成的自然滤流。假设 $F(t)$ 和 $G(t)$ 适应 F_t，并且对所有的 T 满足 $\int_0^T |F(t)| \, dt$ $< \infty$ 和 $\int_0^T G^2(t) \, dt < \infty$（几乎处处），即 $F \in L^1(0, T)$，$G \in L^2(0, T)$，那么 $X_t = X_0 + \int_0^t F(s) \, ds + \int_0^t G(s) \, dW_s$ 可以被称为一个伊藤过程，它的微分形式为：$dX_t = F(t) \, dt + G(t) \, dW_t$。

有了伊藤过程的正式定义，下面我们来介绍伊藤引理。它是随机过程中最重要的结论。伊藤引理对于包含随机过程作为变量的函数的作用，正如泰勒定理对于只包含确定性变量的函数一样。伊藤引理将随机变量函数的变化与随机变量本身的变化联系起来。

定理 2.3（伊藤引理） 假设随机变量 X_t 满足：$dX_t = F(X, t) \, dt + G(X, t) \, dW_t$，其中 $F \in L^1(0, T)$，$G \in L^2(0, T)$。假设 $f: R \times [0, T] \to R$ 连续，同时 $\dfrac{\partial f}{\partial t}$、$\dfrac{\partial f}{\partial x}$、$\dfrac{\partial^2 f}{\partial x^2}$ 存在且连续，令随机过程 $Y(t) = f(X, t)$，则 Y 满足如下随机微分方程：

$$dY = \left(\frac{df}{dt} + F \frac{df}{dx} + \frac{1}{2} G^2 \frac{d^2 f}{dx^2} \right) dt + G \frac{df}{dx} dW \tag{2.3}$$

式（2.3）被称为伊藤公式或伊藤链式法则。对于高维的伊藤引理，有兴趣的读者可参考郭宇权（2012）。

2. 随机微分方程与偏微分方程之间的联系

为了从偏微分方程的角度研究定价问题，必须先介绍一下 Feynman-Kac 定理和 Kolmogoroff 后向方程，这两者都揭示了随机微分方程与偏微分方程之间的关系。

定理 2.4（Kolmogoroff 后向方程和 Feynman-Kac 定理） 假设：

$$\mathrm{d}\bar{x}_t = \mu(t, \bar{x}_t)\mathrm{d}t + \sigma(t, \bar{x}_t)\mathrm{d}W_t \tag{2.4}$$

其中 $\mu_i(t, x)$ 和 $\sigma_{ij}(t, x)$ 是连续的,且满足利普希茨连续条件和增长条件:

$$\|\mu(t, x) - \mu(t, y)\| + \|\sigma(t, x) - \sigma(t, y)\| \leqslant C\|x - y\|$$

$$\|\mu(t, x)\|^2 + \|\sigma(t, x)\|^2 \leqslant C^2(1 + \|x\|^2)$$

其中 C 是常数。令 T 为任意但固定的常数, $L \geqslant 0$, $\lambda \geqslant 0$ 为恰当的常数,设 $f(x): R^d \to R$, $g(t, \bar{x}): [0, T] \times R^d \to R$, $K(t, \bar{x}): [0, T] \times R^d \to R$ 是连续函数并且满足:

$$|f(\bar{x})| \leqslant L(1 + \|\bar{x}\|^2) \text{ 或 } f(\bar{x}) \geqslant 0$$

$$|g(t, \bar{x})| \leqslant \lambda(1 + \|\bar{x}\|^2) \text{ 或 } g(t, \bar{x}) \geqslant 0$$

假设 $V(t, \bar{x}) \in C^{1, 2}([0, T] \times R^d)$,且满足柯西问题:

$$\begin{cases} \dfrac{\partial V}{\partial t} + A_t V(t, \bar{x}) - K(t, \bar{x})V + g(t, \bar{x}) = 0 \\ V(T, \bar{x}) = f(\bar{x}) \end{cases}$$

以及多项式增长条件:对于 $\bar{x} \in R^d$, $M > 0$, $\mu \geqslant 1$

$$\max_{0 \leqslant t \leqslant T} |V(t, \bar{x})| \leqslant M(1 + \|\bar{x}\|^{2\mu})$$

其中 A_t 是式(2.4)的无穷小生成元,那么 $V(t, \bar{x})$ 满足以下随机表示:

$$v(t, \bar{x}) = E\Big[\int_0^T \exp\Big(-\int_0^t K(u, \bar{x}_u)\mathrm{d}u\Big) g(s, \bar{x}_s)\mathrm{d}s +$$

$$\exp\Big(-\int_t^T K(\bar{x}_s(w))\mathrm{d}s\Big) f(\bar{x}_T) \mid \bar{x}_t = \bar{x}\Big]$$

3. 测度变换

在风险中性测度下,标的资产贴现价格是一个鞅。此时,未定权益的有效价值通常需要将带有漂移项的标的价格过程变为鞅,但需要在不同的测度下完成。变换能够通过利用 Girsanov 定理有效实行。在介绍定理前，先介绍一下与在两个等价概率测度之间转换有关的 Radon-Nikodym 导数。

考虑在测度 P 下的标准布朗过程 $W_p(t)$，记 $W_{\widetilde{P}}(t)=W_P(t)+\mu t$，其中 μ 为常数。可以看出，$W_{\widetilde{P}}(t)$ 在 P 下是一个带有漂移项的布朗过程。那么，如何从测度 P 变到另一个测度 $\widetilde{P}$，使得 $W_{\widetilde{P}}(t)$ 是一个在 $\widetilde{P}$ 下漂移项为零的布朗过程呢？形式上，用因子 $\dfrac{\mathrm{d}\widetilde{P}}{\mathrm{d}P}$ 乘以 $\mathrm{d}P$ 便可以得到 $\mathrm{d}\widetilde{P}$，因子 $\dfrac{\mathrm{d}\widetilde{P}}{\mathrm{d}P}$ 被称为

Radon-Nikodyn 导数。当对应的 $\dfrac{\mathrm{d}\widetilde{P}}{\mathrm{d}P}$ 等于 $\exp\left(-\mu W_P(t)-\dfrac{1}{2}\mu^2 t\right)$ 时，可以证明 $W_{\widetilde{P}}(t)$ 在测度 $\widetilde{P}$ 下服从期望为 0、方差为 T 的正态分布。当漂移率不为常数时，Girsanov 定理给出了在一般情况下求 Radon-Nikodyn 导数的过程。

定理 2.5（Girsanov 定理） 令 $W_p(t)$ 是在测度 P 下的标准布朗过程（称为 P-布朗过程）。令 $F_t(t\geqslant 0)$ 是由 $W_p(t)$ 生成的自然流域。考虑一个 F_t 适应的随机过程 $\gamma(t)$，它满足 Novikov 条件：$E\left[\mathrm{e}^{\int_0^t \frac{1}{2}\gamma^2(s)\mathrm{d}s}\right]<\infty$。考虑 Radon-Nikodym 导数 $\dfrac{\mathrm{d}\widetilde{P}}{\mathrm{d}P}=\rho(t)$，其中 $\rho(t)=\exp\Big(\int_0^T -\gamma(s)\mathrm{d}W_P(s)-\dfrac{1}{2}\int_0^T \gamma^2(s)\mathrm{d}s\Big)$。那么在测度 $\widetilde{P}$ 下，伊藤过程 $W_{\widetilde{P}}(t)=W_P(t)+\int_0^t \gamma(s)\mathrm{d}s$ 是一个 $\widetilde{P}$-布朗过程。

2.3.2 数值方法

在很多情况下，衍生品的价格还需要采用数值方法来确定。本节将简单介绍后面章节中可能涉及的一些基础数值方法及相关概念。

1. 有限差分法

有限差分法(FDM)是一种最常用的数值求解方法。在金融领域,这个方法已被越来越多地运用到期权定价中。

有限差分法的基本思想是用基于给定点附近函数的泰勒展开的近似来代替偏微分方程中出现的偏导数。有三种常用的有限差分近似,即向上差分近似、向下差分近似和中心差分近似,分别定义为:

$$f'(x) = \frac{f(x+\Delta x) - f(x)}{\Delta x} + 0(\Delta x)$$

$$f'(x) = \frac{f(x) - f(x-\Delta x)}{\Delta x} + 0(\Delta x)$$

$$f'(x) = \frac{f(x+\Delta x) - f(x-\Delta x)}{2\Delta x} + 0(\Delta x^2)$$

有限差分法的基本特征是:它的解是相应的偏微分方程的近似,其精度随着网格间距趋于零而得到提高。下面的 Lax-Richtmyer 等价理论给出了一种检验给定的有限差分法是否收敛的方法。

定理 2.6(Lax-Richtmyer 等价定理)　对于适定的线性偏微分方程组初值问题,一个与之相容的线性差分格式收敛的充分必要条件为该格式是稳定的。

Lax-Richtmyer 定理以美国数学家拉克斯(P. D. Lax)命名。根据这个定理,收敛性可以被易于证明的一致性和稳定性条件所取代。

2. 谱方法

谱方法是科学计算中常用的另一类方法。谱方法的解有非常好的误差特性,即所谓的"指数收敛"。常见的谱方法包括,用于解决周期几何问题的傅里叶级数方法、用于解决有限无界的几何问题的多项式谱方法、用于解决高度非线性问题的伪谱方法,以及用于快速求解稳态问题的谱迭代方法等。

谱方法的中心思想是将给定问题的解近似展开成光滑函数的有限级数和形式:$f(x) \approx \sum_{k=0}^{N} a_k \Phi_k(x)$,其中 $\Phi_k(x)$ 是多项式或三角函数,a_k 是系数,需要在求解过程中确定。在所有系数 a_k 都已知的情况下,问题的求解过程可以得到极大的简化。

3. 有限元法

有限元法(FEM)也是一种常用的数值方法,常用于求解偏微分方程和积分方程的近似解。有限元法的特点是它能够相对轻松地处理复杂的几何形状和边界。有限差分法其实是有限元法的一个特例。

谱方法和有限元法也是密切相关的,二者的主要思想几乎一致。它们之间的主要区别在于,谱方法将整个计算域上非零的连续函数的线性组合作为近似解,而有限元法将每个子域(单元)上非零的分段函数的线性结合作为近似解。因此,谱方法是一种全局方法,而有限元法是一种局部方法。

2.3.3　奇异摄动方法

除了 2.3.2 小节提到的数值方法外,另一个适用于衍生品定价问题的数学方法分支是摄动方法。摄动方法通过数学方法,从相关问题的精确解开始,找到所需求解问题的近似解。如果问题可以公式化地表示为在可精确求解的问题中添加一个"小"扰动项,那么摄动方法是适用的。

摄动方法通常从假设解 y 可以用幂级数的形式表示开始,即 $y = \sum_{n=0}^{\infty} \epsilon^n y_n$,其中 y_0 被称为零阶项,$y_1, y_2, \cdots, y_n$ 表示高阶项,代入原系统可

以获得并求解 y_n 的简化系统。如果近似解 $\sum_{n=0}^{N} \varepsilon^n y_n$ 在整个域上精确到 $0(\varepsilon^{N+1})$ 的阶数,则认为目标问题可以通过使用常规摄动方法来解决。

然而,在大多数物理问题中,常规摄动方法得到的近似解仅在整个区域的某些子区域上是准确的,而在其他子区域中是不准确的。这些区域可进一步划分为:过渡层、边界层和内层。

在利用常规摄动方法无法解决问题时,奇异摄动方法应运而生。这种方法首先在原始变量中构造一个正则展开,这在边界层之外是可以做到的,这一展开得到的解通常被称为外部解。其次,在边界层中构造关于局部变量的展开,局部展开得到的解被称为内部解或边界层解。接着,结合内部解和外部解,得到整个域上的展开。最后,从理论上证明展开式代表了目标问题解的有效渐近逼近。

2.4 波动率的估计方法

资产价格的波动率被定义为,按连续复利计算时,该资产在一年内所提供收益率的标准差。它主要用于度量资产所提供收益的不确定性。在期权参数的估计中,波动率的估计是难度最大的,也是最重要的。波动率本身是无法被直接观测到的,而且在 t 时刻为 T 时刻到期的期权定价时,人们关心的是 t 时刻到 T 时刻之间的标的价格的波动率,也就是未来的波动率。因此,期权定价中使用的是对未来给定期限的波动率的预测值。

在预测未来波动率时,常用的方法有两大类,即历史法和隐含法,相应地产生了历史波动率(historical volatility)和隐含波动率的概念。由于波动

率的不可观测性,很难判断哪种方法预测出的值较为准确。下面将对这两
种波动率估计方法进行简要的介绍。

2.4.1 历史法

所谓历史法就是从标的价格的历史数据中估计得到历史波动率,再相
应外推得到未来波动率的估计值。这一小节主要参考约翰·赫尔(2015)。

1. 由历史数据估计波动率

定义 $n+1$ 为观测次数;S_i 为第 i 个时间区间结束时的标的价格;τ 为时
间区间的长度,以年为单位。令 $u_i = \ln\left(\dfrac{S_i}{S_{i-1}}\right)$,其中 $i = 1, 2, \cdots, n$。因为
$\ln\dfrac{S_i}{S_{i-1}} \sim N\left(\left(\mu - \dfrac{1}{2}\sigma^2\right)\tau, \sigma^2\tau\right)$,因此 u_i 的标准差为 $\sigma\sqrt{\tau}$。另一方面,u_i 标
准差的估计值 s 为:

$$s = \sqrt{\frac{1}{n-1}\sum_{i=1}^{n}(u_i - \bar{u})^2} \quad \text{或} \quad s = \sqrt{\frac{1}{n-1}\sum_{i=1}^{n}u_i^2 - \frac{1}{n(n-1)}\left(\sum_{i=1}^{n}u_i\right)^2}$$

其中 $\bar{u}$ 为 u 的均值,当利用历史数据估计波动率时,通常假设 $\bar{u}=0$。

综上,历史波动率的估计值 $\hat{\sigma}$ 为 $\hat{\sigma} = \dfrac{s}{\sqrt{\tau}}$。可以证明该估计式的标准误
差大约为 $\dfrac{\hat{\sigma}}{\sqrt{2n}}$。在计算中选择一个合适的 n 值并不容易。一般而言,数据
越多,估计的精度也会越高,但 σ 随时间变化而变化,因此太陈旧的历史数据
对于预测未来的波动率可能作用不大。一个折中的办法是采用最近 90—
180 天内每天的收盘价数据。另一种约定俗成的方法是将 n 设定为波动率
所用于的天数。

定义 σ_n 为第 $n-1$ 天所估计的市场变量在第 n 天的波动率,σ_n^2 为方差率,则利用 u_i 在最近 m 天的观测数据所计算出的日方差率 σ_n^2 的无偏估计为

$$\sigma_n^2 = \frac{1}{m-1} \sum_{i=1}^{m} (u_{n-i} - \bar{u})^2 \text{。}$$

在估计得到历史波动率以后,关于如何外推得到未来波动率的预测值,又有不同的做法。最简单的方法是认为历史将会重复,直接将历史数据中得到的历史波动率作为未来波动率的预测值;一些更复杂的方法是通过一些计量方法构建出历史波动率和未来值之间的时间序列模型,以此模型进行外推预测,如广义自回归条件异方差(GARCH)模型等,下面将对这类模型进行介绍。

2. 时间序列模型

(1) ARCH(m)模型。

ARCH 模型指自回归条件异方差模型,它是受到 2003 年诺贝尔经济学奖嘉奖的计量经济学成果之一,被认为最集中反映了方差变化特点而被广泛应用于金融数据时间序列分析。ARCH 模型是过去 20 年金融计量方法发展中最重大的创新。所有的波动率模型中,无论从理论研究的深度还是从实证运用的广泛性来说,ARCH 类模型都是独一无二的。

利用 ARCH(m)模型来估计波动率的主要思想是,假设存在某一长期平均方差 V_L,则方差的估计基于长期平均方差及 m 个观测值,观察数据越陈旧,所对应的权重就越小。令 $\omega = \gamma V_L$,则 $\sigma_n^2 = \omega + \sum_{i=1}^{m} \alpha_i u_{n-i}^2$,其中 $\gamma + \sum_{i=1}^{m} \alpha_i = 1$。

(2) 指数加权移动平均(EWMA)模型。

EWMA 模型是以指数式递减加权的移动平均。各加权值随时间的推

移而呈指数式递减,越近期的数据权重越重,但对较旧的数据也给予一定的权重。加权的程度以常数 λ 决定,$\lambda \in [0, 1]$。此模型假设变量在第 n 天的波动率估计值 σ_n(在第 $n-1$ 天估计)由第 $n-1$ 天的波动率估计值 σ_{n-1}(在第 $n-2$ 天估计)和变量在最近一天内变化的百分比 u_{n-1} 来决定: $\sigma_n^2 = \lambda \sigma_{n-1}^2 + (1-\lambda) u_{n-1}^2$。

EWMA 模型的优点是该方法仅需存储相对较少的数据。在任何时刻,只需存储当前波动率的估计值以及市场变量的最新观察值。EWMA 模型的目的是对波动率变化进行跟踪监测。假定市场变量在第 $n-1$ 天有较大的变化,即 u_{n-1}^2 很大,此时对当前波动率的估计将会增加。数值 λ 决定了日波动率估计对于最新市场变量百分比变化的反应。在计算 σ_n 时,一个较小的 λ 会给 u_{n-1}^2 一个较大的权重,这时每天所估计的日波动率本身的变化也会很大。一个较大的 λ(接近于 1)将会使日波动率的估计对市场变量每天百分比变化所提供的信息有较慢的反应。

(3) GARCH 模型。

GARCH 模型也被称为广义 ARCH 模型,是 ARCH 模型的拓展。在 GARCH(p, q) 模型中,σ_n 是由最新的 p 个 u^2 观测值和最新的 q 个方差率估计而得出的,即 $\sigma_n^2 = \gamma V_L + \sum_{i=1}^{p} \alpha_i u_{n-i}^2 + \sum_{i=1}^{q} \beta_i \sigma_{n-i}^2$,其中 $\gamma + \sum_{i=1}^{p} \alpha_i + \sum_{i=1}^{q} \beta_i = 1$。

GARCH(1, 1) 是最流行的 GARCH 模型。GARCH(1, 1) 通常写成 $\sigma_n^2 = \omega + \alpha u_{n-1} + \beta \sigma_{n-1}^2$。一旦估计出 ω、α 和 β 之后,可利用 $\gamma = 1 - \alpha - \beta$ 来计算 γ,而长期方差 V_L 等于 $\frac{\omega}{\gamma}$。为了保证 GARCH(1, 1) 模型的稳定,需要 $\alpha + \beta < 1$,否则与长期方差对应的权重将为负值。

在实际应用中,方差值通常有均值回归的性质。GARCH(1, 1) 模型具有均值回归的特性,而 EWMA 模型却没有,因此从理论上讲,GARCH(1,1)模型比 EWMA 模型更吸引人。

2.4.2　隐含法

由于波动率的时变性,期权市场上的交易者更倾向于使用隐含法估计波动率。所谓隐含法,就是将期权的市场价格代入特定的期权定价公式,反向求出当时期权价格所对应的波动率,即隐含波动率。

在求隐含波动率时,使用的模型不同,得到的隐含波动率是没有可比性的。对于欧式期权来说,市场公认的惯例是用 B-S 模型来估计隐含波动率。具体做法就是将欧式期权市场价格和波动率之外的其他所有参数代入 B-S 期权定价公式,从而反向求出期权价格对应的波动率。因此,如无特别注明,隐含波动率通常专指 B-S 隐含波动率。有的市场甚至在期权报价时直接以 B-S 隐含波动率而不以期权价格进行报价,交割时再转为具体价格。不同到期期限和执行价格的期权价格往往差异巨大,难以进行直观的比较,而转化为隐含波动率之后,由于都是市场对同一个标的在未来不同期限的波动率的预测值,更具可比性(郑振龙、陈蓉,2020)。

隐含法也存在自身的局限性。首先,由于隐含波动率是利用期权定价公式从期权市场价格中提取出来的,如果期权定价公式不准确,则提取出来的隐含波动率也就不准确。特别是在卖空受限比较严重的市场,这个偏差有可能很大。解决办法是选用更准确的定价模型。一般而言,在现货做空受限的情况下,可采用期货期权定价公式,即 Black 期权定价公式。其次,B-S 模型和 Black 模型都假设波动率为常数,而且股票或期货价格服从对数正态分布,这意味着对于不同期限和行权价格的期权,计算出的 B-S 隐含波动率或 Black 隐含波动率应该都是相等的。然而,事实并非如此。因此,使用时不能只用一个期权来计算 B-S 隐含波动率或 Black 隐含波动率,而应尽量使用不同期限、不同执行价格的期权价格来计算隐含波动率,得到 B-S 隐含波动率曲面或 Black 隐含波动率曲面,从而得到更为全面的隐含波动率的信息(郑振龙、陈蓉,2020)。

第 3 章　欧式普通期权的定价

　　如第 1 章所述,欧式期权是指仅能在到期日时行权的期权,普通期权则包括看涨和看跌两大类。欧式普通期权是金融衍生品中最为常见的一种,也是构造许多复杂衍生品的基石。因此,对此类期权进行定价研究具有一定的现实和理论意义。从数学角度来说,欧式期权的定价是一个线性问题,较非线性问题而言,相对容易找出解析解。本章将详细介绍如何利用解析或逼近技巧,找出复杂模型下欧式普通期权的闭式解析价格或近似价格表达式。

3.1　反常扩散模型下欧式普通期权的定价

　　正如 2.1.3 小节所述,反常扩散是一类与时间不成线性关系的扩散过程。反常扩散主要包括连续时间随机游走、分数布朗运动以及分形拓扑上的扩散。本节主要集中考虑如何在三种常见连续时间随机游走模型下找出欧式期权价格的封闭形式的表达式。

3.1.1 FMLS 模型下欧式看跌期权的定价

FMLS 模型是一种最简单的连续时间随机游走模型。虽然该模型并不能很好地刻画金融市场的特征,但由于其形式简单,易于推广,吸引了不少学者的研究兴趣。本小节将考虑 FMLS 模型下欧式看跌期权的解析定价,主要参考的是 Chen 等(2014)。

1. FMLS 模型

在 FMLS 模型下,假设标的价格在风险中性测度 Q 下,服从如下随机过程:$\mathrm{d}x_t=(r-D-\nu)\mathrm{d}t+\sigma\mathrm{d}L_t^{\alpha,\,-1}$,其中,$X_t=\ln S_t$,$\nu=-\dfrac{1}{2}\sigma^\alpha\sec\dfrac{\alpha\pi}{2}$ 是一个凸度调整参数;$L_t^{\alpha,\,-1}$ 是一个最大有偏 Lévy 稳定(LS)过程;$\alpha\in(0,\,2]$ 被称为尾部指数,用来刻画 Lévy 稳定过程与标准布朗运动的偏离程度。为了保证标的价格是实数,需要额外假定 $\alpha\in(1,\,2]$。值得指出的是,在最大有偏 Lévy 稳定过程中,随机变量 X_t 最大程度地向左偏,这意味着分布的右尾将快速衰减,并呈指数矩退出。这些参数的设置意味着 FMLS 模型下的标的价格只能表现出向下的跳跃,而其向上的运动具有连续的路径。

令 $V(x,\,t;\,\alpha)$ 为欧式期权价格,其中 $x=\ln S$,α 为尾部指数,Cartea 和 Del-Castillo-Negrete(2006)指出,V 满足如下分数阶偏微分方程:

$$\begin{cases} \dfrac{\partial V}{\partial t}+\left(r+\dfrac{1}{2}\sigma^\alpha\sec\dfrac{\alpha\pi}{2}\right)\dfrac{\partial V}{\partial x}-\dfrac{1}{2}\sigma^\alpha\sec\dfrac{\alpha\pi}{2}\,{}_{-\infty}D_x^\alpha V-rV=0 \\ V(x,\,T;\,\alpha)=\Pi(x) \end{cases} \tag{3.1}$$

其中,$\Pi(x)$ 是期权回报,对于看涨期权,$\Pi(x)=\max(\mathrm{e}^x-K,\,0)$,对于看跌期权,$\Pi(x)=\max(K-\mathrm{e}^x,\,0)$。${}_{-\infty}D_x^\alpha$ 是一维的 Weyl 分数阶算子,其定义

为,对于 $n-1 \leqslant \Re(\alpha) < n$:

$$_{-\infty}D_x^{\alpha}f(x) = \frac{1}{\Gamma(n-\alpha)} \frac{\partial^n}{\partial x^n} \int_{-\infty}^x \frac{f(y)}{(x-y)^{\alpha+1-n}} \mathrm{d}y$$

从上述定义可以清楚地看出,当 $\alpha \to 2$ 时,该算子为普通的二阶偏导数,在这种情况下,式(3.1)退化为普通的欧式期权满足的 B-S 偏微分方程系统。

下面将具体介绍如何从式(3.1)中解析求解出欧式期权的价格。

2. 封闭形式的解析解

首先,我们将介绍具体的求解过程;其次,从理论角度分析解的渐近性质;最后,在 FMLS 模型下,分析看涨-看跌平价公式是否成立。

为了方便求解过程,首先引入新变量 $\tau = -\frac{1}{2}\sigma^{\alpha}\left(\sec\frac{\alpha\pi}{2}\right)(T-t)$,将原来的终值问题式(3.1)变为如下初值问题:

$$\begin{cases} \dfrac{\partial V}{\partial \tau} = (\gamma-1)\dfrac{\partial V}{\partial x} + {}_{-\infty}D_x^{\alpha}V - \gamma V = 0 \\ V(x,0;\alpha) = \Pi(x) \end{cases} \tag{3.2}$$

其中,$\gamma = \dfrac{-2r}{\sigma^{\alpha}\sec\left(\dfrac{\alpha\pi}{2}\right)}$ 是相对无风险利率。对式(3.2)进行傅里叶变换,可得:

$$\begin{cases} \dfrac{\partial \widetilde{V}}{\partial \tau} = (\gamma-1)\mathrm{i}\xi\widetilde{V} - |\xi|^{\alpha}\widetilde{V} - \gamma\widetilde{V} = 0 \\ \widetilde{V}(\xi,0;\alpha) = \widetilde{\Pi}(\xi) \end{cases} \tag{3.3}$$

其中,$\widetilde{V}(\xi,\tau,\alpha) = F[V(x,\tau;\alpha)]$,$\widetilde{\Pi}(\xi) = F[\Pi(x)]$。求解式(3.3),可获得傅里叶空间中的期权价格表达式:$\widetilde{V}(\xi,\tau;\alpha) = \mathrm{e}^{-\gamma\tau}\widetilde{\Pi}(\xi)\mathrm{e}^{-(1-\gamma)\tau\mathrm{i}\xi - |\xi|^{\alpha}\tau}$。

为了得到在原空间中的期权价格,需要对 $\widetilde{V}(\xi,\tau,\alpha)$ 进行傅里叶逆变换,即:

$$V(x, \tau; \alpha) = e^{-\gamma\tau}V(x, 0; \alpha) * F^{-1}\left[e^{-(1-\gamma)\tau i\xi - |\xi|^\alpha\tau}\right] \qquad (3.4)$$

其中，* 是卷积。根据傅里叶变换的位移定理，可得：$V(x, \tau; \alpha) = e^{-\gamma\tau}V(x, 0; \alpha) * P(x-(1-\gamma)\tau; \alpha)$，其中，$P(x; \alpha) = F^{-1}\left[e^{-|\xi|^\alpha\tau}\right]$。根据傅里叶变换和概率密度函数的特征函数间的关系，可知 $e^{-|\xi|^\alpha\tau}$ 的傅里叶逆变换是 Lévy 稳定密度 $f_{\alpha, 0}$ 的倍数，即：

$$P(x; \alpha) = \frac{1}{\tau^{1/\alpha}}f_{\alpha, 0}\left(\frac{|x|}{\tau^{1/\alpha}}\right) = \frac{1}{\alpha\tau^{1/\alpha}}H_{\frac{1}{2}, \frac{1}{2}}\left[\frac{|x|}{\tau^{1/\alpha}} \left| \begin{array}{cc} \left(1-\frac{1}{\alpha}, \frac{1}{\alpha}\right) & \left(\frac{1}{2}, \frac{1}{2}\right) \\ (0, 1) & \left(\frac{1}{2}, \frac{1}{2}\right) \end{array} \right.\right]$$

$$(3.5)$$

根据式(3.4)和式(3.5)，可得：

$$V(x, \tau; \alpha) = \int_{-\infty}^{+\infty} e^{-\gamma\tau}\Pi(\xi)\frac{1}{\tau^{\frac{1}{\alpha}}}f_{\alpha, 0}\left(\frac{|x-\xi-(1-\gamma)\tau|}{\tau^{\frac{1}{\alpha}}}\right)d\xi$$

因此，对于欧式看跌期权，我们有：

$$V_p(x, \tau; \alpha) = Ke^{-\gamma\tau}\int_{d_1}^{+\infty} f_{\alpha, 0}(|m|)dm - e^x\int_{d_1}^{+\infty} e^{-\tau-\tau^{\frac{1}{\alpha}}m}f_{\alpha, 0}(|m|)dm$$

$$(3.6)$$

其中，$d_1 = \dfrac{x-\ln K-(1-\gamma)\tau}{\tau^{\frac{1}{\alpha}}}$。

值得注意的是，上述求解方法可能没有 Carr 和 Madan(1999)提出的方法那么直截了当。由于解析地进行傅里叶逆变换通常是一项非常困难的任务，当前方法可能仅限于特殊形式的支付函数，或者不适用于其他金融衍生品的定价。然而，如果傅里叶逆变换对于一些特殊情况可以解析地实现，那么其优点也是不容忽视的。首先，显式封闭形式的解析解清楚地显示了原始空间中参数之间的相互关系，这有助于进一步对 FMLS 模型进行定量分析。其次，在数值上，显式封闭形式的解析解比半解析公式（傅里叶逆变换未被解析的反演）的解析解容易处理，因为傅里叶被积函数在某些情况下，在复平面中具有极点，从而相应的傅里叶积分值将随路径的选择而变化。此外，这些被积函数也可能出现振荡，这给数值实现带来了相当大的困难。最后，通过显式封闭形式的解析解，可以很容易计算出一些重要的套期保值参数（例如一些希腊字母），然而采用一些逼近方法来确定这些参数时，有时会出现一些严重影响精度的问题（Tavella and Randall，2000）。

3. 解析解的渐近性质

检验当前解析解有效性的方法之一就是在参数取极值的情况下，研究解的渐近性。它的渐近性质与期权应有的性质一致是该解析解有效的必要条件之一。此外，研究期权价格的渐近性质也可以揭示所采用的定价模型的一些基本性质。鉴于此，下面将对所得到的看跌期权价格进行渐近分析。

前文中指出，当 $\alpha \to 2$ 时，FMLS 模型将会退化为相对应的 B-S 模型。因此，可以预计，当 $\alpha \to 2$ 时，FMLS 模型下的欧式看跌期权价格将退化为 B-S 模型下对应的期权的价格。下面的定理 3.1 将从理论上证明这一点。

定理 3.1 当 $\alpha \to 2$ 时，FMLS 模型下欧式看跌期权价格将退化为 B-S 模型下对应的期权的价格，即：

$$\lim_{\alpha \to 2} V_p(x, \tau; \alpha) = K e^{-\gamma \tau} N(-d_2) - e^x N(-d_1)$$

其中，$d_1 = \dfrac{x - \ln K + (\gamma - 1)\tau}{\sqrt{2\tau}}$，$d_2 = d_1 - \sqrt{2\tau}$，$N(x) = \dfrac{1}{\sqrt{2\pi}} \displaystyle\int_{-\infty}^{x} e^{-\frac{x^2}{2}} \, dx$。

证明 根据 $f_{\alpha,0}$ 的定义，可知：

$$\lim_{\alpha \to 2} f_{\alpha,0}(|m|) = \frac{1}{2} H_{\frac{1}{2}, \frac{1}{2}} \left[|m| \left| \begin{array}{cc} \left(\dfrac{1}{2}, \dfrac{1}{2}\right) & \left(\dfrac{1}{2}, \dfrac{1}{2}\right) \\ (0, 1) & \left(\dfrac{1}{2}, \dfrac{1}{2}\right) \end{array} \right. \right]$$

它可以化简为：

$$f_{2,0}(|m|)=\frac{1}{2}H_{1;1}^{1;0}\left[|m|\left|\begin{array}{c}\left(\frac{1}{2},\frac{1}{2}\right)\\(0,1)\end{array}\right.\right]$$

其梅林变换为：

$$M[f_{2,0}(|m|)]=\frac{1}{2}\frac{\Gamma(s)}{\Gamma\left(\frac{1}{2}+\frac{1}{2}s\right)}$$

另一方面，根据 Gamma 函数的性质，可知：

$$\frac{\Gamma(s)}{\Gamma\left(\frac{1}{2}+\frac{1}{2}s\right)}=\frac{\left(\frac{1}{2}\right)^{-s}\Gamma\left(\frac{1}{2}s\right)}{2\sqrt{\pi}}$$

对上式两端同时进行梅林逆变换，可得：

$$M^{-1}\left[\frac{\Gamma(s)}{\Gamma\left(\frac{1}{2}+\frac{1}{2}s\right)}\right]=M^{-1}\left[\frac{\left(\frac{1}{2}\right)^{-s}\Gamma\left(\frac{1}{2}s\right)}{2\sqrt{\pi}}\right]=\frac{\mathrm{e}^{-m^2/4}}{\sqrt{\pi}}$$

因此，$f_{2,0}(|m|)=\dfrac{\mathrm{e}^{-m^2/4}}{2\sqrt{\pi}}$，即标准高斯密度函数。

将式(3.6)中的 Lévy 稳定密度函数替换为标准高斯密度函数，再化简，该定理的结论就显而易见了。证毕。■

定理 3.2 则揭示了标的价格取极值的情况下，期权价格的渐近行为。

定理 3.2 （1）$\lim\limits_{x\to-\infty}V_p(x,\tau;\alpha)|=K\mathrm{e}^{-r\tau}$；（2）$\lim\limits_{x\to\infty}V_p(x,\tau;\alpha)=0$。该定理的证明比较简单，有兴趣的读者可参阅 Chen 等(2014)。

从定理 3.2 中可以看出，在 FMLS 模型下，当标的价格非常小时，欧式看跌期权肯定会在到期日时被执行,因此其现值等于执行价格的贴现。另一方面,如果标的价格无穷大,那么欧式看跌期权就毫无价值了,因为在有限的时间内,该期权不会变为"在值期权"。上述两点符合为欧式期权设定的条款。从这个意义上来说,FMLS 是一个比较合理的期权衍生品定价模型。

4. 看涨-看跌平价公式

期权定价领域最重要的原则之一是看涨-看跌平价公式,该公式揭示了具有相同到期日和执行价格的欧式普通期权之间的关系。下面将分别从金融和数学角度验证该平价公式在 FMLS 模型下是否成立。

从金融角度来说,由于在 Lévy 过程中引入了一个凸度调整,因此 FMLS 模型下存在风险中性测度。这个风险中性测度的存在意味着"无套利机会"假设在此模型下依然是成立的。采用 B-S 模型中类似的资产组合分析就很容易得到该模型下的看涨-看跌平价公式。该公式也可通过严格的数学推导来进行证明,详见定理 3.3。

定理 3.3 对于任意给定的 $\alpha \in (1, 2]$,具有相同到期时间和执行价格的欧式看涨或看跌期权的价格满足如下平价公式:$V_c(x, \tau; \alpha) - V_p(x, \tau; \alpha) = e^x - K e^{-\gamma\tau}$。

证明 买入一份看涨期权同时做空一份看跌期权的价值满足如下的分数阶偏微分方程系统:

$$\begin{cases} \dfrac{\partial V_{c-p}}{\partial \tau} = (\gamma - 1)\dfrac{\partial V_{c-p}}{\partial x} + {}_{-\infty}D_x^\alpha V_{c-p} - \gamma V_{c-p} = 0 \\ V_{c-p}(x, 0; \alpha) = e^x - K \end{cases} \tag{3.7}$$

其中,$V_{c-p}(x, \tau; \alpha) = V_c(x, \tau; \alpha) - V_p(x, \tau; \alpha)$。利用前文所述方法求解式(3.7),可得:

$$V_{c-p}(x,\tau;\alpha)=\underbrace{-Ke^{-\gamma\tau}\int_{-\infty}^{+\infty}f_{\alpha,0}(\mid m\mid)\mathrm{d}m}_{\mathrm{I}}+\underbrace{e^{x}\int_{-\infty}^{+\infty}e^{-\tau-\frac{1}{\alpha}f_{\alpha,0}(\mid m\mid)\mathrm{d}m}}_{\mathrm{II}}$$

从 $V_{c-p}(x,\tau;\alpha)$ 的表达式可以看出，$\mathrm{I}=-Ke^{-\gamma\tau}$ 成立，因为 $\int_{-\infty}^{+\infty}f_{\alpha,0}(\mid m\mid)\mathrm{d}m=1$。另一方面，根据概率密度函数 $f_{\alpha,0}(\cdot)$ 的对称性，可知 $\mathrm{II}=e^{x}\int_{-\infty}^{+\infty}e^{-\tau-\frac{1}{\alpha}m}f_{\alpha,0}(m)\mathrm{d}m=e^{x-\tau}\int_{-\infty}^{+\infty}e^{-\mathrm{i}(-\mathrm{i}\tau\frac{1}{\alpha})^{m}}f_{\alpha,0}(m)\mathrm{d}m$。因此，根据 I 与 II 的取值，我们有 $V_{c-p}=e^{x}-Ke^{-\gamma\tau}$，即欧式看涨-看跌期权的平价公式成立。证毕。∎

上述平价公式极大地便利了 FMLS 模型下欧式期权的定价，即欧式看涨或看跌期权的价格可以直接从其对手的价格中推断出来。另一方面，由于 Lévy 密度的复杂性，当前期权价格的数值模拟并不像 B-S 公式那么简单，这一部分将在 5.1.1 小节中重点阐述。

3.1.2　CGMY 模型下欧式外汇期权的定价

1. CGMY 模型

CGMY 模型是一个无限纯跳跃的 Lévy 模型，是更为一般化的指数 Lévy 模型，具有无穷活动率，可以同时捕捉到标的价格的剧烈变化和不同幅度的小跳跃。这一模型也具有稳态分布，相较高斯模型，对标的价格有更好的拟合能力（Carr et al.，2002）。CGMY 模型作为布朗运动的拓展与替代，理论上是一个很好的期权定价模型，但其过于复杂，对数学推导要求较高。本节将研究该模型下的外汇期权定价，细致分析该模型的参数变化对外汇期权价格的影响等。本节内容主要参考 Chen 等（2017）以及杨丽玲、陈文婷（2020）。

在风险中性测度 Q 下，CGMY 模型假设标的资产的对数价格（$x_t =$ $\ln S_t$）服从几何 Lévy 过程：$d(\ln S_t) = (r-v)dt + dL_t$，其中 v 是一个凸性调整，dL_t 是等价鞅测度下 Lévy 过程的增量，C、G、M、Y 为控制该增量的参数。具体而言，参数 C 是整体活动率的度量。参数 G 和参数 M 控制 Lévy 密度左右两边的指数衰减速率。当 $G = M$ 时，CGMY 呈匀称分布；如果 $G < M$，则呈现偏左厚尾分布。参数 Y 决定了 CGMY 模型是否有完整的单调 Lévy 密度，以及是否具有有限或无限的活性与变化（Carr et al.，2002）。若 $Y \in (1, 2)$，则 CGMY 过程是完全单调的且具有无限变化和有限二次变化。

令当前时刻标的资产对数价格 x 对应的欧式外汇期权价格为 $V(x, t)$，本币无风险汇率为 r_d，外币无风险汇率为 r_f，则在 CGMY 模型下，$V(x, t)$ 满足：

$$
\begin{cases}
\dfrac{\partial V(x, t)}{\partial t} + (r_d - r_f - v)\dfrac{\partial V(x, t)}{\partial x} + \\[2mm]
C\Gamma(-Y)e^{Mix}D^Y_\infty\left(e^{-Mi}V(x, t)\right) + \\[2mm]
C\Gamma(-Y)e^{-Gx}D^Y_{-\infty}\left(e^{Gx}V(x, t)\right) = \\[2mm]
\left[r_d + C\Gamma(-Y)(M^Y + G^Y)\right]V(x, t) \\[2mm]
V(x, T) = \Pi(x)
\end{cases}
\tag{3.8}
$$

其中，$v = C\Gamma(-Y)\left[(M-1)^y - M^y + (G+1)^y - G^y\right]$，$\Pi(x)$ 为回报函数，$_{-\infty}D^Y_x(\,\cdot\,)$ 和 $_xD^\Gamma_\infty(\,\cdot\,)$ 是一维 Weyl 分数算子，分别定义如下：

$$
_{-\infty}D^Y_x f(x) = \frac{1}{\Gamma(m-Y)}\frac{d^m}{dx^m}\int_{-\infty}^x (x-y)^{m-Y-1}f(y)dy
$$

$$
\text{其中 } m-1 \leqslant \mathrm{Re}(Y) < m
$$

$$_xD_{+\infty}^{Y}f(x) = \frac{(-1)^m}{\Gamma(m-Y)}\frac{\mathrm{d}^m}{\mathrm{d}x^m}\int_{-\infty}^{x}(x-y)^{m-Y-1}f(y)\mathrm{d}y$$

$$其中\ m-1 \leqslant \mathrm{Re}(Y) < m$$

2. 欧式外汇期权的定价公式

下面利用傅里叶变换方法求解在 CGMY 模型下欧式期权的价格表达式。在傅里叶空间里，$\widetilde{V}(t;\xi) = F[V(x,t)] \triangleq \int_{-\infty}^{+\infty}\mathrm{e}^{\mathrm{i}\xi x}V(x,t)\mathrm{d}x$ 满足：

$$\begin{cases} \dfrac{\mathrm{d}\widetilde{V}}{\mathrm{d}\tau} = \Big[-r_d - \mathrm{i}\xi(r_d - r_f - v) + C\Gamma(-Y)\cdot \\ \qquad \big((M+\mathrm{i}\xi)^Y - M^Y + (G-\mathrm{i}\xi)^Y - G^Y\big)\Big]\widetilde{V} \\ \widetilde{V}(0) = \widetilde{\Pi}(\xi) \end{cases}$$

其中，$\tau = T-t$，$\widetilde{\Pi}(\xi) = F\widetilde{\Pi}(x)$，$\xi$ 是傅里叶变换参数。求解上述常微分方程可以得到，在傅里叶空间中，外汇期权价格具有以下结构：

$$\widetilde{V}(\tau;\xi) = \widetilde{\Pi}(\xi)\exp[-r_d - \mathrm{i}\xi(r_d - r_f - v)]\tau + C\Gamma(-Y)$$
$$\big((M+\mathrm{i}\xi)^Y - M^Y + (G-\mathrm{i}\xi)^Y - G^Y\big)\tau \tag{3.9}$$

为了获得原始空间中期权价格的解析公式，需要在数值上或解析上对上式进行傅里叶逆变换，过程如下。为方便起见，定义 $k_0 = \exp\{-[r_d + C\Gamma(-Y)(M^Y + G^Y)]\tau\}$、$k_1 = (r_d - r_f - v)\tau$ 和 $k_2 = C\Gamma(-Y)\tau$，对式(3.9)作如下傅里叶逆变换：

$$V(x,t) = \frac{1}{2\pi}\int_{-\infty+\mathrm{i}\xi}^{\infty+\mathrm{i}\xi}\mathrm{e}^{-\mathrm{i}x\xi}\widetilde{\Pi}(\xi)$$

$$\exp(\{-r_d - \mathrm{i}\xi(r_d - r_f - v) + C\Gamma(-Y)[(M+\mathrm{i}\xi)^Y - M^Y + (G-\mathrm{i}\xi)^Y - G^Y]\}\tau)\mathrm{d}\xi$$

$$= k_0 F^{-1}\big[\mathrm{e}^{-\mathrm{i}\xi k_1}\widetilde{\Pi}(\xi)\big] * F^{-1}\big[\mathrm{e}^{k_2(M+\mathrm{i}\xi)^Y}\big] * F^{-1}\big[\mathrm{e}^{k_2(G-\mathrm{i}\xi)^Y}\big]$$

其中，＊代表傅里叶卷积。

为方便起见，令（Ⅰ）（Ⅱ）和（Ⅲ）分别表示 $F^{-1}\big[e^{-i\xi k_1}\widetilde{\Pi}(\xi)\big]$、$F^{-1}\big[e^{k_2(M+i\xi)Y}\big]$ 和 $F^{-1}\big[e^{k_2(G-i\xi)Y}\big]$。下面依次求解（Ⅰ）（Ⅱ）和（Ⅲ）。对于（Ⅰ），通过运用傅里叶变换的位移定理，可知（Ⅰ）＝$\Pi(x+k_1)$。然而，（Ⅱ）和（Ⅲ）的逆变换却比较复杂。通过以下引理的证明可以获得相应的解析表达式。

引理 3.1　（Ⅱ）＝$e^{Mx}P(-x;Y)$，（Ⅲ）＝$e^{-Gx}P(x;Y)$，其中：

$$P(x;Y)=\frac{1}{k_2^{1/Y}}f_{Y,0}\left(\frac{|x|}{k_2^{1/Y}}\right)$$

$f_{Y,0}(x)$ 是 Lévy 稳态密度函数，定义如下：

$$f_{Y,0}(x)=\frac{1}{Y}H_{\frac{1}{2},\frac{1}{2}}\left[x\left|\begin{matrix}\left(1-\dfrac{1}{Y},\dfrac{1}{Y}\right) & \left(\dfrac{1}{2},\dfrac{1}{2}\right)\\[2mm] (0,1) & \left(\dfrac{1}{2},\dfrac{1}{2}\right)\end{matrix}\right.\right]$$

这里，$H(\cdot)$ 是一个 H 函数。

证明　首先证明 $F^{-1}\big[e^{k_2(M+i\xi)Y}\big]=e^{Mx}P(-x;Y)$。

由于 $e^{(-i\xi)Y}$ 是中心对称 Lévy 分布的特征函数，通过傅里叶变换和概率密度函数的特征函数的相互关系，可以得出 $e^{(-i\xi)x}$ 的傅里叶变换等于 Lévy 稳态密度 $f_{Y,0}(x)$ 的倍数，它可以用 H 函数表示为：

$$F^{-1}\big[e^{\alpha(-i\xi)Y}\big]=\frac{1}{\alpha^{1/Y}}f_{Y,0}\left(\frac{|x|}{\alpha^{1/Y}}\right)=\frac{1}{Y\alpha^{1/Y}}H_{\frac{1}{2},\frac{1}{2}}\left[x\left|\begin{matrix}\left(1-\dfrac{1}{Y},\dfrac{1}{Y}\right) & \left(\dfrac{1}{2},\dfrac{1}{2}\right)\\[2mm] (0,1) & \left(\dfrac{1}{2},\dfrac{1}{2}\right)\end{matrix}\right.\right]$$

其中，$\alpha>0$，$H(\cdot)$ 是一个 H 函数。因此可得 $F(P(x;Y))=e^{k_2(-i\xi)Y}$，根

据傅里叶变换的伸缩性质,可得 $F(P(-x;Y))=\mathrm{e}^{k_2(\mathrm{i}\xi)^Y}$,进一步地,有 $F[\mathrm{e}^{Mx}P(-x;Y)]=\mathrm{e}^{k_2(\mathrm{i}\lambda)^Y}\big|_{\lambda=\xi-\mathrm{i}M}=\mathrm{e}^{k_2(\mathrm{i}\xi+M)^Y}$。证毕。∎

(Ⅲ)可以用类似方法证明,在此不作赘述。

综上,可得 CGMY 模型下欧式外汇期权价格的显性表达式具有如下形式:

$$V(x,t)=k_0F^{-1}\big[\mathrm{e}^{-\mathrm{i}\xi k_1}\widetilde{\Pi}(\xi)\big]*F^{-1}\big[\mathrm{e}^{k_2(M+\mathrm{i}\xi)^Y}\big]*F^{-1}\big[\mathrm{e}^{k_2(G-\mathrm{i}\xi)^Y}\big]$$

$$=k_0\Pi(x+k_1)*\big[\mathrm{e}^{Mx}P(-x;Y)\big]*\big[\mathrm{e}^{-Gx}P(x;Y)\big]$$

$$=k_0\int_{-\infty}^{+\infty}\big[\mathrm{e}^{Ms}P(s;Y)\big]*\big[\mathrm{e}^{-Gs}P(s;Y)\big]\Pi(x-s+k_1)\mathrm{d}s$$

因此,对于欧式外汇看涨期权,我们有:

$$V_c(x,\tau)=k_0\int_{-\infty}^{d_0}(\mathrm{e}^{x-s+k_1}-E)\cdot\left(\frac{1}{k_2^{1/Y}}\mathrm{e}^{Ms}f_{Y,0}\left(\frac{|s|}{k_2^{1/Y}}\right)*\right.$$

$$\left.\frac{1}{k_2^{1/Y}}\mathrm{e}^{-Gs}f_{Y,0}\left(\frac{|s|}{k_2^{1/Y}}\right)\right)\mathrm{d}s$$

$$=\frac{k_0\mathrm{e}^{x+k_1}}{k_2^{1/Y}}\int_{-\infty}^{d_0}\left(\mathrm{e}^{Ms}f_{Y,0}\left(\frac{|s|}{k_2^{1/Y}}\right)*\mathrm{e}^{-Gs}f_{Y,0}\left(\frac{|s|}{k_2^{1/Y}}\right)\right)\mathrm{e}^{-s}\mathrm{d}s$$

$$-\frac{k_0E}{k_2^{1/Y}}\int_{-\infty}^{d_0}\mathrm{e}^{Ms}f_{Y,0}\left(\frac{|s|}{k_2^{1/Y}}\right)*\mathrm{e}^{-Gs}f_{Y,0}\left(\frac{|s|}{k_2^{1/Y}}\right)\mathrm{d}s$$

其中,$d_0=x-\ln E+k_1$;对于欧式外汇看跌期权,则有:

$$V_p(x,\tau)=k_0\int_{d_0}^{+\infty}\left(\frac{1}{k_2^{1/Y}}\mathrm{e}^{Ms}f_{Y,0}\left(\frac{|s|}{k_2^{1/Y}}\right)\right)*$$

$$\left(\frac{1}{k_2^{1/Y}}\mathrm{e}^{-Gs}f_{Y,0}\left(\frac{|s|}{k_2^{1/Y}}\right)\right)(E-\mathrm{e}^{x-s+k_1})\mathrm{d}s$$

$$=\frac{k_0E}{k_2^{2/Y}}\int_{d_0}^{+\infty}\mathrm{e}^{Ms}f_{Y,0}\left(\frac{|s|}{k_2^{1/Y}}\right)*\mathrm{e}^{-Gs}f_{Y,0}\left(\frac{|s|}{k_2^{1/Y}}\right)\mathrm{d}s$$

$$-\frac{k_0\mathrm{e}^{x+k}}{k_2^{2/Y}}\int_{d_0}^{+\infty}\left(\mathrm{e}^{Ms}f_{Y,0}\left(\frac{|s|}{k_2^{1/Y}}\right)*\mathrm{e}^{-Gs}f_{Y,0}\left(\frac{|s|}{k_2^{1/Y}}\right)\right)\mathrm{e}^{-s}\mathrm{d}s\quad(3.10)$$

其中，$d_0 = x - \ln E + k_1$。

从上述定价公式中可以发现，CGMY 模型下的欧式外汇期权定价公式与普通期权定价公式具有相同的表达形式，但 CGMY 模型下的外汇期权定价涉及两国的无风险利率，因而参数 k_0 和 k_1 在外汇期权定价公式与期权定价公式中存在差异且更为复杂。

3. 定价公式的渐近性质

检验推导出的外汇期权定价公式的有效手段之一就是研究其渐近性质。定价公式的渐近性质与金融意义上的期权性质相一致是证明其合理性的必要条件之一。同时，研究定价公式的渐近性质也有利于加深对 CGMY 模型的了解。基于上述两点，这里将进行渐近分析。

定理 3.4　当 $C = \dfrac{\sigma^2}{4\Gamma(-Y)}$ 且 $M = G$ 时，式（3.10）在 $Y \to 2$ 时退化为经典 B-S 模型下的欧式外汇看跌期权定价公式。

证明　当 $C = \dfrac{\sigma^2}{4\Gamma(-Y)}$ 且 $M = G$ 时，可得 $\lim\limits_{Y \to 2} v = \dfrac{\sigma^2}{2}$，$\lim\limits_{r \to 2} k_0 = \mathrm{e}^{-\left(r_d z + \frac{\sigma^2 M^2}{2} z\right)}$，$\lim\limits_{T \to 2} k_1 = \left(r_d - r_f - \dfrac{\sigma^2}{2}\right)\tau$，$\lim\limits_{T \to 2} k_2 = \dfrac{\sigma^2 \tau}{4}$。根据 Daal 和 Madan（2005），可知 $f_{Y,0}(|m|) = \dfrac{\mathrm{e}^{-m^m/4}}{2\sqrt{\pi}}$。

现在，用简化 Lévy 密度来计算之前公式中包含的卷积：

$$\lim_{Y \to 2}\left(\frac{1}{k_2^{1/Y}}\mathrm{e}^{Mx}f_{Y,0}\left(\frac{|x|}{k_2^{1/Y}}\right)\right) * \left(\frac{1}{k_2^{1/Y}}\mathrm{e}^{-Gx}f_{Y,0}\left(\frac{|x|}{k_2^{1/Y}}\right)\right)$$

$$= \int_{-\infty}^{+\infty} \frac{1}{4\pi} \times \frac{1}{k_2}\mathrm{e}^{Ms}f_{2,0}\left(\frac{|\tau|}{\sqrt{k_2}}\right)\mathrm{e}^{-G(x-s)}f_{2,0}\left(\frac{|x-s|}{\sqrt{k_2}}\right)\mathrm{d}s$$

$$= \frac{1}{\sigma\sqrt{2\pi\tau}}\mathrm{e}^{\frac{\sigma^2 M^2 \tau}{2}} \times \mathrm{e}^{\frac{-x^2}{2\sigma^2 \tau}} \qquad\qquad (3.11)$$

将式(3.11)代入式(3.10),可得:

$$\lim_{Y\to 2} V_p(x,\tau)=k_0\int_{d_0}^{+\infty}\frac{1}{\sigma\sqrt{2\pi\tau}}\mathrm{e}^{\frac{\sigma^2 M^2\tau}{2}}\mathrm{e}^{\frac{-x^2}{2\sigma^2\tau}}(E-\mathrm{e}^{x-s+k1})\mathrm{d}s$$

$$=\frac{k_0 E\mathrm{e}^{\frac{\sigma^2 M^2\tau}{2}}}{\sigma\sqrt{2\pi\tau}}\int_{d_0}^{+\infty}\mathrm{e}^{\frac{-s^2}{2\sigma^2\tau}}\mathrm{d}s-\frac{k_0\mathrm{e}^{\frac{\sigma^2 M^2\tau}{2}}\mathrm{e}^{x+k1}}{\sigma\sqrt{2\pi\tau}}\int_{d_0}^{+\infty}\mathrm{e}^{\frac{-s^2}{2\sigma^2\tau}-s}\mathrm{d}s$$

$$=E\mathrm{e}^{-r_d\tau}N(-d_2)-S\mathrm{e}^{-r_f\tau}N(-d_1)$$

其中,$d_1=\dfrac{x-\ln E+\left(r_d-r_f+\dfrac{\sigma^2}{2}\tau\right)}{\sigma\sqrt{\tau}}$,$d_2=d_1-\sigma\sqrt{\tau}$。证毕。∎

通过上述证明可知,当 $C=\dfrac{\sigma^2}{4\Gamma(-Y)}$ 且 $M=G$ 时,CGMY 模型下欧式外汇看跌期权价格在 $Y\to 2$ 时与经典 B-S 模型下的价格一致,这充分说明上述推导所得到的定价公式是合理的。在分析完公式的退化过程后,定理 3.5 进一步分析了当外汇汇率取极值时,欧式外汇看跌期权价格的渐近行为。

定理 3.5　(1) $\lim\limits_{x\to-\infty} V_p(x,\tau)=E\mathrm{e}^{-r_d}$,(2) $\lim\limits_{x\to+\infty} V_p(x,\tau)=0$。

定理 3.5 的证明比较简单,有兴趣的读者可参阅 Chen 等(2017)。

如前文所示,CGMY 模型下欧式期权价格的解析表达式是通过严格推导得到的。因此,没有必要进一步验证其准确性并提供计算结果。然而,为了使读者对新建立的公式更为信服,也为了更好地推广该公式的运用,本书将在 5.1.2 小节中提供几个数值示例。

3.1.3　KoBol 模型下欧式看跌期权的定价

本节考虑在 KoBol 模型下对欧式期权进行定价。该模型是基于截断的 Lévy 过程能够很好捕捉高频数据(如标准普尔 500 指数)的经验概率分布这一事实提出的。本节内容主要参考 Chen 和 Lin(2018)。

1. KoBol 模型

KoBol 过程 $\{L_t^{\text{KoBol}},\ t \geqslant 0\}$ 是 Lévy 过程的一个特例,其密度函数的定义为:

$$\mu(x)=\begin{cases} Dpx^{-1-\alpha}\,\mathrm{e}^{-\lambda x},\ x>0 \\ Dpx\,|x|^{-1-\alpha}\,\mathrm{e}^{-\lambda|x|},\ x>0 \end{cases}$$

其中,$p+q=1$,$p>0$,$q>0$,$D>0$,$\lambda>0$,$\alpha \in (0,\ 2]$。$(\alpha,\ Dp,\ Dq)$ 决定了 Lévy 过程的密度函数。具体而言,α 决定了这个过程的变化是否是有限的;参数 p 和 q 分别决定了价格上升和下降跳跃的总体频率和相对频率。若 $p \neq q$,则可以预期标的价格从峰值的下跌是不对称的。参数 λ 是陡度参数,它决定了概率密度尾部的指数衰减率。通常,λ 的值越小,尾部就越重(Koponen,1995)。需要指出的是,如果 $p=q$,KoBol 过程的分布与 $M=G=\lambda$ 情况下的 CGMY 模型分布相同,因此 CGMY 模型是 KoBol 模型的一个特例。

在风险中性测度 Q 下,KoBol 模型假设标的资产的对数价格 $x_t (=\ln S_t)$ 服从 $\mathrm{d}x_t=(r-v)\mathrm{d}t+\mathrm{d}L_t^{\text{KoBol}}$,其中 r 是无风险利率,v 是参数,它使得 $\mathrm{e}^{-rt}S_t$ 是一个鞅。在 KoBol 模型下,$v=D\Gamma(-\alpha)[p(\lambda-1)^\alpha+q(\lambda+1)^\alpha-\lambda^\alpha-\alpha\lambda^{\alpha-1}(q-p)]$。令 $V(x,\ t)$ 是欧式不依赖路径期权的价格,x 和 t 分别是标的资产的价格对数和当前时间。Cartea 和 Del-Castillo-Negrete(2006)证明,在 KoBol 模型下,$V(x,\ t)$ 满足:

$$\begin{cases} \dfrac{\partial V(x,\ t)}{\partial t}+\left(r-v-\lambda^{\alpha-1}(q-p)\right)\dfrac{\partial V(x,\ t)}{\partial x} \\[2mm] \quad +D\Gamma(-\alpha)\{p\mathrm{e}^{\lambda x}{}_x D_\infty^\alpha[\mathrm{e}^{-\lambda x}V(x,\ t)] \\[2mm] \quad +q\mathrm{e}^{-\lambda x}{}_{-\infty}D_x^\alpha[\mathrm{e}^{\lambda x}V(x,\ t)]\}=[r+D\Gamma(-\alpha)\lambda^\alpha]V(x,\ t) \\[2mm] V(x,\ T)=\Pi(x) \end{cases} \qquad (3.12)$$

其中,$\Pi(x)$ 是期权的回报,K 是执行价格。$_{-\infty}D_x^Y(\cdot)$ 和 $_xD_\infty^Y(\cdot)$ 分别为一维 Weyl 分数阶左导数和右导数算子,则对于 $m-1\leqslant\mathrm{Re}(Y)<m$:

$$_{-\infty}D_x^Y f(x)=\frac{1}{\Gamma(m-Y)}\frac{\mathrm{d}^m}{\mathrm{d}x^m}\int_{-\infty}^x (x-y)^{m-Y-1}f(y)\mathrm{d}y$$

$$_xD_\infty^Y f(x)=\frac{(-1)^m}{\Gamma(m-Y)}\frac{\mathrm{d}^m}{\mathrm{d}x^m}\int_x^\infty (y-x)^{m-Y-1}f(y)\mathrm{d}y,\ m-1\leqslant\mathrm{Re}(Y)<m$$

可以看出,式(3.12)是经典 B-S 模型甚至是 FMLS 模型的推广。当 $D=\sigma^2/2\Gamma(-\alpha)$ 且 $p=q$ 时,式(3.12)将变为 B-S 模型,而在如下参数设定时,该模型退化为 FMLS 模型:$p=0$,$q=1$ 且 $D=\dfrac{-\sigma^\alpha\sec(\alpha\pi/2)}{2\Gamma(-\alpha)}$。

2. 欧式期权价格

需要指出的是,与 B-S 模型下欧式期权满足的偏微分方程或者是 FMLS 模型下的分数阶偏微分方程系统相比,式(3.12)要复杂得多。在该模型下,分数阶偏微分方程里包含左侧和右侧分数阶导数,且被微分函数是指数函数与期权价格的乘积,而 FMLS 模型只有左侧分数阶导数。该分数阶偏微分方程的求解颇具难度。下文将采用傅里叶变换技术来进一步确定欧式期权的价格。在运用傅里叶变换之前,需要先建立以下引理。

引理 3.2　用 $F(\cdot)$ 表示傅里叶变换,则有:

$$F\{\mathrm{e}^{\lambda x}{}_xD_\infty^\alpha[\mathrm{e}^{-\lambda x}f(x)]\}=(\lambda-\mathrm{i}\xi)^\alpha F[f(x)](\xi)$$

$$F\{\mathrm{e}^{\lambda x}{}_{-\infty}D_x^\alpha[\mathrm{e}^{\lambda x}f(x)]\}=(\lambda+\mathrm{i}\xi)^\alpha F[f(x)](\xi)$$

其中,ξ 是傅立叶变换参数。

引理 3.2 的证明较简单,这里不多作赘述。

现在对式(3.12)进行关于 x 的傅里叶变换,可得:

$$\begin{cases} \dfrac{\partial \hat{V}}{\partial t} = \{r + i\xi(r-v) - D\Gamma(-\alpha)[p(\lambda+i\xi)^\alpha + q(\lambda-i\xi)^\alpha - \lambda^\alpha \\ \qquad\qquad + i\xi\alpha\lambda^{\alpha-1}(q-p)]\}\hat{V} \\ \hat{V}(\xi, T) = \hat{\Pi}(\xi) \end{cases}$$

该常微分方程在傅里叶空间中的解为：

$$\hat{V}(\xi, t) = \mathrm{e}^{-(r+i\xi(r-v)-D\Gamma(-\alpha)[p(\lambda+i\xi)^\alpha + q(\lambda-i\xi)^\alpha-\lambda^\alpha+i\xi\alpha\lambda^{\alpha-1}(q-p)])(T-t)}\hat{\Pi}(\xi) \quad (3.13)$$

为了获得原始 x 空间中的期权价格，需要对式(3.13)进行难度较大的傅里叶逆变换，可得：

$$V(x, t) = \frac{1}{2\pi}\int_{-\infty}^{\infty} \mathrm{e}^{-ix\xi}\hat{V}\mathrm{d}\xi = k_0\Pi[x+k_1-k_2\alpha\lambda^{\alpha-1}(q-p)] *$$

$$\underbrace{F^{-1}[\mathrm{e}^{k_2 p(\lambda+i\xi)^\alpha}]}_{\mathrm{I}} * \underbrace{F^{-1}[\mathrm{e}^{k_2 q(\lambda-i\xi)^\alpha}]}_{\mathrm{II}}$$

其中，$*$ 表示傅里叶变换的卷积，$k_0 = \mathrm{e}^{-r(T-t)-k_2\alpha\lambda^\alpha}$，$k_1 = (r-v)(T-t)$，$k_2 = D\Gamma(T-t)$。

根据 Lévy 稳定密度的特征函数 $\mathrm{e}^{(i\xi)^\alpha}$ 的表达式以及特征函数与傅里叶变换之间的关系，并利用与 3.1.2 小节中类似的推导，可得：

$$\mathrm{I} = F^{-1}[\mathrm{e}^{k_2 p(\lambda+i\xi)^\alpha}](x) = \mathrm{e}^{\lambda x}\frac{1}{(k_2 p)^{1/\alpha}}f_{\alpha, 0}\left(\frac{x}{(k_2 p)^{1/\alpha}}\right)$$

$$\mathrm{II} = F^{-1}[\mathrm{e}^{k_2 q(\lambda-i\xi)^\alpha}](x) = \mathrm{e}^{-\lambda x}\frac{1}{(k_2 q)^{1/\alpha}}f_{\alpha, 0}\left(\frac{x}{(k_2 q)^{1/\alpha}}\right)$$

因此，回报为 $\Pi(x)$ 的欧式期权价格为 $V(x, t) = k_0\displaystyle\int_{-\infty}^{\infty} L(\eta)\Pi(x-\eta+k_3)d\eta$，

其中，$L(\eta) = \dfrac{1}{(k_2 p)^{1/\alpha}(k_2 q)^{1/\alpha}}M_1\left(\dfrac{|\eta|}{(k_2 p)^{1/\alpha}}\right) * M_2\left(\dfrac{|\eta|}{(k_2 q)^{1/\alpha}}\right)$，$k_3 =$

$k_1 - k_2\alpha\lambda^{\alpha-1}(q-p)$，$M_1(x) = \mathrm{e}^{\lambda x}f_{\alpha, 0}(x)$，$M_2 = \mathrm{e}^{-\lambda x}f_{\alpha, 0}(x)$

通过新导出的封闭形式的解析解,可以进一步分析欧式期权价格的一些性质。这个问题将在后续章节中详细讨论。

3. 解的基本性质

为了避免混淆,使用 $V_c(x, t)$ 和 $V_p(x, t)$ 分别表示 KoBol 模型下欧式看涨期权和看跌期权的价格。

定理 3.6(单调性) 欧式看涨期权价格是关于标的价格 S 的单调递增函数。

证明 为了证明期权价格相对于 S 的单调性,计算如下公式:

$$\frac{\partial V_c(x, t)}{\partial x} = k_0 e^{x+k_3-d_0} L(d_0) - k_0 K L(d_0) + k_0 \int_{-\infty}^{u_0} L(\eta) e^{x-\eta+k_3} d\eta$$

$$= \int_{-\infty}^{d_0} L(\eta) \exp[x - \eta + k_3 - r(T-t)$$

$$- D\Gamma(-\alpha)(T-t)\lambda^\alpha] d\eta \qquad (3.14)$$

其中,$d_0 = x + k_3 - \ln K$。$f_{a,0}(x)$ 表示 Lévy 稳定分布的密度函数,因此对于所有 x,都有 $f_{a,0}(x) > 0$;对于任意 η,都有 $L(\eta) > 0$。这表明式(3.14)的被积函数总是正的,因此:

$$\frac{\partial V_c(x, t)}{\partial S} = \frac{1}{S} \frac{\partial V_c(x, t)}{\partial x}$$

$$= \frac{1}{S} \int_{-\infty}^{d_0} L(\eta) \exp[x - \eta + k_3 - r(T-t)$$

$$- D\Gamma(-\alpha)(T-t)\lambda^\alpha] d\eta > 0$$

这意味着 V_c 是一个关于标的价格 S 的单调递增函数。证毕。∎

从上述证明中可看出,欧式看涨期权最重要的套期保值参数之一(即 Δc)是正的,因为 $\Delta c = \frac{\partial V_c}{\partial S} = \frac{1}{S} \int_{-\infty}^{d_0} L(\eta) \exp\{-\eta - D\Gamma(-\alpha)(T-t) \cdot$

$[p\ (\lambda-1)^\alpha+q\ (\lambda+1)^\alpha]\}\,\mathrm{d}\eta>0$，对 Δ_c 关于 S 继续微分可以得到 $\Gamma_c=\dfrac{\partial^2 V_c(x,\ t)}{\partial S^2}>0$，因此以下关于期权价格凸性的定理自动成立。

定理 3.7(凸性) KoBol 模型下的欧式看涨期权价格是一个是关于标的价格 S 的凸函数，即对于 $\theta\in[0,\ 1]$，$V_c(\theta S_1+(1-\theta)S_2,\ t)\geqslant\theta V_c(S_1,\ t)+(1-\theta)V_c(S_2,\ t)$。

定理 3.8(渐近性) 对于函数 V_c，有以下结论：

(1) $\lim\limits_{x\to\infty}V_c(x,\ t)\sim S(S\to\infty)$；(2) $\lim\limits_{x\to-\infty}V_c(x,\ t)=0$。

定理 3.8 的证明比较简单，有兴趣的读者可参阅 Chen 和 Lin(2018)。

另一方面，如上文所述，当前公式在某些给定条件下会退化为 B-S 或 FMLS 模型下欧式期权的价格。下面的定理将对这种特殊行为进行说明和阐述。

定理 3.9 (1) 在 $D=\sigma^2/2\Gamma(-\alpha)$ 和 $p=q$ 的情况下，当 $\alpha\to2$ 时，当前定价公式退化为具有常数波动率 σ 的 B-S 公式。(2) 当 $p=0$，$q=1$ 且 $D=\dfrac{-\sigma^\alpha\sec(\alpha\pi/2)}{2\Gamma(-\alpha)}$ 时，当前定价公式退化为 3.1.1 节中的 FMLS 公式。

证明 用代入法即可证明，证明过程较繁琐，非本书重点，故略去。有兴趣的读者可参考原文(Chen and Lin，2018)。

下面的定理 3.10 则考虑了 KoBol 模型下看涨-看跌期权的平价关系。从金融角度来看，凸性调整参数 v 的引入确保了风险中性测度的存在，表明"无套利机会"假设仍然适用于 KoBol 模型。因此，看跌-看涨期权的平价关系可以通过使用类似于在 B-S 模型下构造投资组合的方式来分析。数学上的严谨证明过程如下。

定理 3.10 对于任意给定 $\alpha\in(1,\ 2)$，具有相同参数的欧式看跌期权和欧式看涨期权的平价关系可表示为 $V_c(x, t) - V_p(x, t) = S - K\mathrm{e}^{-r(T-t)}$。

证明 由于 $V_c(x, t)$ 和 $V_p(x, t)$ 都满足式(3.12)中的分数阶偏微分方程,因此 $V_c(x, t) - V_p(x, t)$(在下文中用 V^0 表示)也满足相同的分数阶偏微分方程,且满足终值条件:

$$V^0(x, T) = \max(\mathrm{e}^x - K, 0) - \max(K - \mathrm{e}^x, 0) = \mathrm{e}^x - K$$

利用上文求解该模型下欧式看涨期权价格的方法,可得:$V^0(x, t) = k_0\mathrm{e}^{x+k_3}\int_{-\infty}^{\infty}\mathrm{e}^{-\eta}L(\eta)\mathrm{d}\eta - k_0K\int_{-\infty}^{\infty}L(\eta)\mathrm{d}\eta = S - K\mathrm{e}^{-r(T-t)}$。 证毕。 ■

3.2 随机波动率模型下欧式普通期权的定价

如 2.2 节中所述,经典的 B-S 模型导致期权价格存在偏差,因为该模型的一些假设与金融市场的真实表现不一致。其中,"常数波动率"的假设备受批评,因为从真实市场数据中提取的隐含波动率通常呈现"波动率微笑"或"波动率皱眉"现象。此外,"波动率期限结构"也表明具有不同到期时间的同类期权的隐含波动率也不同。为了克服 B-S 模型的这一特殊缺陷,随机波动率模型便应运而生了。如前文所述,Heston 模型由于其在数学上的易处理性,受到广大学者关注。3.2.1 小节将介绍 Heston 模型下的欧式期权价格的一个近似解析表达式;3.2.2 小节则将给出 Heston 模型的一个扩展,并在新的模型下给出欧式期权价格的解析表达式。

3.2.1 Heston 公式的解析逼近

尽管在 Heston 模型下欧式看跌期权的解析解可以轻松获得,但该解析公式存在一些缺陷。例如，Heston 公式仍然需要对积分中包含的傅里叶变换进行数值反演。因为被积函数是多值的，且具有振荡性(Carr and Madan，1999)，这会导致数值算法的不稳定性。本小节提出近似公式的目的是在保持期权价格的合理精度的同时，降低数值计算的强度。这部分内容主要参考 Zhu 和 Chen(2010)。

本节将利用奇异摄动方法求解 Heston 模型下欧式看跌期权的价格。与 Heston 解析解相比，新获得的近似解形式更为简单，它只包含标准正态分布函数，而标准正态分布函数在 Maple、Matlab 等众多软件中被视为内置函数。此外，新的近似解适用于为距离到期日时间较短的期权定价。该近似解在期权市场上会有广泛的应用，主要原因是存续时间较短的期权在金融市场上占有主导地位。

1. Heston 模型

在标准 Heston 模型中，欧式看跌期权 P 的价格满足：

$$
\begin{cases}
\dfrac{1}{2}vS^2\dfrac{\partial^2 P}{\partial S^2}+\rho\sigma vS\dfrac{\partial^2 P}{\partial S\partial v}+\dfrac{1}{2}\sigma^2 v\dfrac{\partial^2 P}{\partial v^2} \\
\qquad +rS\dfrac{\partial P}{\partial S}+k(\eta-v)\dfrac{\partial P}{\partial v}-rP-\dfrac{\partial P}{\partial\tau}=0 \\
P(S,\,v,\,0)=\max(K-S,\,0) \\
\lim_{S\to\infty}P(S,\,v,\,\tau)=0 \\
\lim_{S\to 0}P(S,\,v,\,\tau)=Ke^{-r\tau} \\
\lim_{v\to 0}P(S,\,v,\,\tau)=\max(Ke^{-r\tau}-S,\,0) \\
\lim_{v\to\infty}\dfrac{\partial P}{\partial v}(S,\,v,\,\tau)=0
\end{cases}
\tag{3.15}
$$

其中，S 是标的资产的价格，v 是方差，τ 是到期时间。此外，r、k、η、ρ、σ

和 K 分别表示无风险利率、波动率的回归速度、波动率的长期均值、相关系数、波动率的波动率以及执行价格。Heston 模型边界条件的设定较为复杂，尤其是在 $v \to 0$ 的情况下。Heston 的解析定价公式是否满足偏微方程系统中沿 v 方向的边界条件仍然存在争议（Zhu and Chen，2011a）。

Heston 模型比其他随机波动率模型更受欢迎的原因之一是，Heston 模型具有很强的数学可处理性。在此模型下，欧式看跌期权价格可表述为：

$$P(S, v, \tau) = K\exp(-r\tau) - S + SP_1(\log S, v, \tau; \log K)$$
$$- K\exp(-r\tau)P_2(\log S, v, \tau; \log K)$$

其中，$d_j = \sqrt{(\rho\sigma\phi i - b_j)^2 - \sigma^2(2u_j\phi i - \phi^2)}$，$g_j = \dfrac{b_j - \rho\sigma\phi i + d_j}{b_j - \rho\sigma\phi i - d_j}$，$D_j = \dfrac{b_j - \rho\sigma\phi i + d_j}{\sigma^2}\left(\dfrac{1 - e^{d_j\tau}}{1 - g_j e^{d_j\tau}}\right)$，$C_j = r\phi i + \dfrac{a}{\sigma^2}\left[(b_j - \rho\sigma\phi i + d)\tau - 2\log\left(\dfrac{1 - g_j e^{d_j\tau}}{1 - e^{d_j\tau}}\right)\right]$，$f_j = e^{C_j + D_j v + i\phi x}$，$P_j = \dfrac{1}{2} + \dfrac{1}{\pi}\int_0^\infty \Re\left\{\dfrac{e^{-i\phi y}f_j(x, v, \tau, \phi)}{i\phi}\right\}d\phi$，$u_1 = 1/2$，$u_2 = -1/2$，$b_1 = \kappa - \sigma\rho$，$b_2 = \kappa$，$x = \log S$，$a = \kappa\eta$。

需要指出的是，Heston 模型的解是封闭形式的，只包含一个显式积分，这一点与 B-S 公式中包含累积分布函数类似。Heston 模型下的期权价格与 B-S 模型下的期权价格相比，两者的区别在于，后者的被积函数是一个定义明确且光滑的实函数，而前者的被积函数是一个复值函数。由于被积函数是多值的，选择取哪个根对数值算法的稳定性至关重要。因此，Heston 公式的数值实现并不简单。获得一个快速且易于实现的近似解可有效避免复杂的数值计算，这也是本节的重点。

2. 近似价格

对于数值非常小的距离到期日时间 τ，令 $\tau = \theta T$，其中 $T = O(1)$，θ 是一

个小参数，$O(\cdot)$ 表示与 $\cdot$ 同阶。现假设解可以按照 θ 的幂级数展开，即

$$P(S,v,T)=\sum_{n=0}^{\infty}\theta^n P_n(S,v,T)$$，将其代入偏微分方程系统式(3.15)，可得 $O(1)$ 和 $O(\theta)$ 阶解应满足的方程系统，求解可得 $P_0(S,v,T)=\max(K-S,0)$ 和 $P_1(S,v,T)=-rKT$，分别对应 $S<K-O(\theta)$ 和 $S>K+O(\theta)$ 的情况。因为 P_0 是连续但不可微的，因此预计在 $S=K$ 时会存在一个角层（或导数层）。角层和数学中常见的边界层之间的区别在于，在角层中斜率或解的导数会快速变化，而解的值不会。这一问题的外部解在靠近执行价格时是无效的，这是因为 $\dfrac{\partial^2 P_0}{\partial S^2}=\delta(K-S)$，故当 $S\to K$ 时，推导 $O(1)$ 阶解满足的微分系统时不能忽略上述对 S 的二阶导数求解。

下面引入拉伸变量 $X=(S-K)/(\theta^\alpha K)$，在 $S=K$ 处进行局部分析。首先需要确定 α，使得对应的算子在 $\theta\to 0$ 时包含尽可能多的信息。将上述拉伸变量 X 代入式(3.15)中的偏微分方程，并令 $\widetilde{Y}$ 表示该区域中的解，可得：

$$
\begin{aligned}
\frac{\partial \widetilde{Y}}{\partial T}=&\frac{1}{2}v(\theta^\alpha X+1)^2\theta^{1-2\alpha}\frac{\partial^2\widetilde{Y}}{\partial X^2}+r(\theta^\alpha X+1)\theta^{1-\alpha}\frac{\partial\widetilde{Y}}{\partial X}-r\theta\widetilde{Y}\\
&+\rho\sigma v\theta^{1-\alpha}(\theta^\alpha X+1)\frac{\partial^2\widetilde{Y}}{\partial X\partial v}+\frac{1}{2}\sigma^2 v\theta\frac{\partial^2\widetilde{Y}}{\partial v^2}+k(\eta-v)\theta\frac{\partial\widetilde{Y}}{\partial v}n
\end{aligned}
\tag{3.16}
$$

可以发现，上述方程里对应算子在 α 取其他值时的退化都包含在 $\alpha=1/2$ 时的退化里。因此 $\alpha=1/2$ 是一个很好的平衡选择。对于新的变量 X，所关注的边界条件都有一个共同的因子 $\sqrt{\theta}K$。因此，可以通过定义 $Y=\sqrt{\theta}K\widetilde{Y}$ 来重新缩放问题，并将 $Y(X,v,T)$ 关于 $\sqrt{\theta}$ 展开，可得：

$$Y(X,v,T)=Y_0(X,v,T)+\sqrt{\theta}Y_1(X,v,T)+O(\theta) \tag{3.17}$$

因此，Y_0 满足：

$$\begin{cases} \dfrac{\partial Y_0}{\partial T} = \dfrac{1}{2}v\,\dfrac{\partial^2 Y_0}{\partial X^2} \\[2mm] Y_0(X,\,v,\,0) = \max(-X,0) \\[2mm] \lim_{X\to +\infty} Y_0(X,\,v,\,T) \sim 0 \\[2mm] \lim_{X\to -\infty} Y_0(X,\,v,\,T) \sim -X \end{cases} \tag{3.18}$$

式(3.18)的解可以通过寻找类似解方法得到,即 $Y_0(X,\,v,\,T) = (\sqrt{vT}\big/$
$\sqrt{2\pi}\,)\exp(-X^2\big/(2vT)) - (X/2)\mathrm{erfc}(X\big/\sqrt{2vT}\,)$。

类似地,Y_1 满足:

$$\begin{cases} \dfrac{\partial Y_1}{\partial T} = \dfrac{1}{2}v\,\dfrac{\partial^2 Y_1}{\partial X^2} + Xv\,\dfrac{\partial^2 Y_0}{\partial X^2} + r\,\dfrac{\partial Y_0}{\partial X} + \rho\sigma v\,\dfrac{\partial^2 Y_0}{\partial X\partial v} \\[2mm] Y_1(X,\,v,\,0) = 0 \\[2mm] \lim_{X\to +\infty} Y_1(X,\,v,\,T) \sim 0 \\[2mm] \lim_{X\to -\infty} Y_1(X,\,v,\,T) \sim -rT \end{cases} \tag{3.19}$$

为了求解 Y_1,先证明下面的引理 3.3。

引理 3.3　(1) 若 $u_\tau - u_{xx} = 0$,$v_\tau - v_{xx} = u$,则一个特解为 $v = \tau u$。

(2) 若 $u_\tau - \dfrac{1}{2}u_{xx} = 0$,$v_\tau - \dfrac{1}{2}v_{xx} = xu$,则一个特解为 $v = x\tau u + \dfrac{1}{2}\tau^2 u_x$。

证明　这个引理的证明较为简单,有兴趣的读者可参见 Howison (2005)。

根据引理 3.3,不难得出:

$$Y_1 = \frac{\sqrt{2vT}\,X}{(4\sqrt{\pi}\,)\exp\!\left(-\dfrac{X^2}{2vT}\right)} - \left(\frac{rT}{2}\right)\mathrm{erfc}\!\left(\frac{X}{\sqrt{2vT}}\right) - \frac{\sqrt{2T}\,\rho\sigma X}{(4\sqrt{\pi v}\,)\exp\!\left(-\dfrac{X^2}{2vT}\right)}$$

从理论上来讲,在上述分析过程中必须排除边界点 $(S, v) = (K, 0)$,$(S, v) = (K, \infty)$ 的邻域,因为在该邻域中不同类型的层之间可能发生转换。这也解释了在初值边界问题式(3.18)和式(3.19)中,v 是参数而不是变量的原因。另一方面,也可直接证明获得的 Y_0 和 Y_1 满足沿 v 方向的边界条件。此外式(3.17)仅在内部区域 $S \in O(K, \sqrt{\theta})$ 有效,对于 S 取其他值的情况,可利用之前得到的外部解来计算相应的期权价格。现将内外部解结合起来,形成一个复合解,这可通过在两个展开式相加后减去二者共同部分获得。事实上,很容易证明,当前的内部解实际上是一致有效的。因此,在 Heston 模型下,欧式看跌期权价格的一个近似逼近可以表示为:

$$P(S, v, \tau) = \left[S \left(\frac{\sqrt{2v\tau}}{4\sqrt{\pi}} - \frac{\sqrt{2\tau}\rho\sigma}{4\sqrt{\pi}v} \right) + K \left(\frac{\sqrt{2v\tau}}{4\sqrt{\pi}} + \frac{\sqrt{2\tau}\rho\sigma}{4\sqrt{\pi}v} \right) \right] \mathrm{e}^{-\frac{(S-K)^2}{2v\tau K^2}}$$

$$- (S + (r\tau - 1)K) N\left(\frac{K-S}{K} \frac{}{\sqrt{v\tau}} \right) + o(\tau)$$

其中 $N(\cdot)$ 是标准正态分布函数。

显然,新的公式比原来的 Heston 解析解要简单得多,它仅包含标准正态分布函数,因此与 B-S 公式一样容易实现。然而,当前解是基于距离到期日时间 τ 非常小的假设得出的,因此,在 5.2 节中,我们将从数值上展示当前近似解与 Heston 解析解相比的优越性,并确定使得该近似解有效的 τ 的取值范围。

3.2.2 带有随机长期均值的随机波动率模型下欧式期权的价格

本小节将详细介绍一种新的随机波动率模型,随后在该模型下确定欧式看涨期权的封闭形式的解析解。本节内容主要参考 He 和 Chen(2021a)。

令 S_t 为时间 t 下的标的价格，V_t 为波动率，在风险中性测度下，将随机长期均值 θ_t 引入 Heston 模型中，即：

$$\begin{cases} \dfrac{\mathrm{d}S_t}{s_t} = r\,\mathrm{d}t + \sqrt{v_t}\,\mathrm{d}W_t^1 \\[2mm] \mathrm{d}v_t = k(\theta_t - v_t)\,\mathrm{d}t + \sigma_1\sqrt{v_t}\,\mathrm{d}W_t^2 \\[2mm] \mathrm{d}\theta_t = \lambda\,\mathrm{d}t + \sigma_2\,\mathrm{d}B_t \end{cases} \qquad (3.20)$$

其中，B_t 是独立于 W_t^1 和 W_t^2 的标准布朗运动。请注意，λ 和 σ_2 的预估值很小，在这种情况下，可将 θ_t 视为 θ_0 中的一个小扰动；当 λ 和 σ_2 的取零时，该模型将退化为 Heston 模型，因为在这种情况下 θ_t 为常数。需要指出的是，在引入随机长期均值后，标的价格的演变比 Heston 模型复杂得多。然而，在这个复杂的模型下，仍然可以推导出欧式普通期权的解析定价公式。

封闭形式的解析解

下面的定理 3.11 叙述了如何推导欧式看涨期权的解析表达式。

定理 3.11 设 $U(S,v,\theta,t)$ 为欧式看涨期权价格，S_t、v_t 和 θ_t 遵循式 (3.20)，则有：

$$U(S,v,\theta,t) = SP_1 - K\mathrm{e}^{-r(T-t)}P_2$$

其中 K 是执行价格，并且有：

$$P_j = \frac{1}{2} + \frac{1}{\pi}\int_0^\infty Re\left[\frac{\mathrm{e}^{-\mathrm{i}\phi\ln(K)}f_j}{\mathrm{i}\phi}\right]\mathrm{d}\phi$$

$$f_j = \mathrm{e}^{C(\tau;\,\phi)+D(\tau;\,\phi)v+E(\tau;\,\phi)\theta+\mathrm{i}\phi x}$$

$$C(\tau;\,\phi) = \mathrm{i}r\phi\tau + \frac{1}{2}\int_0^\tau \sigma_2^2 E^2(s;\,\phi)\,\mathrm{d}s + \int_0^\tau \lambda E(s;\,\phi)\,\mathrm{d}s$$

$$D(\tau;\,\phi) = \frac{d - (\mathrm{i}\phi\rho_1 - k + b_j\rho_1)}{\sigma_1^2}\left(\frac{1-\mathrm{e}^{d\tau}}{1-g\,\mathrm{e}^{d\tau}}\right)$$

$$E(\tau; \phi) = \frac{k}{\sigma_1^2} \left\{ [d - (i\phi\rho\sigma_1 - k + b_j\rho\sigma_1)]\tau - 2\ln\left(\frac{1 - g\,e^{d\tau}}{1 - g}\right) \right\}$$

$$d = \sqrt{(i\phi\rho\sigma_1 - k + b_j\rho\sigma_1)^2 - 2\sigma_1^2\left(i\phi u_j - \frac{1}{2}\phi^2\right)}$$

$$g = \frac{(i\phi\rho\sigma_1 - k + b_j\rho\sigma_1) - d}{(i\phi\rho\sigma_1 - k + b_j\rho\sigma_1) + d}$$

其中，$u_1 = 1/2$，$u_2 = -1/2$，$b_1 = 1$，$b_2 = 0$，$\tau = T - t$，$j = 1, 2$。

证明 由于鞅定价理论要求贴现的资产价格是一个鞅，这意味着 $e^{-rt}U_t$ 是一个鞅。因此，欧式看涨期权价格 $U(S, v, \theta, t)$ 满足如下偏微分方程：

$$\frac{1}{2}vS^2\frac{\partial^2 U}{\partial S^2} + \frac{1}{2}\sigma_1^2 v\frac{\partial^2 U}{\partial v^2} + \frac{1}{2}\sigma_2^2 S^2\frac{\partial^2 U}{\partial \theta^2} + \rho\sigma_1 vS\frac{\partial^2 U}{\partial v\partial S}$$

$$+ rs\frac{\partial U}{\partial S} + k(\theta - v)\frac{\partial U}{\partial v} + \lambda\frac{\partial U}{\partial \theta} + \frac{\partial U}{\partial t} - rU = 0 \tag{3.21}$$

终值条件为 $U(S, v, \theta, t) = \max(S - K, 0)$。根据风险中性定价原理，可知：

$$U(S, v, \theta, t) = e^{-r(T-t)}e[(S_T - K)^+ \mid S_t]$$

$$= S_t\left[e^{-r(T-t)}\int_K^{+\infty}\frac{S_T}{S_t}p_{ST\mid S_t}\,dS_T\right]$$

$$- Ke^{-r(T-t)}\int_K^{+\infty}p_{ST\mid S_t}\,dS_T$$

其中，$p_{ST\mid S_t}$ 表示已知 S_t 的情况下，S_T 的概率密度函数。现在假设式（3.21）的解的形式是：

$$U = SP_1(S, v, \theta, t) - Ke^{-r(T-t)}P_2(S, v, \theta, t) \tag{3.22}$$

将式（3.22）代入式（3.21），并引入变换 $x = \ln S$ 和 $\tau = T - t$，易知 P_j 满足：

$$\frac{1}{2}v\frac{\partial^2 P_j}{\partial x^2}+\frac{1}{2}\sigma_1^2 v\frac{\partial^2 P_j}{\partial v^2}+\frac{1}{2}\sigma_2^2\frac{\partial^2 P_j}{\partial\theta^2}+\rho\sigma_1 v\frac{\partial^2 P_j}{\partial x\partial v}+(r+u_j v)\frac{\partial P_j}{\partial x}$$

$$+\left[k(\theta-v)+b_j\rho\sigma_1 v\right]\frac{\partial P_j}{\partial v}+\lambda\frac{\partial P_j}{\partial\theta}-\frac{\partial P_j}{\partial\tau}=0$$

初始条件为 $P_j(x,v,\theta,t)=E[I_{(x_{j,T}>\ln K)}\,|\,x_t=x]=P(x_{j,T}>\ln K\,|\,x_t=x)$，其中 $I(\cdot)$ 是示性函数，$P(\cdot)$ 表示概率，$x_{j,T}$ 满足如下随机微分方程：

$$\begin{cases}x_j=(r+u_j v)\mathrm{d}t+\sqrt{v}\,\mathrm{d}W_t^1\\[4pt]\mathrm{d}v=[k(\theta-v)+b_j\rho\sigma_1 v]\mathrm{d}t+\sigma_1\sqrt{v}\,\mathrm{d}W_t^2\\[4pt]\mathrm{d}\theta=\lambda\,\mathrm{d}t+\sigma_2\,\mathrm{d}B_t\end{cases}$$

令 $f_j(x,v,\theta,\tau;\phi)$ 为对数价格 x_T 的条件特征函数。根据 Gil-Pelaez 定理，P_j 和 f_j 之间的关系可以表示为 $P_j=\frac{1}{2}+\frac{1}{\pi}\int_0^\infty Re\left[\frac{e^{-i\phi\ln(K)}f_j}{i\phi}\right]\mathrm{d}\phi$。因此，推导出 f_j 的解析表达式是获得所需的解 P_j 的关键。在下文中，我们将首先集中精力推导 f_j。

根据 P_j 和 f_j 之间的关系，不难证明 $f_j(x,v,\theta,\tau;\phi)$ 满足与 $P_j(x,v,\theta,t;\ln[K])$ 相同的偏微分方程，但具有不同的初始条件 $f_j(x,v,\theta,0;\phi)=e^{i\phi x}$。现在假设 $f_j(x,v,\theta,\tau;\phi)$ 的形式为：

$$f_j=e^{C(\tau;\phi)+D(\tau;\phi)v+E(\tau;\phi)\theta+i\phi x} \tag{3.23}$$

其中，$C(0;\phi)=D(0;\phi)=E(0;\phi)=0$，i 是虚数单位。将式（3.25）代入 $f_j(x,v,\theta,\tau;\phi)$ 满足的偏微分方程，再加上一些代数运算，可以获得包含 C、D 和 E 的方程为：

$$\left(-\frac{\partial D}{\partial\tau}+\frac{1}{2}\sigma_1^2 D^2+(i\phi\rho\sigma_1-k+b_j\rho\sigma_1)D+i\phi u_j-\frac{1}{2}\phi^2\right)v$$

$$+\left(-\frac{\partial C}{\partial\tau}+\frac{1}{2}\sigma_2^2 E^2+\lambda E+ir\phi\right)+\left(-\frac{\partial E}{\partial\tau}+kD\right)\theta=0$$

根据变量 v 和 θ 的任意性,可以得到以下三个耦合的常微分方程:

$$\begin{cases} \dfrac{\partial D}{\partial \tau} = \dfrac{1}{2}\sigma_1^2 D^2 + (\mathrm{i}\phi\rho\sigma_1 - k + b_j\rho\sigma_1)D + \mathrm{i}\phi u_j - \dfrac{1}{2}\phi^2 \\[3mm] \dfrac{\partial E}{\partial \tau} = kD \\[3mm] \dfrac{\partial C}{\partial \tau} = \dfrac{1}{2}\sigma_2^2 E^2 + \lambda E + \mathrm{i}r \end{cases}$$

由此可知,一旦确定了 $D(\tau;\phi)$,就可以进行积分,直接计算出 $C(\tau;\phi)$ 和 $E(\tau;\phi)$。事实上,$D(\tau;\phi)$ 满足的常微分方程是一个黎卡提(Riccati)方程。利用求解黎卡提方程的一般方法,可得:

$$D = -\frac{1}{A}\frac{C_1 d^+ \mathrm{e}^{d^+\tau^*} + C_2 d^- \mathrm{e}^{d^-\tau}}{C_1 \mathrm{e}^{d^+\tau} + C_2 \mathrm{e}^{d^-\tau}} = \frac{d - (\mathrm{i}\phi\rho\sigma_1 - k + b_j\rho\sigma_1)}{\sigma_1^2}\left(\frac{1 - \mathrm{e}^{d\tau}}{1 - g\,\mathrm{e}^{d\tau}}\right)$$

有了 $D(\tau;\phi)$ 的表达式,对 $E(\tau;\phi)$ 满足的常微分方程两端进行简单积分,可得 $E(\tau;\phi)$ 的最终表达式,通过该表达式也可以得到 $C(\tau;\phi)$ 的表达式。证毕。∎

需要注意的是,如果新添加的参数 σ_2 和 λ 是关于 $T-t$ 的时齐函数而不是常数,则定价公式不会改变,只是原来公式中的常数 σ_2 和 λ 分别被函数 $\sigma_2(T-s)$ 和 $\lambda(T-s)$ 取代。

3.3　机制转化模型下欧式普通期权的定价

为了反映市场波动情况,机制转换模型是经典 B-S 模型的一个很好的替代。在这种模型下,标的价格的关键参数可在有限数量的经济状态之间转换（以下简称为机制转换）。从经济学的角度来看，机制转换能够反映随着金融市场状态的变化，投资者对资产价格的偏好和信心的变化。本节将深入研究在机制转换假设下欧式期权的定价问题。

3.3.1 一般机制转化模型下欧式期权的价格

最常见的机制转换模型假设漂移率和波动率在两个状态之间随机变化。具体而言，假设标的价格的波动遵循如下随机微分方程：$\mathrm{d}S_t = \mu_{X_t} S_t \mathrm{d}t + \sigma_{X_t} S_t \mathrm{d}W_t$，其中 X_t 和 W_t 是独立的随机过程，X_t 是有限空间内的连续时间马尔可夫链，W_t 是标准的维纳过程。资产的漂移率 μ_{X_t} 和波动率 λ_{X_t} 是关于 X_t 的函数。在每个状态下，漂移率和波动率均被假设为常数，且每个状态下的波动率是不同的。在机制转换模型中，特别假设 X_t 是一个在两个状态之间跳跃的两状态马尔可夫链，即：

$$X_t = \begin{cases} 1 & \text{当经济处于增长状态} \\ 2 & \text{当经济处于衰退状态} \end{cases}$$

状态之间的转换服从泊松过程，即 $P(t_{jk}^* > t) = e^{-\lambda_{jk} t}$（$j=1, 2, k=1, 2, j \neq k$），其中 λ_{jk} 是从状态 j 到状态 k 的转换率，t_{jk}^* 是进入状态 k 之前在状态 j 中停留的时间。

在此模型下，可知欧式看跌期权价格满足如下耦合方程组（具体推导过程参见 Zhu et al.，2012）：

$$\begin{cases} \dfrac{\partial V_1}{\partial t} + \dfrac{1}{2} \sigma_1^2 S^2 \dfrac{\partial^2 V_1}{\partial S^2} + rS \dfrac{\partial V_1}{\partial S} - rV_1 = \lambda_{12}(V_1 - V_2) \\ V_1(0, t) = E e^{-r(T-t)} \\ \lim\limits_{S \to \infty} V_1(S, t) = 0 \\ V_1(S, T) = \max\{E - S, 0\} \end{cases}$$

$$\begin{cases} \dfrac{\partial V_2}{\partial t}+\dfrac{1}{2}\sigma_2^2 S^2\dfrac{\partial^2 V_2}{\partial S^2}+rS\,\dfrac{\partial V_2}{\partial S}-rV_2=\lambda_{21}(V_2-V_1) \\[2mm] V_2(0,\,t)=Ee^{-r(T-t)} \\[2mm] \lim\limits_{S\to\infty}V_2(S,\,t)=0 \\[2mm] V_2(S,\,T)=\max\{E-S,\,0\} \end{cases}$$

其中，$V_j(S,\,t)(j=1,\,2)$ 是处于状态 j 时的期权价格，r 是无风险利率（假设为常数），E 是执行价格，T 是期权的到期日。利用傅里叶变换及其逆变换，可得欧式看跌期权价格的解析表达式。由于公式及其推导过于冗长，有兴趣的读者可以参考 Zhu 等（2012）。本小节就不展开介绍了。

3.3.2　带机制转换特征的随机波动率利率模型下欧式普通期权的价格

Vo（2009）指出，带机制转换特征的随机波动率模型不仅可以更准确预测波动率，而且可以很好捕捉重大事件对金融市场的冲击。因此，带机制转换特征的 Heston 模型（Elliott and Lian，2013；He and Zhu，2016）引起了学术研究人员和市场从业者的广泛关注。

本小节考虑了一种带机制转换特征的 Heston-CIR 混合模型。在该模型中，波动率和利率都是随机的，且波动率和利率的均值回归水平可在不同状态之间变化。由于模型的复杂性，无论是数值求解还是解析求解期权的价格都相当困难。本小节首先推导出广义矩母函数的解析形式，在此基础上推导出欧式期权的半封闭形式的解析定价公式。本小节内容主要参考 He 和 Chen（2021a）。

1. 带机制转换特征的 Heston-CIR 混合模型

在带机制转换特征的 Heston-CIR 混合模型中，假设波动率和利率的均值回归水平在马尔可夫链的不同状态之间转换,波动率、利率都是随机的,且由不同的 CIR 过程控制。具体而言,假设标的价格、波动率和利率分别为 S_t、v_t 和 r_t,则在风险中性测度 Q 下,该模型可以表示为:

$$\frac{\mathrm{d}S_t}{S_t} = r\,\mathrm{d}t + \sqrt{v_t}\,\mathrm{d}W_t^S$$

$$\mathrm{d}v_t = k(\theta_{X_t} - v_t)\,\mathrm{d}t + \sigma\sqrt{v_t}\,\mathrm{d}W_t^v$$

$$\mathrm{d}r_t = \alpha(\beta_{X_t} - r_t)\,\mathrm{d}t + \eta\sqrt{r_t}\,\mathrm{d}W_t^r$$

这里,W_t^S 和 W_t^v 是两个相关系数为 ρ 的标准布朗运动,而 W_t^r 是与另两个布朗运动无关的布朗运动。X_t 是一个连续时间马尔可夫链,且独立于以上三个布朗运动,它的定义与 3.3.1 小节中的相同。在这种情况下,波动率和利率的均值回归水平可表示为 $\theta_{X_t} = \langle\overline{\theta}, X_t\rangle$,$\beta_{X_t} = \langle\overline{\beta}, X_t\rangle$,其中 $\overline{\theta} = (\theta_1, \theta_2)^T$,$\overline{\beta} = (\beta_1, \beta_2)^T$,$\langle\cdot, \cdot\rangle$ 表示两个向量的内积。

为了便于推导欧式期权定价公式,将模型写成如下向量形式:

$$\mathrm{d}Y_t = \mu(Y_t)\,\mathrm{d}t + \Sigma(Y_t)\,\mathrm{d}W_t \tag{3.24}$$

其中,$Y_t = [z_t, v_t, r_t]^T$,$W_t = [W_{1,t}, W_{2,t}, W_{3,t}]^T$,$z_t = \ln(S_t)$,且 W_t 的三个分量相互独立。因此,漂移项 $\mu(Y_t)$ 可表示为:

$$\mu(Y_t) = \left[r_t - \frac{1}{2}v_t, \ k(\theta_{X_t} - v_t), \ \alpha(\beta_{X_t} - r_t)\right]^T = K_0 + K_1 Y_t$$

其中,$K_0 = [0, \ k\theta_{X_t}, \ \alpha\beta_{X_t}]^T$,$K_1 = \begin{bmatrix} 0 & -1/2 & 0 \\ 0 & -k & 0 \\ 0 & 0 & -\alpha \end{bmatrix}$,$\Sigma(Y_t) = $

$$\begin{bmatrix} \sqrt{v_t} & 0 & 0 \\ \sigma\rho\sqrt{v_t} & \sigma\sqrt{(1-\rho^2)v_t} & 0 \\ 0 & 0 & \eta\sqrt{r_t} \end{bmatrix}。$$

2. 欧式期权定价

这里首先给出了一个欧式期权的一般定价方法,但其中包含未知的广义矩母函数。其次,通过确定出这个未知广义矩母函数,得到目标定价公式。

(1) 一般定价方法。

可证随机微分方程系统式(3.26)具有仿射性。根据 Duffie 等(2000),可知欧式期权的价格 $U(Y_t, X_t, t)$ 可以表示为:

$$
\begin{aligned}
U(Y_t, X_t, t) &= E\left[e^{-\int_t^T R(Y_s)\mathrm{d}s}(S_T - K)^+ \mid Y_t, X_t\right] \\
&= E\left[e^{-\int_t^T R(Y_s)\mathrm{d}s}(e^{z_t} - K)^+ \mid Y_t, X_t\right] \\
&= E\left[e^{-\int_t^T R(Y_s)\mathrm{d}s}(e^{\varepsilon_1 \cdot Y_t} - K) + \mid Y_t, X_t\right] \\
&= G_{\varepsilon_1, -\varepsilon_1}(-\ln(K); Y_t, X_t, t, T) \\
&\quad - K G_{0, -\varepsilon_1}(-\ln(K); Y_t, X_t, t, T)
\end{aligned}
\tag{3.25}
$$

其中 $\varepsilon_1 = [1, 0, 0]^T$,且:

$$
\begin{aligned}
G_{a,b}(c; Y_t, X_t, t, T) = {} & \frac{f(a, Y_t, X_t, t, T)}{2} - \\
& \frac{1}{\pi}\int_0^{+\infty} \frac{\mathrm{Im}[f(a+\mathrm{j}ub, Y_t, X_t, t, T)e^{-\mathrm{j}uc}]}{u}\mathrm{d}u
\end{aligned}
$$

其中,j 是虚数单位,$\mathrm{Im}(\cdot)$ 是虚数部分。$f(\phi, Y_t, X_t, t, T)$ 是广义矩母函数,定义如下:

$$
f(\phi, Y_t, X_t, t, T) = E\left[e^{-\int_t^T R(Y_s)\mathrm{d}s} \cdot e^{\phi \cdot Y_T} \mid Y_t, X_t\right]
\tag{3.26}
$$

其中,$\phi = [\phi_1, \phi_2, \phi_3]^T$。

那么,现在欧式期权的定价公式(3.25)中唯一的未知项是广义矩母函数 f。确定了 f,也就确定了欧式期权价格的解析公式。

（2）广义矩母函数的确定。

由于马尔可夫链的存在，计算式（3.26）中包含的期望极其困难。为了便于计算，将广义矩母函数 $f(\phi, Y_t, X_t, t, T)$ 利用期望的塔式法则表述如下：

$$f(\phi, Y_t, X_t, t, T) = E\{E[e^{-\int_t^T R(Y_s)ds} \cdot e^{\phi \cdot Y_T} \mid Y_t, X_T] \mid X_t\} \quad (3.27)$$

先计算其内部期望，再求出 $f(\phi, Y_t, X_t, t, T)$。定义 $m(\phi, Y_t, t, T \mid X_T)$ 是以马尔可夫链的所有信息达到到期时间为条件的广义矩母函数，即 $m(\phi, Y_t, t, T \mid X_T) = E[e^{-\int_t^T R(Y_s)ds} \cdot e^{\phi \cdot Y_T} \mid Y_t, X_T]$，定理 3.12 叙述了如何确定 $m(\phi, Y_t, t, T \mid X_T)$。

定理 3.12 如果标的价格 S_t、波动率 v_t 和利率 r_t 满足式（3.24），那么条件广义矩母函数 $m(\phi, Y_t, t, T \mid X_T)$ 具有如下结构：

$$m = e^{C(\phi; \tau) + D(\phi; \tau) \cdot Y_t} \quad (3.28)$$

其中，· 是向量的点积：

$$\tau = T - t$$

$$D(\phi; \tau) = [D_1(\phi; \tau), D_2(\phi; \tau), D_3(\phi; \tau)]^T$$

$$D_1(\phi; \tau) = \phi_1 D_2(\phi; \tau) = \frac{d_1 - (\rho\sigma\phi_1 + \sigma^2\phi_2 - k)}{\sigma^2} \cdot \frac{1 - e^{d_1\tau}}{1 - g_1 e^{d_1\tau}} + \phi_2$$

$$D_3(\phi; \tau) = \frac{d_2 - (\eta^2\phi_3 - \alpha)}{\eta^2} \cdot \frac{1 - e^{d_2\tau}}{1 - g_2 e^{d_2\tau}} + \phi_3$$

$$C(\phi; \tau) = k\int_t^T \langle \bar{\theta}, X_s \rangle D_2(\phi; T-s)ds + \int_t^T \langle \bar{\beta}, X_s \rangle D_3(\phi; T-s)ds$$

$$d_1 = \sqrt{(\rho\sigma\phi_1 + \sigma^2\phi_2 - k)^2 + \sigma^2(\phi_1 - \phi_1^2 + 2k\phi_2 - 2\rho\sigma\phi_1\phi_2 - \sigma^2\phi_2^2)}$$

$$d_2 = \sqrt{(\eta^2\phi_3 - \alpha)^2 + \eta^2(2\alpha\phi_2 + 2 - 2\phi_1 - \eta^2\phi_3^2)}$$

$$g_1 = \frac{(\rho\sigma\phi_1 + \sigma^2\phi_2 - k) - d_1}{(\rho\sigma\phi_1 + \sigma^2\phi_2 - k) + d_1}$$

$$g_2 = \frac{(\eta^2\phi_3 - \alpha) - d_2}{(\eta^2\phi_3 - \alpha) + d_2}$$

证明　根据 Duffie 等（2000）得到的仿射跳跃扩散的性质，可知条件广义矩母函数 $m(\phi, Y_t, t, T \mid X_T)$ 可写成式（3.28）的形式，且满足如下耦合常微分方程系：

$$\begin{cases} \dfrac{\mathrm{d}}{\mathrm{d}\tau}D(\phi; \tau) = K_1^T D(\phi; \tau) + \dfrac{1}{2}D^T(\phi; \tau)HD(\phi; \tau) - e_3 \\[2mm] D(\phi; \tau) = \phi \\[2mm] \dfrac{\mathrm{d}}{\mathrm{d}\tau}C(\phi; \tau) = K_0 \cdot D(\phi; \tau) \\[2mm] C(\phi; \tau) = 0 \end{cases}$$

根据 $D(\phi; \tau)$ 的定义，有：

$$\frac{\mathrm{d}}{\mathrm{d}\tau}D_1 = 0 \quad D_1(\phi; \tau) = \phi_1$$

$$\frac{\mathrm{d}}{\mathrm{d}\tau}D_2 = \frac{1}{2}\sigma^2 D_2^2 + (\rho\sigma D_1 - k)D_2 - \frac{1}{2}(D_1 - D_1^2) \quad D_2(\phi; \tau) = \phi_2$$

$$\frac{\mathrm{d}}{\mathrm{d}\tau}D_3 = \frac{1}{2}\eta^2 D_3^2 - \alpha D_3 + D_1 - 1 \quad D_3(\phi; \tau) = \phi_3$$

显然，$D_1(\phi; \tau)$ 为常数。为了求解关于 $D_2(\phi; \tau)$ 的常微分方程，首先将非齐次初始条件转化为齐次条件，令 $\overline{D}_2(\phi; \tau) = D_2(\phi; \tau) - \phi_2$，可得：

$$\begin{cases} \dfrac{\mathrm{d}}{\mathrm{d}\tau}\overline{D}_2 = \dfrac{1}{2}\sigma^2\overline{D}_2^2 + (\rho\sigma\phi_1 + \sigma^2\phi_2 - k)\overline{D}_2 - \dfrac{1}{2}(\phi_1 - \phi_1^2 - 2\rho\sigma\phi_1\phi_2 + 2k\phi_2 - \sigma^2\phi_2^2) \\[2mm] \overline{D}_2(\phi; \tau) = 0 \end{cases}$$

这是一个具有齐次初始条件的 Riccati 方程,求解可得:

$$\bar{D}_2(\phi;\tau)=\frac{d_1-(\rho\sigma\phi_1+\sigma^2\phi_2-k)}{\sigma^2}\cdot\frac{1-e^{d_1\tau}}{1-g_1e^{d_1\tau}}$$

同理,进行 $\bar{D}_3(\phi;\tau)=D_3(\phi;\tau)-\phi_3$ 的变化,可得:

$$\bar{D}_3(\phi;\tau)=\frac{d_2-(\eta^2\phi_3-\alpha)}{\eta^2}\cdot\frac{1-e^{d_2\tau}}{1-g_2e^{d_2\tau}}$$

确定 $D(\phi;\tau)$ 的形式后,$C(\phi;\tau)$ 可通过在常微分方程两端对 τ 进行积分得到。证毕。■

在导出条件广义矩母函数后,式(3.27)中的外部期望可以表示为:

$$f(\phi,Y_t,X_t,t,T)=E[m(\phi,Y_t,t,T|X_T)|X_t]$$
$$=e^{D(\phi;\tau)\cdot Y_t}E[e^{C(\phi;\tau)}|X_t]$$

其中,期望 $E[e^{C(\phi;\tau)}|X_t]$ 可通过如下计算确定(Elliott and Lian,2013):

$$E[e^{C(\phi;\tau)}\mid X_t]=E[e^{\int_t^T k\langle\bar{\theta},X_s\rangle D_2(\phi;T-s)+\alpha\langle\bar{\beta},X_s\rangle D_3(\phi;T-s)ds}]$$
$$=\langle e^{A^T\tau+B}X_t,I\rangle$$

其中,$I=(1,1)^T$,$\langle\cdot,\cdot\rangle$ 是向量的内积,A 是马尔可夫链 X_t 的转移矩阵,定义为 $A=\begin{bmatrix}-\lambda_{12}&\lambda_{12}\\\lambda_{21}&-\lambda_{21}\end{bmatrix}$,$B$ 可以表示为 $B=\mathrm{diag}\big[k\bar{\theta}\int_t^T D_2(\phi;T-s)ds+\alpha\bar{\beta}\int_t^T D_3(\phi;T-s)ds\big]$,其中 $\mathrm{diag}[\cdot]$ 是主对角线之外的元素皆为零的对角矩阵。因此,广义矩母函数 $f(\phi,Y_t,X_t,t,T)$ 最终可以表示为 $f(\phi,Y_t,X_t,t,T)=e^{D(\phi;\tau)\cdot Y_t}\langle e^{A^T\tau+B}X_t,I\rangle$,其中:

$$B=\begin{bmatrix}k\theta_1 p_1(\phi;\tau)&0\\0&k\theta_2 p_1(\phi;\tau)+\alpha\beta_2 p_2(\phi;\tau)\end{bmatrix}$$

$$p_1(\phi;\tau)=\frac{1}{\sigma^2}\left\{[d_1-(\rho\sigma\phi_1+\sigma^2\phi_2-k)]\tau-2\ln\left(\frac{1-g_1\mathrm{e}^{d_1\tau}}{1-g_1}\right)\right\}+\phi_2\tau$$

$$p_2(\phi;\tau)=\frac{1}{\eta^2}\left\{[d_2-(\eta^2\phi_3-\alpha)]\tau-2\ln\left(\frac{1-g_2\mathrm{e}^{d_2\tau}}{1-g_2}\right)\right\}+\phi_3\tau$$

至此,该模型下欧洲看涨期权的半解析的定价公式已经获得。为了检验公式的准确性,我们将在 5.3 节中提供一些数值算例,并提供一些实证数据以支撑该公式的应用。

3.3.3　带机制转换特征的随机波动率利率模型下欧式外汇期权的价格

本节将机制转换引入 Heston-CIR 混合模型,允许波动率的参数以及国内外利率在不同状态之间转换。本节内容主要参考 He 和 Chen(2021b)。

1. 机制转换 Heston-CIR 混合模型

就带机制转换特征的 Heston-CIR 混合模型而言,该模型下的波动率和国内外利率分别遵循 Heston 模型和 CIR 过程,并允许波动率和利率的长期均值在代表不同经济状态的马尔可夫链之间切换。

首先回顾 Heston-CIR 混合模型。在风险中性测度$\mathbb{Q}$下,Heston-CIR 混合模型可以写成:

$$\frac{\mathrm{d}S_t}{S_t}=(r_t-\hat{r}_t)\mathrm{d}t+\sqrt{v_t}\,\mathrm{d}W_t^S \quad \mathrm{d}v_t=k(\theta-v_t)\mathrm{d}t+\sigma\sqrt{v_t}\,\mathrm{d}W_t^v$$

$$\mathrm{d}r_t=\alpha_1(\beta-r_t)\mathrm{d}t+\eta_1\sqrt{r_t}\,\mathrm{d}W_t^r \quad \mathrm{d}\hat{r}_t=\alpha_2(\xi-\hat{r}_t)\mathrm{d}t+\eta_2\sqrt{\hat{r}_t}\,\mathrm{d}W_t^{\hat{r}}$$

其中,S_t、v_t、r_t、$\hat{r}$ 分别表示当前汇率、波动率、国内利率和国外利率;W_t^S 和 W_t^v 是两个相关系数为 ρ 的标准布朗运动,且独立于另外两个独立的布朗运动 W_t^r 和 $W_t^{\hat{r}}$;k、θ、σ 分别表示均值回归速度、长期均值和波动率的波动率;

α_1、β、η_1 为国内利率满足的 CIR 过程的相关参数，α_2、ξ、η_2 则为国外利率满足的 CIR 过程的相关参数。

为了引入机制转换的影响，将马尔可夫链 X_t 引入上述随机过程中，其定义与 3.3.1 小节中的一致。用机制转换参数 θ_{X_t}、β_{X_t}、ξ_{X_t} 来代替 Heston-CIR 模型中三个恒定的长期均值 θ、β、ξ，即 $\theta_{X_t}=\langle\bar{\theta}, X_t\rangle$，$\beta_{X_t}=\langle\bar{\beta}, X_t\rangle$，$\xi_{X_t}=\langle\bar{\xi}, X_t\rangle$，其中 $\bar{\theta}=(\theta_1, \theta_2)^T$，$\bar{\beta}=(\beta_1, \beta_2)^T$，$\bar{\xi}=(\xi_1, \xi_2)^T$，$\langle\cdot, \cdot\rangle$ 是向量的内积。此时，机制转换 Heston-CIR 混合模型可以表示为：

$$dS_t=(r_t-\hat{r}_t)S_t dt+\sqrt{v_t}S_t dW_t^S$$

$$dv_t=k(\theta_{X_t}-v_t)dt+\sigma\sqrt{v_t}dW_t^v$$

$$dr_t=\alpha_1(\beta_{X_t}-r_t)dt+\eta_1\sqrt{r_t}dW_t^r$$

$$d\hat{r}_t=\alpha_2(\xi_{X_t}-\hat{r}_t)dt+\eta_2\sqrt{\hat{r}_t}dW_t^{\hat{r}} \tag{3.29}$$

为了求解方便起见，首先进行变换 $z_t=\ln(S_t)$，并令：

$$Y_t=[z_t, v_t, r_t, \hat{r}_t]^T \quad W_t=[W_{1,t}, W_{2,t}, W_{3,t}, W_{4,t}]^T$$

其中，W_t 的四个分量是四个独立的布朗运动，则式（3.31）可以写为 $dY_t=\mu(Y_t)dt+\Sigma(Y_t)dW$。其中，漂移项 $\mu(Y_t)$ 和波动项 $\Sigma(Y_t)$ 分别定义为：

$$\mu(Y_t)=\left[r_t-\hat{r}_t-\frac{1}{2}v_t, k(\theta_{X_t}-v_t), \alpha_1(\beta_{X_t}-r_t), \alpha_2(\xi_{X_t}-\hat{r}_t)\right]^T=K_0+K_1Y_t$$

$$\Sigma(Y_t)=\begin{bmatrix} \sqrt{v_t} & 0 & 0 & 0 \\ \sigma\rho\sqrt{v_t} & \sigma\sqrt{(1-\rho^2)v_t} & 0 & 0 \\ 0 & 0 & \eta_1\sqrt{r_t} & 0 \\ 0 & 0 & 0 & \eta_2\sqrt{\hat{r}_t} \end{bmatrix}$$

其中

$$K_0 = \begin{bmatrix} 0 \\ k\theta_{X_t} \\ \alpha_1\beta_{X_t} \\ \alpha_2\xi_{X_t} \end{bmatrix} \quad K_1 = \begin{bmatrix} 0 & -\dfrac{1}{2} & 1 & -1 \\ 0 & -k & 0 & 0 \\ 0 & 0 & -\alpha_1 & 0 \\ 0 & 0 & 0 & -\alpha_2 \end{bmatrix}$$

2. 外汇期权的解析定价

与 3.3.2 小节类似,我们将首先给出欧式外汇期权的一个一般的定价方法,但其中包含未知的广义矩母函数。其次,通过确定出这个未知广义矩母函数,得到目标定价公式。

（1）一般定价方法。

在风险中性测度下,可以证明 $\mu(Y_t)$、$\Sigma(Y_t)\Sigma^T(Y_t)$ 及贴现因子 $R(Y_t)$ 都是仿射函数,其中 $R(Y_t)=r_t=\varepsilon_3 \cdot Y_t$, $\varepsilon_3=(0,0,1,0)^T$。根据具有仿射结构的随机微分方程的性质（Duffie et al., 2000）,外汇看涨期权 $U(Y_t, X_t, t)$ 的价格可以表示为:

$$U(Y_t, X_t, t) = E\left[e^{-\int_t R(Y_s)ds}(S_T-K)^+ \mid Y_t, X_t\right]$$
$$= G_{\varepsilon1,-\varepsilon1}(-\ln(K); Y_t, X_t, t, T)$$
$$- KG_{0,-\varepsilon1}(-\ln(K); Y_t, X_t, t, T) \quad (3.30)$$

其中 $\varepsilon_1=(1,0,0,0)^T$,且:

$$G_{a,b}(c; Y_t, X_t, t, T) = \frac{f(a, Y_t, X_t, t, T)}{2}$$
$$- \frac{1}{\pi}\int_0^{+\infty} \frac{\text{Im}\left[f(a+jub, Y_t, X_t, t, T)e^{-juc}\right]}{u}du$$

$f(\phi, Y_t, X_t, t, T)$ 为标的资产的广义矩母函数,定义如下:

$$f(\phi, Y_t, X_t, t, T) = E\left[e^{-\int_t^T R(Y_s)ds} \cdot e^{\phi \cdot Y_T} \mid Y_t, X_t\right] \quad (3.31)$$

其中,$\phi = (\phi_1, \phi_2, \phi_3, \phi_4)^T$,$j = \sqrt{-1}$,$\mathrm{Im}(\cdot)$ 表示虚数部分。

尽管现在导出了外汇期权的一般定价公式,如式(3.30)所示,但期权价格的确定需要更多广义矩母函数 f 的信息。

(2) 广义矩母函数。

机制转换的存在对推导广义矩母函数的解析表达式构成了障碍。首先考虑一个简单情况,其中假设机制转换参数 θ_{X_t}、β_{X_t}、ξ_{X_t} 是时间相关的而不是随机的。也就是说,现在它们被时间相关的函数所控制,即 θ_t、β_t、ξ_t。如果直到到期时的马尔可夫链 X_t 的信息是已知的,那么这个假设是有意义的。然而,在这种情况下导出的解并不是计算完整期权价格所需的目标函数,相反,只是一个有限定条件的解。现在,令:

$$m(\phi, Y_t, t, T \mid X_T) = E\left[e^{-\int_t^T R(Y_s)ds} \cdot e^{\phi \cdot Y_T} \mid Y_t, X_T\right] \quad (3.32)$$

定理 3.13 给出了式(3.32)中定义的条件广义矩母函数的解析解,并在定理的证明中提供了详细的推导细节。

定理 3.13 条件广义矩母函数 $m(\phi, Y_t, t, T \mid X_T)$ 可表示为:

$$m = e^{C(\phi;\tau) + D(\phi;\tau) \cdot Y_t} \quad (3.33)$$

其中

$$\tau = T - t$$

$$D(\phi;\tau) = [D_1(\phi;\tau), D_2(\phi;\tau), D_3(\phi;\tau), D_4(\phi;\tau)]^T$$

$$D_1(\phi;\tau) = \phi_1$$

$$D_2(\phi;\tau) = \frac{d_1 - (\rho\sigma\phi_1 + \sigma^2\phi_2 - k)}{\sigma^2} \cdot \frac{1 - e^{d_1\tau}}{1 - g_1 e^{d_1\tau}} + \phi_2$$

$$D_3(\phi;\tau)=\frac{d_2-(\eta_1\phi_3-\alpha_1)}{\eta_1^2}\cdot\frac{1-\mathrm{e}^{22\tau}}{1-g_2\mathrm{e}^{d2\tau}}+\phi_3$$

$$D_4(\phi;\tau)=\frac{d_3-(\eta_2^2\phi_4-\alpha_2)}{\eta_2^2}\cdot\frac{1-\mathrm{e}^{d3\tau}}{1-g_3\mathrm{e}^{d3\tau}}+\phi_4$$

$$C(\phi;\tau)=k\int_t^T\langle\bar{\theta},X_s\rangle D_2(\phi;T-s)\mathrm{d}s+\alpha_1\int_t^T\langle\bar{\beta},X_s\rangle D_3(\phi;T-s)\mathrm{d}s$$

$$+\alpha_2\int_t^T\langle\bar{\xi},X_s\rangle D_4(\phi;T-s)\mathrm{d}s$$

$$d_1=\sqrt{(\rho\sigma\phi_1+\sigma^2\phi_2-k)^2+\sigma^2(\phi_1-\phi_1^2+2k\phi_2-2\rho\sigma\phi_1\phi_2-\sigma^2\phi_2^2)}$$

$$d_2=\sqrt{(\eta_1^2\phi_3-\alpha_1)^2+\eta_1^2(2\alpha_1\phi_2+2-2\phi_1-\eta_1^2\phi_3^2)}$$

$$d_3=\sqrt{(\eta_2^2\phi_4-\alpha_2)^2+\eta_2^2(2\alpha_2\phi_4+2\phi_1-\eta_2^2\phi_4^2)}$$

$$g_1=\frac{(\rho\sigma\phi_1+\sigma^2\phi_2-k)-d_1}{(\rho\sigma\phi_1+\sigma^2\phi_2-k)+d_1}$$

$$g_2=\frac{(\eta_1^2\phi_3-\alpha_1)-d_2}{(\eta_1^2\phi_3-\alpha_1)+d_2}$$

$$g_3=\frac{(\eta_2^2\phi_4-\alpha_2)-d_3}{(\eta_2^2\phi_4-\alpha_2)+d_3}$$

该定理的证明与定理 3.12 较为类似,这里就不再重复累述了。

下面计算式(3.31)中定义的广义矩母函数 $f(\phi,Y_t,X_t,t,T)$。利用期望的塔式法则可得:

$$f(\phi,Y_t,X_t,t,T)=E\{E[\mathrm{e}^{-\int_t^T R(Y_s)\mathrm{d}s}\cdot\mathrm{e}^{\phi\cdot Y_T}\mid Y_t,X_T]\mid X_t\}$$

$$=E[m(\phi,Y_t,t,T\mid X_T)\mid X_t]$$

$$=\mathrm{e}^{D(\phi;\tau)\cdot Y_t}E[\mathrm{e}^{C(\phi;\tau)}\mid X_t]\qquad(3.34)$$

利用定理 3.13 中已获得的 $C(\phi;\tau)$ 的表达式,式(3.34)中的期望可以写成:

$$E[\mathrm{e}^{C(\phi;\tau)}\mid X_t]$$

$$=E[\mathrm{e}^{\int_t^T k\langle\bar{\theta},X_s\rangle D_2(\phi;T-s)+\alpha_1\langle\bar{\beta},X_s\rangle D_3(\phi;T-s)+\alpha_2\langle\bar{\xi},X_s\rangle D_4(\phi;T-s)\mathrm{d}s}\mid X_t]$$

根据 Elliott 和 Lian(2013)的方法,构建如下对角矩阵 B:

$$B = \mathrm{diag}\left[k\bar{\theta}\int_t^T D_2(\phi;\ T-s)\mathrm{d}s + \alpha_1\bar{\beta}\int_t^T D_3(\phi;\ T-s)\mathrm{d}s\right.$$

$$\left. + \alpha_2\bar{\xi}\int_t^T D_4(\phi;\ T-s)\mathrm{d}s\right]$$

此时,式(3.34)中的未知期望可以进一步计算为 $E\left[\mathrm{e}^{C(\phi;\ \tau)}\,|\,X_t\right] = \langle \mathrm{e}^{A^T\tau+B}$

$X_t,\ I\rangle$,其中 $I = (1,\ 1)^T$,转移矩阵 A 定义为 $A = \begin{pmatrix} -\lambda_{12} & \lambda_{12} \\ \lambda_{21} & -\lambda_{21} \end{pmatrix}$。计算 B

中的积分可得到:

$$B = \begin{pmatrix} k\theta_1 p_1(\phi;\ \tau)+\alpha_1\beta_1 p_2(\phi;\ \tau)+\alpha_2\xi_1 p_3(\phi;\ \tau) & 0 \\ 0 & k\theta_2 p_1(\phi;\ \tau)+\alpha_1\beta_2 p_2(\phi;\ \tau)+\alpha_2\xi_2 p_3(\phi;\ \tau) \end{pmatrix}$$

其中

$$p_1(\phi;\ \tau) = \frac{1}{\sigma^2}\left\{\left[d_1 - (\rho\sigma\phi_1 + \sigma^2\phi_2 - k)\right]\tau - 2\ln\left(\frac{1-g_1\mathrm{e}^{d_1\tau}}{1-g_1}\right)\right\} + \phi_2\tau$$

$$p_2(\phi;\ \tau) = \frac{1}{\eta_1^2}\left\{\left[d_2 - (\eta_1^2\phi_3 - \alpha_1)\right]\tau - 2\ln\left(\frac{1-g_2\mathrm{e}^{d_2\tau}}{1-g_2}\right)\right\} + \phi_3\tau$$

$$p_3(\phi;\ \tau) = \frac{1}{\eta_2^2}\left\{\left[d_3 - (\eta_2^2\phi_4 - \alpha_2)\right]\tau - 2\ln\left(\frac{1-g_3\mathrm{e}^{d_3\tau}}{1-g_3}\right)\right\} + \phi_4\tau$$

至此,目标广义矩母函数 $f(\phi,\ Y_t,\ X_t,\ t,\ T)$ 可写为:

$$f(\phi,\ Y_t,\ X_t,\ t,\ T) = \mathrm{e}^{D(\phi;\ \tau)\cdot Y_t}\langle \mathrm{e}^{A^T\tau+B}X_t,\ I\rangle$$

在导出了解析的广义矩母函数后,便获得了外汇期权的封闭形式的解析定价公式。在 5.3 节中,我们将提供一些数值算例,以便深入研究带机制转换特征的 Heston-CIR 混合模型下外汇期权价格的性质。

第4章　欧式奇异期权的定价

　　奇异期权是一种比第 2 章中介绍的普通期权更为复杂的证券衍生品。这类期权通常在选择权性质、标的资产以及期权有效期等内容上与标准化的期权存在差异，种类庞杂，较为流行的就有数十种之多。例如，有的期权合约具有两种起初资产，可以择优执行其中一种（任选期权）；有的可以在规定的一系列时点行权（百慕大期权）；有的对行权设置一定条件（障碍期权）；有的执行价格可以取标的资产在一段时间内的平均值（平均期权）；等等。大多数的奇异期权都是在场外交易的，其灵活性和多样性是常规期权所不能比拟的。

　　由于影响奇异期权价格的因素多种多样，它的定价极其复杂，定价问题也是奇异期权理论的核心问题之一。障碍期权是最常见的一类奇异期权，因此，本章将重点分析在基础模型下此类期权的定价，以期为其他模型下复杂奇异期权的定价提供可参考的思路。本章主要分为两节，其中 4.1 节将重点介绍如何利用"移动窗户"的方法，找出 B-S 模型下障碍期权的变形——巴黎型期权的闭式价格表达式；4.2 节则重点关于 FMLS 模型下障碍期权价格的级数表达式，并给出其收敛性的证明。其中，巴黎期权的定价主要参考 Zhu 和 Chen(2013b)，FMLS 模型下障碍期权的定价主要参考 Chen 等(2015b)。

4.1 巴黎型期权定价

巴黎期权和巴里期权被统称为巴黎型期权。这类期权是在经典障碍期权中添加一个"触发"机制，主要目的是防止期权交易员在接近障碍时故意操作标的价格，使得他们持有的期权头寸能获利。然而，这一简单的金融条件的添加，却在这类期权的定价方面造成了相当大的困难。

巴黎期权和巴里期权都有一个"时钟"来记录标的资产价格通过障碍的总时间(根据障碍期权的类型，可以是"超过"或"低于")。这两种期权之间的主要区别在于如何重置时间。如果累积连续花费时间，并在每次标的价格越过障碍时将其重置为零，这种类型被称为连续巴黎期权，简称为巴黎期权；如果将在障碍下方或上方花费的时间相加而不再另外重置，这类期权则命名为累积巴黎期权，简称为巴里期权。巴黎型期权的定价问题比经典障碍期权要困难得多(Kwok，2008)，其困难主要来自期权合同中存在的两种的障碍：标的资产价格上的障碍和时间上的障碍，本节将重点考虑巴黎型期权的解析定价问题。

1. 巴黎型期权的定价系统

在 B-S 模型下，Haber 等(1998)建立了巴黎型期权价格满足的偏微分方程系统，但是其复杂性使得从解析角度寻求此类期权的价格相当困难。下面首先给出巴黎型期权价格满足的简化的偏微分方程系统，这是后文推导这两种期权的封闭形式的解析解的基础。

（1）巴黎期权。

巴黎期权是一种特殊的障碍期权，其合约中规定标的资产价格达到一个特定障碍水平 $\bar{S}$ 并保持一段给定时间 $\bar{J}$ 的情况下，才能够触发"敲入"或"敲出"条件。类似于经典障碍期权，巴黎看涨期权有四种形式：向上敲出型、向下敲出型、向上敲入型、向下敲入型。类似地，巴黎看跌期权也有四种类型。在不失一般性的前提下，本节将以欧式巴黎向上敲出看涨期权的定价为例来进行说明。根据 Chesney 等（1997）建立的奇偶关系，本节叙述的方法可以扩展到对其他类型的巴黎期权进行定价。

与经典障碍期权相比，巴黎期权的定价需要引入一个新的状态变量 J，即障碍时间（用来记录"触发时钟"，一旦达到触发值 $\bar{J}$，就触发"敲出"或"敲入"机制）。障碍时间的定义为标的资产价格持续高于（向上敲出型和向上敲入型）或低于（向下敲出型和向下敲入型）障碍水平所花费的总时间。对于向上敲出型，有若 $S \leqslant \bar{S}$，$J = 0$ 且 $dJ = 0$，反之 $dJ = dt$；其中 $\bar{S}$ 是标的资产价格的预设障碍水平。该式表明，当标的资产价格超过 $\bar{S}$ 时，状态变量 J 开始和时间 t 同速累积；当标的资产价格等于或低于 $\bar{S}$ 时，J 变为零并保持为零。如果每次标的资产价格越过障碍 $\bar{S}$ 时，障碍时间没有被重置为零，那么该期权为巴里期权。

值得注意的是，当巴黎期权的"障碍"取一些极值时，可以很容易得到期权价格，因为此时巴黎期权退化为经典的障碍期权或普通期权。以巴黎向上敲出看涨期权为例，当触发值 $\bar{J}$ 接近零时，一旦触及"障碍"，该期权将立即敲出，这与向上敲出型经典障碍看涨期权相同。类似地，当 $\bar{J} \to \infty$ 或 $\bar{S} \to \infty$，巴黎向上敲出看涨期权退化为欧式看涨期权；当 $\bar{S} \to 0$，该期权在 $T - t \leqslant \bar{J} - J$ 时退化为欧式看涨期权。

对于其他非退化情况，巴黎期权的价格取决于标的价格 S、当前时间 t

和障碍时间 J，以及其他一些参数，如波动率、无风险利率和到期时间等。假设具有连续股息支付 D 的标的资产 S 遵循下式给出的随机微分方程：$\mathrm{d}S_t=(\mu-D)S_t\mathrm{d}t+\sigma S_t\mathrm{d}W_t$，其中 W_t 是标准布朗运动。

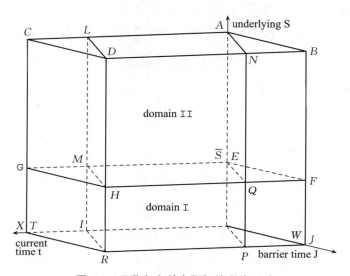

图 4.1   巴黎向上敲出期权的定价区域

在图 4.1 中，用 $\bar{I}$、$\overline{II}$ 分别指代平面 $GEOX$ 和长方体 $ABDCGEFH$，令 $V_1(S，t)$、$V_2(S，t，J)$ 分别表示区域 $\bar{I}$ 和 $\overline{II}$ 中的期权价格。显然，在区域 $\bar{I}$ 中，因为标的价格总是处于障碍水平之下，所以变量 J 保持不变。根据 Feynman-Kac 定理，$V_1(S，t)$ 应满足：$\dfrac{\partial V_1}{\partial t}+LV_1=0$，其中 $L=(\sigma^2 S^2/2)$ $(\partial^2/\partial S^2)+(r-D)S(\partial/\partial S)-rI$，$I$ 为单位算子。在该区域中，终值条件由欧式看涨期权的回报函数给出，即 $V_1(S，T)=\max(S-K，0)$。除了时间方向的条件之外，还需要给出 S 方向的边界条件才能够求解 V_1。根据期权的金融含义，当标的价格接近零时，看涨期权将变得毫无价值，因此有 $\lim\limits_{S\to 0}V_1(S，t)=0$。为了避免套利的发生，期权价格跨越障碍 $\bar{S}$ 时应具备

连续性,即:

$$\lim_{S \to \bar{S}} V_1(S, t) = \lim_{S \to \bar{S}} V_2(S, t, 0) \qquad (4.1)$$

另一方面,在区域 $\overline{II}$ 中,障碍时间 J 开始累积。因此,$V_2(S, t, J)$ 由修正的 B-S 方程控制:

$$\frac{\partial V_2}{\partial t} + \frac{\partial V_2}{\partial J} + LV_2 = 0$$

其中,算子 L 与前面定义的算子相同。

使定价系统封闭还需要给出 J 方向的适当边界条件。根据"触发时钟"的定义,当变量 J 达到触发值 $\bar{J}$ 时,期权将变得毫无价值,因此有 $\lim\limits_{J \to \bar{J}} V_2(S, t, J) = 0$。此外,因为无穷大的标的价格需要无限长的时间才能回落到障碍水平 $\bar{S}$,所以当 S 变得非常大时,期权也将毫无价值,即 $\lim\limits_{S \to \infty} V_2(S, t, J) = 0$。在 $S = \bar{S}$ 处的边界条件可由"重置条件"给出,即 $\lim\limits_{S \to \bar{S}} V_2(S, t, J) = V_2(S, t, 0) = \lim\limits_{S \to \bar{S}} V_1(S, t)$。这表明标的价格 S 回落到障碍 $\bar{S}$ 时,J 被重置为零。由于巴里期权合同中没有规定重置机制,这一特征也将巴里期权定价与巴黎期权定价区分开来。

这里需要指出,虽然可以从 Haber 等(1998)提出的对巴黎期权定价的偏微分方程系统中直接计算出任意给定的 S、J 和 t 对应的巴黎期权的价格,但是他们的定价系统存在两个主要缺陷。首先,他们给出的当 $\bar{J} - J > T - t$ 时在 $S = \infty$ 处的边界条件是错误的。原因在于,在这部分时间中,J 没有足够的时间达到触发值 $\bar{J}$,此时巴黎期权永远不会被敲出,因此,当 $\bar{J} - J > T - t$ 时,巴黎向上敲出看涨期权的价格等于欧式看涨期权的价格,而当 S 接近无穷大时,欧式看涨期权的价格永远不会变为零。其次,他们的定价系统不是封闭的,因为他们忽视了一个基本条件。在他们的显式有限差分法中,必须假设跨越障碍的期权价格满足连续性条件,如若不然,就不可能产生唯一的解。不幸的是,他们没有把使偏微分方程系统封闭的必备条件式(4.1)明确列为连接条件。

另一方面,Haber 等(1998)的给出的偏微分方程系统是二维系统和三维系统的耦合,这使得无论是以数值还是以解析的方式求解巴黎期权的价格都十分复杂。事实上,原始定价区域(即区域 $\bar{I}$ 和 $\bar{II}$)可以进一步缩减。首先可以剔除棱柱区域 $ANBFEQ$(以下用 $\bar{III}$ 表示),因为在该区域中,通过的时间总是小于障碍时间,即 $0 \leqslant t \leqslant J$,这种情况在现实中不会发生。其次,在棱柱区域 $LCDHMG$(以下用 $\bar{IV}$ 表示)中,障碍时间 J 对期权价格没有影响,因为在这个区域中,J 没有足够的时间到达 $\bar{J}$,因此期权永远不会被敲出。区域 $\bar{IV}$ 中的期权价格不会随 J 变化,此处期权价格实际上与距离到期日时间为 $T-t$ 的欧式看涨期权价格相同。在去除区域 $\bar{III}$ 和 $\bar{IV}$ 后,实际定价区域为平面 $MEOI$ 加上域 $ANDLMEQH$,具体定义为 I:$\{0 \leqslant S \leqslant \bar{S},\ 0 \leqslant t \leqslant T-\bar{J},\ J=0\}$,$II$:$\{\bar{S} \leqslant S < \infty,\ J \leqslant t \leqslant J+T-\bar{J},\ 0 \leqslant J \leqslant \bar{J}\}$。

简化原始定价区域有两方面作用。一方面,通过分割区域 $\bar{IV}$,不需要在 $\bar{J}-J>T-t$ 时设置 $S=\infty$ 处的边界条件了。另一方面,简化后定价区域具备良好的几何形状,大大便利了解析方法的运用。

下面对 Haber 等(1998)的定价系统进行相应的修改,以便在简化后的区域上得到一个封闭的偏微分方程定价系统。首先,区域 I 中原来的终止条件,即回报函数,应该用具有距离到期日的时间为 $\bar{J}$ 的欧式看涨期权的价格来代替,即 $V_1(S,\ T-\bar{J})=V_{BS}(S,\ \bar{J})$。平面 $LIXC$ 上的值为具有到期时间为 $T-t$ 的欧式看涨期权的价格。其次,期权变化率在障碍 $S=\bar{S}$ 上应是连续的,即 $\lim\limits_{S \to \bar{S}} \dfrac{\partial V_1}{\partial S}(S,\ t)=\lim\limits_{S \to \bar{S}} \dfrac{\partial V_2}{\partial S}(S,\ t,\ 0)$。这种"连接性条件"的成立基于抛物型偏微分方程的解在整个求解区域中是 C^1 连续的（Taylor，1997），该空间还包括 ME 这条线（即平面 $S=\bar{S}$ 和 $J=0$ 的交集）。这说明期权价格需要在跨越障碍 $\bar{S}$ 时保持变化率的连续性，以确保没有套利机会。

　　此时大家可能会疑惑，为什么 Haber 等（1998）的系统中缺少"连续性条件"仍能够得到看似正确的数值结果？这是因为当期权价格满足了跨越障碍时的连续性条件式（4.1），可能会在无意中满足"连通性条件"，这类似于处理 Neumann 边界条件时的虚构点方法（Strikwerda，1989）。然而，这需要假设期权价格 V_1 和 V_2 在障碍边界上至少是二阶可导的，这显然比新提出的连通性条件要强得多。考虑到在强条件下得到的解同时也应该满足弱条件，那么只要弱条件合适，具有强条件的定价系统当然就可以得到和弱条件相同的结果。

　　在建立封闭定价系统之前，还应该仔细研究与巴黎期权定价相关的奇点，否则产生的结果可能会在这些奇点周围是不正确的。巴黎期权价格的奇异性主要来源于非累积触发的障碍 $\bar{S}$，即平面 $NQHD$（以下用 $\overline{IV}$ 表示）中引入了奇异线 DH。如果认为 DH 是属于平面 $DHGC$ 的，则应施加终值条件，否则就应该施加敲出条件。这里认为 DH 是区域 $\overline{IV}$ 的一部分，以确保平面 $LDHM$（以下用 $\bar{V}$ 表示）上的任何点可以随着时间的推移而达到 $\bar{J}$。这与点 $L(\infty,\ T-\bar{J},\ J)$ 应该位于区域 $\bar{V}$ 内的观点是一致，因为无穷大的标的价格需要无限长的时间才能回落到 $\bar{S}$，因此当时间增加有限时，$\bar{J}$ 肯定是可以被触发的。

　　事实上，不仅直线 DH 是奇异的，整个平面 $\bar{V}$ 也是奇异的。在非常接近 $\bar{V}$ 的点上（但仍在区域 $\overline{IV}$ 中）的期权价格和 $\bar{V}$ 上的点的期权价格之间应该存在跳跃，且预计前者的价值大于后者的价值，因为平面 $\bar{V}$ 上的任何点都有达

到 $\bar{J}$ 的风险,而对于区域 $\overline{IV}$ 中的任何点,无论它多么接近 $\bar{V}$,都不会达到触发值 $\bar{J}$。

$\overline{IV}$ 的存在也引入了沿着直线 QH 的另一个奇点。如果将直线 QH 归为区域 $\overline{IV}$ 的一部分,那么在平面 $EQHM$ 上除了 QH 的任何点都满足 $S = \bar{S}$,对应的期权价格都不为零,因为无论该点与 QH 有多近,当标的价格触及障碍时,J 都将被重置为零。然而,QH 上的期权价格总是为零,因为在这条线上都达到了触发值 $\bar{J}$,发生了"敲出"。实际中,直线 DH 或 QH 属于哪一边可以在合同中明确。如果标的资产价格和障碍时间处于这些特殊值时,巴黎期权合同中关于这两条边界线归属的不同最终都会导致合同价值的不同。

综上,在 B-S 模型下欧式巴黎向上敲出看涨期权的定价系统可以写成:

$$A_1 \begin{cases} \dfrac{\partial V_1}{\partial t} + LV_1 = 0 \\[2mm] V_1(S, \ T - \bar{J}) = V_{BS}(S, \ \bar{J}) \\[2mm] \lim_{S \to 0} V_1(S, \ t) = 0 \\[2mm] \lim_{S \to \bar{S}} V_1(S, \ t) = \lim_{S \to \bar{S}} V_2(S, \ t, \ 0) \end{cases}$$

$$\tag{4.2}$$

$$A_2 \begin{cases} \dfrac{\partial V_2}{\partial t} + \dfrac{\partial V_2}{\partial J} + LV_2 = 0 \\[2mm] V_2(S, \ t, \ \bar{J}) = 0 \\[2mm] \lim_{S \to \infty} V_2(S, \ t, \ J) = 0 \\[2mm] \lim_{S \to \bar{S}} V_2(S, \ t, \ J) = \lim_{S \to \bar{S}} V_2(S, \ t, \ 0) = \lim_{S \to \bar{S}} V_1(S, \ t) \end{cases}$$

连通性条件为: $\lim_{S \to \bar{S}} \dfrac{\partial V_1}{\partial S}(S, \ t) = \lim_{S \to \bar{S}} \dfrac{\partial V_2}{\partial S}(S, \ t, \ 0)$,$A_1$ 定义在 $t \in [0, \ T -$

$\bar{J}$］，$J \in [0, \bar{J}]$，$S \in [0, \bar{S}]$ $S \in [0, \bar{S}]$上，A_2 定义在 $t \in [J, T - \bar{J} - J]$，$J \in [0, \bar{J}]$，$S \in [\bar{S}, \infty)$，$S \in [\bar{S}, \infty)$上。

（2）巴里期权。

与巴黎期权的"重置"功能不同，巴里期权不需要重置障碍时间 J；只有当超过或低于 $\bar{S}$ 的时间的累积值超过规定值 $\bar{J}$ 时，才会触发"敲入"或"敲出"机制。类似于巴黎期权，巴里期权也有八种形式。这里只考虑欧式巴里向上敲出看涨期权的定价问题。实际上，通过 Chesney 等（1997b）建立的奇偶关系，下文叙述的方法也可以推广到对其他形式的巴里期权的定价。

除了这个主要区别之外，巴里期权与巴黎期权非常相似。对于极端障碍值，它也会退化为经典障碍期权或普通期权。对于非退化情况，巴里期权的定价需要三个状态变量：当前时间 t、标的价格 S 和障碍时间 J。前两个变量 t 和 S 遵循与巴黎期权中相同的假设，而对障碍时间的假设条件需要修改，以确保其在触及 $\bar{S}$ 时不会重置为零（Haber et al.，1998）。

需要指出的是，去掉障碍时间的重置会使问题解决起来不像巴黎期权那样简单。如果障碍时间 J 不再被重置，那么当标的价格跌至 $\bar{S}$ 以下时，"触发时钟"也会影响期权价格。因此，与巴黎期权相比，图 4.1 中所示的长方体 $EFHGXOWR$（以下用 $\overline{VII}$ 表示）也应属于巴里期权定价区域的一部分，J 在该区域中是一个参数。由于巴里期权合同中规定的非重置机制，这一额外区域无疑增加了求解的复杂度。

不过，值得庆幸的是，尽管巴里期权的定价区域中长方体 $\overline{VII}$ 取代了二维平面 $\bar{I}$，但仍可以像巴黎期权一样对定价区域进行简化，这也是解决巴里期权定价的关键一步。与处理巴黎期权类似，可以去掉棱柱 $ANBWOP$ 区域（以下用 $\widetilde{III}$ 表示）和 $LCDRIX$ 区域（以下用 $\widetilde{IV}$ 表示）。在简化的定价区域上，巴里向上敲出看涨期权的价格满足如下的耦合偏微分方程系统：

$$A_1 \begin{cases} \dfrac{\partial V_1}{\partial t} + \mathrm{L}V_1 = 0 \\[2mm] V_1(S,\ T - \bar{J} + J;\ J) = V_{BS}(S,\ \bar{J} - J) \\[2mm] \lim\limits_{S \to \infty} V_1(S,\ t;\ J) = 0 \\[2mm] \lim\limits_{S \to \infty} V_1(S,\ t;\ J) = \lim\limits_{S \to \bar{S}} V_2(S,\ t,\ J) \end{cases} \tag{4.3}$$

$$A_2 \begin{cases} \dfrac{\partial V_2}{\partial t} + \dfrac{\partial V_2}{\partial J} + \mathrm{L}V_2 = 0 \\[2mm] V_2(S,\ t,\ \bar{J}) = 0 \\[2mm] \lim\limits_{S \to \infty} V_2(S,\ t,\ J) = 0 \\[2mm] \lim\limits_{S \to \bar{S}} V_2(S,\ t,\ J) = \lim\limits_{S \to \bar{S}} V_1(S,\ t,\ J) \end{cases}$$

连通性条件为：$\lim\limits_{S \to \bar{S}} \dfrac{\partial V_1}{\partial S}(S,\ t;\ J) = \lim\limits_{S \to \bar{S}} \dfrac{\partial V_2}{\partial S}(S,\ t,\ J)$，其中，$A_1$ 定义在 $t \in [J,\ T - \bar{J} + J]$，$J \in [0,\ \bar{J}]$，$S \in [0,\ \bar{S}]$ 上，A_2 定义在 $t \in [J,\ T - \bar{J} - J]$，$J \in [0,\ \bar{J}]$，$S \in [\bar{S},\ \infty)$ 上。

这里需要指出的是，首先，新建立的偏微分方程系统式（4.3）和 Haber 等（1998）提出的偏微分方程系统之间存在两方面差异。一方面，在到期时间为 $\bar{J} - J$ 时，V_1 的终值条件被欧式看涨期权价格所替代；另一方面，为了更接近 Haber 等（1998）提出的偏微分方程系统，进一步假设期权价格在跨越障碍时变化率是连续的，即 $\lim\limits_{S \to \bar{S}} \dfrac{\partial V_1}{\partial S}(S,\ t;\ J) = \lim\limits_{S \to \bar{S}} \dfrac{\partial V_2}{\partial S}(S,\ t,\ J)$。这与在巴黎期权情况下所做的处理是一致的。

其次，将式（4.2）与式（4.3）进行比较，可以发现巴里期权的定价比巴黎期权的定价复杂得多。这种复杂性主要来源于两方面。一方面，当 $S < \bar{S}$ 时，巴里期权价格 $V_1(S,\ t,\ J)$ 随参数 J 的变化而变化，而对于巴黎期权来

说,其价格 $V_1(S,t)$ 与 J 无关;另一方面,巴里期权的连通性条件适用于整个障碍平面 $S=\bar{S}$,而在巴黎期权下,该条件仅适用于直线 ME。

最后,尽管巴黎期权和巴里期权的定价系统都是线性的,但它们均为耦合系统,即一个区域中的解是另一个区域的边界条件。对耦合系统的求解一般都比较困难。

2. 巴黎型期权价格求解过程

尽管新建立的偏微分方程系统在某种程度上比 Haber 等(1998)建立的要简单,但它们仍然是三维的,这一困难严重阻碍了寻求期权价格的解析表达式。然而,利用当前定价区域的几何形状,可以将上述三维偏微分方程系统式(4.2)和式(4.3)简化为两个二维偏微分方程系统,再利用 Laplace 变换进行解析求解。下文将详细阐述求解过程。

(1)"移动窗口"和二维偏微分方程系统。

因为 V_1 满足的系统已经是二维的,所以要将式(4.2)转换为二维偏微分方程系统,只需要处理 V_2 满足的系统 A_2 即可。可以观察到,定价域 II 是一个平行六面体,因此它可以分解为无限多个横截面(以下称为"截面"),所有这些截面与平面 $t=0$ 和 $J=0$ 都成 $45°$ 角。对于 II 中的任何给定的状态点 (S,t,J),都有一个对应的截面通过该点。只要给定有关于经过该定点的截面的足够信息,就可以确定在该点 (S,t,J) 上的期权值 V_2。换言之,如果从旋转 $45°$ 的坐标系来看,原始三维问题可以分解为定义在每个截面上的二维问题。

为了获得旋转坐标系下 V_2 满足的偏微分方程系统,可以用方向导数 $\sqrt{2}\,(\partial V_2/\partial l)$ 来代替 A_2 中出现的两个偏导数之和,即 $\dfrac{\partial V_2}{\partial t}+\dfrac{\partial V_2}{\partial J}$。该方向导数表示在 $(\sqrt{2}/2,\sqrt{2}/2)$ 方向上函数 V_2 在点 (t,J) 的瞬时变化率,这里的

$(\sqrt{2}/2,\sqrt{2}/2)$方向即为从顶部观察的逆时针 45°平面。在新坐标系下，V_2 满足的方程可以写成：

$$\left(\sqrt{2}\frac{\partial}{\partial l}+\mathrm{L}\right)V_2(S,l;t)=0 \qquad \text{`(4.4)}$$

其中，t 是用于识别通过点$(\bar{S},t,0)$的截面的参数。图 4.2 所示是上述坐标变换的二维示意图。其中，直线 AB 表示截面在平面$(t\text{-}J)$上经过点$(\bar{S},t,0)$的投影。新坐标系中的解 $V_2(S,l;t)$等于原始定价域 II 中的解 $V_2(S,t+l/\sqrt{2},l/\sqrt{2})$。这种利用坐标变换降低偏微分方程系统维数的方法本质上是特征线法(Carrier and Pearson，1976)。

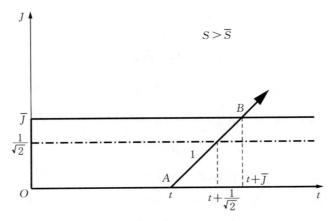

图 4.2 截面在平面$(t\text{-}J)$上的投影

另外，从金融角度来看，方向导数的使用也是有意义的。当 $S>\bar{S}$ 时，t 和 J 以与"障碍时间"相同的速率增加，因此可以将标的价格的移动视为沿着 $t=0$ 和 $J=0$ 之间的对角线平面移动。常数$\sqrt{2}$可以通过缩放 l 来吸收掉，即 $l'=l/\sqrt{2}$，那么式(4.4)变为：

$$\left(\frac{\partial}{\partial l'}+\mathrm{L}\right)V_2(S,\,l'\,;\,t)=0$$

将边界条件也相应转换到新坐标系中,因此,巴黎向上敲出看涨期权价格满足的二维偏微分方程系统可以表示为:

$$A_1\begin{cases}\dfrac{\partial V_1}{\partial t}+\mathrm{L}V_1=0\\[2mm]V_1(S,\,T-\bar{J})=V_{BS}(S,\,\bar{J})\\[2mm]\lim_{S\to 0}V_1(S,\,t)=0\\[2mm]\lim_{S\to\bar{S}}V_1(S,\,t)=W(t)\end{cases}\qquad A_2\begin{cases}\dfrac{\partial V_2}{\partial l'}+\mathrm{L}V_2=0\\[2mm]V_2(S,\,\bar{J}\,;\,t)=0\\[2mm]\lim_{S\to\infty}V_2(S,\,l'\,;\,t)=0\\[2mm]\lim_{S\to\bar{S}}V_2(S,\,l'\,;\,t)=W(t+l')\end{cases}\qquad(4.5)$$

连通性条件为:$\lim_{S\to\bar{S}}\dfrac{\partial V_1}{\partial S}(S,\,t)=\lim_{S\to\bar{S}}\dfrac{\partial V_2}{\partial S}(S,\,0\,;\,t)$,其中 $W(t)$ 是将两个偏微分方程系统耦合起来的未知函数,定义为 $W(t)=\lim_{S\to\bar{S}}V_2(S,\,0\,;\,t)$,也需要求解。类似地,可以推导出巴里向上敲出看涨期权价格满足的二维偏微分方程系统为:

$$A_1\begin{cases}\dfrac{\partial V_1}{\partial t}+\mathrm{L}V_1=0\\[2mm]V_1(S,\,T-\bar{J}+J\,;\,J)=V_{BS}(S,\,\bar{J}-J)\\[2mm]\lim_{S\to 0}V_1(S,\,t\,;\,J)=0\\[2mm]\lim_{S\to\bar{S}}V_1(S,\,t\,;\,J)=W(t,\,J)\end{cases}$$

$$\qquad(4.6)$$

$$A_2\begin{cases}\dfrac{\partial V_2}{\partial l'}+\mathrm{L}V_2=0\\[2mm]V_2(S,\,\bar{J}\,;\,t)=0\\[2mm]\lim_{S\to\infty}V_2(S,\,l'\,;\,t)=0\\[2mm]\lim_{S\to\bar{S}}V_2(S,\,l'\,;\,t)=W(t+l',\,l')\end{cases}$$

连通性条件为：$\lim\limits_{S\to\bar{S}}\dfrac{\partial V_1}{\partial S}(S,t;J)=\lim\limits_{S\to\bar{S}}\dfrac{\partial V_2}{\partial S}(S,J;t-J)$，其中 $W(t,J)$ 定义为 $W(t,J)=\lim\limits_{S\to\bar{S}}V_2(S,J;t-J)$。

（2）巴黎期权价格的解析表达式。

为了有效求解新建立的定价系统式（4.5），首先通过引入无量纲变量来对所有变量进行无量纲化：

$$x=\ln\frac{S}{K}\quad \bar{x}=\ln\frac{\bar{S}}{K}\quad V_1'=\frac{V_1}{K}\quad V_2'=\frac{V_2}{K}\quad \tau=(T-\bar{J}-t)\frac{\sigma^2}{2}\quad W'=\frac{W}{K}$$

$$\bar{J}'=\frac{\sigma^2\bar{J}}{2}\quad \tilde{l}=\frac{\sigma^2}{2}(\bar{J}-l')\quad \gamma=\frac{2r}{\sigma^2}\quad q=\frac{2D}{\sigma^2}$$

将所有上标符号和波浪号（～）去除，可得到如下无量纲的偏微分方程系统：

$$A_1\begin{cases}\dfrac{\partial V_1}{\partial \tau}=LV_1\\[2mm]V_1(x,0)=V_{BS}\left(Ke^x,\dfrac{2J}{\sigma^2}\right)/K\\[2mm]\lim\limits_{x\to-\infty}V_1(x,\tau)=0\\[2mm]\lim\limits_{x\to\bar{x}}V_1(x,t)=W(\tau)\end{cases}\tag{4.7}$$

$$A_2\begin{cases}\dfrac{\partial V_2}{\partial l}=LV_2\\[2mm]V_2(x,0;\tau)=0\\[2mm]\lim\limits_{x\to\infty}V_2(x,l;\tau)=0\\[2mm]\lim\limits_{x\to\bar{x}}V_2(x,l;\tau)=W(\tau-\bar{J}+l)\end{cases}$$

连通性条件为：$\lim\limits_{x\to\bar{x}}\dfrac{\partial V_1}{\partial x}(x,\tau)=\lim\limits_{x\to\bar{x}}\dfrac{\partial V_2}{\partial x}(x,\bar{J};\tau)$，其中算子 $L=\partial^2/\partial x^2+k(\partial/\partial x)-\gamma I$，$k=\gamma-q-1$。

　　从式(4.7)可以看出,一旦 $W(\tau)$ 被确定,V_1 和 V_2 就不再耦合,并且可以直接获得解 V_1 和 V_2。为了找到 $W(\tau)$ 满足的方程,需要先有 V_1 和 V_2 的积分表示。这可以通过单独求解式(4.7)中的 A_1 和 A_2 得到。具体来说,A_1 的解可通过将线性问题拆分为两个问题来求,这是一种求解线性偏微分方程的常见方法。第一个问题包含齐次微分方程和齐次边界条件,但初始条件是任意的,可以利用 Laplace 变换方法和格林函数方法求解;第二个问题包含齐次微分方程和齐次初始条件,可通过 Laplace 变换获得在 $x=\bar{x}$ 处的非齐次边界条件。最终,V_1 的积分形式可以写为:

$$V_1(x,\tau)=F(x,\tau)+\int_0^\tau W(s)g_1(x,\tau-s)\mathrm{d}s \tag{4.8}$$

其中,$F(x,\tau)=\int_{-\infty}^{\bar{x}}\dfrac{1}{2\sqrt{\pi\tau}}\mathrm{e}^{-(k/2)(x-z)-(k^2/4+\gamma)\tau}\left[\mathrm{e}^{-(x-z)^2/4\tau}-\mathrm{e}^{-(x+z-2\bar{x})^2/4\tau}\right]\cdot$

$f(z)\mathrm{d}z$,　$g_1(x,\tau)=-\dfrac{x-\bar{x}}{2\sqrt{\pi}\,\tau^{\frac{3}{2}}}\mathrm{e}^{-(k^2/4+\gamma)\tau-(x-\bar{x})^2/4\tau-(k/2)(x-\bar{x})}$,　$f(z)=$

$V_{BS}(z,\bar{J})$。

　　类似地,V_2 可以写为:

$$V_2(x,l)=\int_0^l W(\tau-\bar{J}+s)g_2(x,l-s)\mathrm{d}s \tag{4.9}$$

其中,$g_2(x,l)=-g_1(x,l)$,g_1 和 g_2 是格林函数。将连通性条件代入式(4.8)和式(4.9),可得 $W(\tau)$ 满足的积分方程为:

$$\frac{\partial F}{\partial x}(x,\tau)\bigg|_{x=\bar{x}}\int_0^\tau W(s)\frac{\partial g_1}{\partial x}(x,\tau-s)\mathrm{d}s\bigg|_{x=\bar{x}}$$

$$=\int_0^{\bar{J}}W(\tau-\bar{J}+s)\frac{\partial g_2}{\partial x}(x,\bar{J}-s)\mathrm{d}s\bigg|_{x=\bar{x}} \tag{4.10}$$

可以看出,式(4.10)左端包含 $W(s)$ 从到期日($\tau=0$)至距离到期日时间 τ 的信息,而其右端包含 $W(\xi)$ 的值,其中 ξ 在 $[\tau-\bar{J},\tau]$ 内变化,这与在平面 $J=0$ 上经过点 $(\bar{S},\tau,0)$ 的截面的投影一致。将截面在平面 $J=0$ 上的投影称为"窗口",那么初始窗口(第 0 个窗口)是 τ 在 $[-\bar{J},0]$ 内变化的窗口。在该窗口上,$W(\tau)$ 为 $S=\bar{S}$ 下的欧式看涨期权的价格。通过求解式(4.10),可以确定在一个特定窗口上而不是在整个域 $[0,\tau]$ 上的未知函数 W。若 $[0,\tau]$ 就是第 1 个窗口,那么 $W(\tau)$ 在整个定价区域上都被确定了。

因此,对于任意给定状态点 (S,τ,J),可以逐个窗口向前计算 W,直到找到所需时间为 τ 的值。这一过程可以看成从初始窗口移动到包含给定 τ 值的位置,每次移动距离为 $\bar{J}$。距离第 0 个窗口移动了 n 次的窗口被称为第 $n(n\geqslant1)$ 个窗口,如图 4.3 所示,其中 $i[i=0,1,\cdots,n+1]$ 表示第 i 个窗口。下面的定理证明了在第 1 个窗口的解的形式,即 $W_1(\tau)$,$\tau\in=[0,\bar{J}]$,那么剩余窗口上解的表达式的确定可以重复这一过程,直到到达所需的位置。

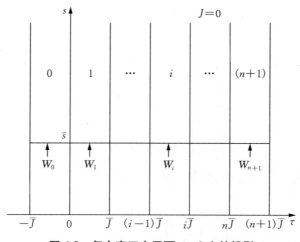

图 4.3   每个窗口在平面 $J=0$ 上的投影

定理 4.1   对于 $\tau\in[0,\bar{J}]$,巴黎向上敲出看涨期权的价格可以分别从 $S<\bar{S}$ 时的式(4.8)和 $S>\bar{S}$ 时的(4.9)中计算出来,第 1 个窗口上的 $W_1(\tau)$

具有如下形式：

$$W_1(\tau) = \int_{-\infty}^{\bar{x}} \frac{e^{-(k/2)(\bar{x}-z)-(k^2/4+\gamma)\tau}}{2\sqrt{\pi\tau}} e^{-(\bar{x}-z)^2/4\tau} f(z)\,dz + \frac{W_0(0)}{2} e^{-(k^2/4+\gamma)\tau}$$

$$- \frac{e^{-(k^2/4+\gamma)\bar{J}}}{2\pi\sqrt{\bar{J}}} \int_0^\tau \frac{e^{-(k^2/4+\gamma)(\tau-s)}}{\sqrt{\tau-s}} W_0(s-\bar{J})\,ds$$

$$- \frac{1}{\pi} \int_0^\tau \frac{e^{-(k^2/4+\gamma)(\tau-s)}}{\sqrt{\tau-s}} \int_{\sqrt{s}}^{\sqrt{J}} e^{-(k^2/4+\gamma)t^2} \cdot$$

$$\left[\left(\frac{k^2}{4} + \gamma \right) W_0(s-t^2) + W_0'(s-t^2) \right]dt\,ds \tag{4.11}$$

其中，函数 $W_0(y)$（$y \in [-\bar{J}, 0]$）等价于欧式看涨期权在障碍 $\bar{S}$ 处、距离到期日时间 $(y+\bar{J})$ 对应的价格。

证明 定义一个新的变量 $\xi = \tau - \bar{J} + s$，并将其代入式（4.10）右端，可得：

$$\int_0^{\bar{J}} W(\tau - \bar{J} + s)\, \frac{\partial g_2}{\partial x}(x\bar{J} - s)\,ds \bigg|_{x=\bar{x}}$$

$$= \int_{\tau-J}^\tau W(\xi)\, \frac{\partial g_2}{\partial x}(x, \tau-\xi)\,d\xi \bigg|_{x=\bar{x}} \tag{4.12}$$

由于 $W(\xi)$ 在 $\forall \xi \in [-\bar{J}, 0]$ 处定义为 W_0，因此可将式（4.12）拆分为两个项，即：

$$\int_{\tau-\bar{J}}^\tau W(\xi)\, \frac{\partial g_2}{\partial x}(x, \tau-\xi)\,d\xi \bigg|_{x=\bar{x}}$$

$$= \int_{\tau-\bar{J}}^0 W_0(\xi)\, \frac{\partial g_2}{\partial x}(x, \tau-\xi)\,d\xi \bigg|_{x=\bar{x}} \tag{4.13}$$

$$+ \int_0^\tau W_1(\xi)\, \frac{\partial g_2}{\partial x}(x, \tau-\xi)\,d\xi \bigg|_{x=\bar{x}}$$

其中第一项是已知的,将式(4.13)代入式(4.10),可得:

$$\left[\frac{\partial F}{\partial x}(x,\tau)+\int_0^\tau W_1(s)\,\frac{\partial g_1}{\partial x}(x,\tau-s)\mathrm{d}s\right]\Bigg|_{x=\bar{x}}$$

$$=\left[\int_{\tau-\bar{J}}^0 W_0(\xi)\,\frac{\partial g_2}{\partial x}(x,\tau-\xi)\mathrm{d}\xi\right.\tag{4.14}$$

$$\left.+\int_0^\tau W_1(\xi)\,\frac{\partial g_2}{\partial x}(x,\tau-\xi)\mathrm{d}\xi\right]\Bigg|_{x=\bar{x}}$$

显然,未知函数 $W_1(\xi)(\xi\in[0,\tau])$ 现在只包含在式(4.14)中等号两端的两个卷积中。根据卷积定理(McCollum and Brown,1965),可以在 τ 方向进行 Laplace 变换来进一步消除卷积。经过 Laplace 变换后,上式可简化为:

$$\hat{H}(x,p)\big|_{x=\bar{x}}+\hat{W}_1\,\frac{\partial\hat{g}_1}{\partial x}(x,p)\bigg|_{x=\bar{x}}=\hat{G}(x,p)\big|_{x=\bar{x}}+\hat{W}_1\,\frac{\partial\hat{g}_2}{\partial x}(x,p)\bigg|_{x=\bar{x}}$$

其中

$$\hat{H}(x,p)=\mathrm{L}\left[\frac{\partial F}{\partial x}(x,\tau)\right]$$

$$\hat{G}(x,p)=\mathrm{L}\left[\int_{\tau-\bar{J}}^0 W_0(\xi)\,\frac{\partial g_2}{\partial x}(x,\tau-\xi)\mathrm{d}\xi\bigg|_{x=\bar{x}}\right]$$

$$\hat{W}_1(p)=\mathrm{L}[W_1(\tau)]$$

$$\hat{g}_1(x,p)=\mathrm{L}[g_1(x,\tau)]=\mathrm{e}^{\lambda_1(x-\bar{x})}$$

$$\hat{g}_2(x,p)=\mathrm{L}[g_2(x,\tau)]=\mathrm{e}^{\lambda_2(x-\bar{x})}$$

$$\lambda_1=-\frac{k}{2}+\sqrt{\left(\frac{k^2}{4}+\gamma\right)+p}$$

$$\lambda_2=-\frac{k}{2}-\sqrt{\left(\frac{k^2}{4}+\gamma\right)+p}$$

p 是 Laplace 参数。经过一些简单的代数运算,Laplace 空间中的未知函数

W 的解可写为：

$$\hat{W}_1(p) = \frac{\hat{H}(x, p)}{\lambda_2 - \lambda_1}\Big|_{x = \bar{x}} + \frac{\hat{G}(x, p)}{\lambda_1 - \lambda_2}\Big|_{x = \bar{x}} \qquad (4.15)$$

解析反演式(4.15)的过程很复杂[有兴趣的读者可参考 Zhu 和 Chen(2013b)中的附录 A 和 B]，最终可得到 $W_1(\tau)$ 的完全显式解析表达式(4.11)。证毕。■

　　尽管式(4.11)式仅在第 1 个窗口上有效，但其实只要找到了第 n 个窗口上的期权价格，就可以推广到 W_{n+1} 并确定其值。根据热传导方程解的半群性质(Pazy，1983)，可以假设热扩散从 $n\bar{J}$ 开始，初始条件 $f(x) = V_1(x, n\bar{J})$，时间长度为 $\tau - n\bar{J}$，求解 $V_1(x, \tau)$，其中 $\tau \in [n\bar{J}, (n+1)\bar{J}]$。其次，在第 n 个窗口上用已知的期权价格求解 W_{n+1} 相当于求解在新坐标系 $\tilde{\tau} = \tau - n\bar{J}$ 中定义的 W_1。因此，对于 $\tau \in [n\bar{J}, (n+1)\bar{J}]$，除了 $f(z) = V_1(z, n\bar{J})$ 这种情况，$W_{n+1}(\tau)$ 具有与式(4.11)相同的表达式，但等式右端中涉及的函数 $W_n(y)(y \in [(n-1)\bar{J}, n\bar{J}])$ 被定义为在障碍 $\bar{S}$ 处的巴黎向上敲出看涨期权的价格。因此，在任意给定的 τ 下，巴黎向上敲出看涨期权价格封闭形式的解析表达式可以写为：

$$W(\tau) \begin{cases} W_0 & \tau \in [-\bar{J}, 0] \\ W_1 & \tau \in [0, \bar{J}] \\ \cdots \\ W_n & \tau \in [(n-1)\bar{J}, n\bar{J}] \\ W_{n+1} & \tau \in [n\bar{J}, (n+1)\bar{J}] \end{cases}$$

其中，$n = \lfloor \tau/\bar{J} \rfloor + 1$，$\lfloor \cdot \rfloor$，是向下取整函数，$W_{n+1}$ 可以用递归的方法得到：

$$
W_{n+1}(\tau) = \underbrace{\int_{-\infty}^{\bar{x}} \frac{\mathrm{e}^{-(k/2)(\bar{x}-z)-(k^2/4+\gamma)(\tau-n\bar{J})}}{2\sqrt{\pi(\tau-n\bar{J})}} \mathrm{e}^{-(\bar{x}-z)^2/4(\tau-n\bar{J})} f_n(z)\mathrm{d}z}_{I_1}
$$

$$
+ \underbrace{\frac{W_n(n\bar{J})}{2}\mathrm{e}^{-(k^2/4+\gamma)(\tau-n\bar{J})}}_{I_2} \underbrace{- \frac{\mathrm{e}^{-(k^2/4+\gamma)\bar{J}}}{2\pi\sqrt{\bar{J}}} \int_{n\bar{J}}^{\tau} \frac{\mathrm{e}^{-(k^2/4+\gamma)(\tau-s)}}{\sqrt{\tau-s}} W_n(s-\bar{J})\mathrm{d}s}_{I_3}
$$

$$
\underbrace{- \frac{1}{\pi} \int_{n\bar{J}}^{\tau} \frac{\mathrm{e}^{-(k^2/4+\gamma)(\tau-s)}}{\sqrt{\tau-s}} \int_{\sqrt{s-n\bar{J}}}^{\sqrt{\bar{J}}} \mathrm{e}^{-(k^2/4+\gamma)t^2} \left[\left(\frac{k^2}{4}+\gamma\right) W_n(s-t^2) + W'_n(s-t^2) \right] \mathrm{d}t\mathrm{d}s}_{I_4}
$$

对于 $n=0,1,2,\cdots$，有：

$$
f_0(z) = V_{BS}(z\bar{J})
$$

$$
f_n(x) = F(x, n\bar{J}) + \sum_{i=1}^{n} \int_{(i-1)J}^{i\bar{J}} -W_i(s)g_1(x, n\bar{J}-s)\mathrm{d}s \quad n=1,2\cdots
$$

$$
F(x, \tau) = \int_{-\infty}^{\bar{x}} \frac{1}{2\sqrt{\pi\tau}} \mathrm{e}^{-(k/2)(x-z)-(k^2/4+\gamma)\tau} [\mathrm{e}^{-(x-z)^2/4\tau} - \mathrm{e}^{-(x+z-2\bar{x})^2/4\tau}] f_0(z)\mathrm{d}z
$$

$$
W_0(\tau) = V_{BS}(x, \tau+\bar{J}) \quad \tau \in [-\bar{J}, 0]
$$

$$
W'_n(\tau) = \frac{\partial W_n}{\partial \tau}
$$

上述解析公式的递归性保证了 $W(\tau)$ 可以逐窗口进行确定，直到达到包含给定 τ 值的窗口。总而言之，当前对于巴黎期权的解析定价法可以总结为以下三个步骤：

① 计算 $n=\lfloor \tau/\bar{J} \rfloor + 1$ 来确定窗口的数量；

② W_0 和 f_0 的定义如式（4.11）所示，从第 0 个窗口开始，递归求解 W_i（$i=1,2,\cdots,n$），直到确定完任意给定的 τ 值下的函数 $W(\tau)$；

③ 得到 $W(\tau)$ 后，巴黎向上敲出看涨期权的价格可以通过式（4.8）和式（4.9）直接计算得出。

（3）得到巴里期权价格的解析表达式。

得到巴黎期权价格的解析公式后，现在来求解对应的巴里期权的价格。与巴黎期权的求解过程类似，关键步骤是确定跨越障碍的巴里期权的价格 $W(\tau, J)$。一旦找到 $W(\tau, J)$ 的值，期权价格的计算就变得十分直截了当。然而，此时，$W(\tau, J)$ 是关于 t 和 J 的函数，而不是像巴黎期权情况下的仅关于 t 的函数。由于额外变量 J 的存在，可以预计 $W(\tau, J)$ 的解析公式将比巴黎期权复杂得多。此外，W 中的额外变量 J 使得在求解过程中不能使用与巴黎期权定价时同样的方法。

为了有效求解式(4.6)，使用与处理巴黎期权定价系统相同的无量纲变量，在去掉所有上标符号和波浪号后可得：

$$A_1 \begin{cases} \dfrac{\partial V_1}{\partial \tau} = LV_1 \\[2mm] V_1(x, -J; J) = V_{BS}\left(K e^x, \dfrac{2\bar{J}-J}{\sigma^2}\right)\Big/ K \\[2mm] \lim\limits_{x \to -\infty} V_1(x, \tau; J) = 0 \\[2mm] \lim\limits_{x \to \bar{x}} V_1(x, t; J) = W(\tau, J) \end{cases}$$

$$A_2 \begin{cases} \dfrac{\partial V_2}{\partial l} = LV_2 \\[2mm] V_2(x, 0; \tau) = 0 \\[2mm] \lim\limits_{x \to -\infty} V_2(x, l; \tau) = 0 \\[2mm] \lim\limits_{x \to \bar{x}} V_2(x, l; \tau) = W(\tau - \bar{J}+l, \bar{J}-l) \end{cases}$$

连通性条件为：$\lim\limits_{x \to \bar{x}} \dfrac{\partial V_1}{\partial x}(x, \tau-\bar{J}+l; \bar{J}-l) = \lim\limits_{x \to \bar{x}} \dfrac{\partial V_2}{\partial x}(x, l; \tau)$，其中算子 $L = \partial^2/\partial x^2 + k(\partial/\partial x) - \gamma I$，$k = \gamma - q - 1$。

假设 $W(\tau, J)$ 已知,则 V_1 和 V_2 的积分形式可表示为:

$$V_1(x, \tau; J) = F(x, \tau; J) + \int_0^{\tau+J} W(s-J) g_1(x, \tau+J-s) \mathrm{d}s$$

$$V_2(x, l; \tau) = \int_0^l W(\tau-\bar{J}+s\bar{J}-s) g_2(x, l-s) \mathrm{d}s$$

其中

$$F(x, \tau; J) = \int_{-\infty}^{\bar{x}} \frac{1}{2\sqrt{\pi(\tau+J)}} e^{-(k/2)(x-z)-(k^2/4+\gamma)(\tau+J)} \cdot$$

$$\left[e^{-(x-z)^2/4(\tau+J)} - e^{-(x+z-2\bar{x})^2/4(\tau+J)} \right] f(z) \mathrm{d}z$$

函数 $g_1(x, \tau)$、$g_2(x, l)$、$f(z)$ 与上一小节中定义的函数相同。根据连通性条件,可得 $W(\tau, J)$ 满足:

$$\frac{\partial F}{\partial x}(x, \tau-\bar{J}+l; \bar{J}-l)\Big|_{x=\bar{x}} + \int_0^{\tau} W(s+l-\bar{J}\bar{J}-l) \frac{\partial g_1}{\partial x}(x, \tau-s) \mathrm{d}s \Big|_{x=\bar{x}}$$

$$= \int_0^l W(\tau-\bar{J}+s, \bar{J}-s) \frac{\partial g_2}{\partial x}(x, l-s) \mathrm{d}s \Big|_{x=\bar{x}}$$

为了便于计算,令 $\bar{W}(\tau, l) = W(\tau+l-\bar{J}, \bar{J}-l)$,因此可将上述积分方程重写为:

$$\frac{\partial F}{\partial x}(x, \tau-\bar{J}+l; \bar{J}-l)\Big|_{x=\bar{x}}$$

$$+ \int_0^{\tau} \bar{W}(s, l) \frac{\partial g_1}{\partial x}(x, \tau-s) \mathrm{d}s \Big|_{x=\bar{x}}$$

$$= \int_0^l \bar{W}(\tau, s) \frac{\partial g_2}{\partial x}(x, l-s) \mathrm{d}s \Big|_{x=\bar{x}}$$

可以观察到,$\bar{W}(\tau, l)$ 满足的积分方程涉及两个不同的卷积,即两个变量 τ

和 l。使用双 Laplace 变换来消除这两个卷积，可得：

$$\hat{H}(x, p_1, p_2)\big|_{x=\bar{x}} + \hat{W}(p_1, p_2)\lambda_1(p_1) \\ = \hat{W}(p_1, p_2)\lambda_2(p_2) \tag{4.16}$$

其中

$$\hat{H}(x, p_1, p_2) = L_{p1}\left[L_{p2}\left[\frac{\partial F}{\partial x}(x, \tau - \bar{J} + l; \bar{J} - l)\right]\right]$$

$$\hat{W}(p_1, p_2) = L_{p1}\left[L_{p2}\left[W(\tau, l)\right]\right]$$

$$\lambda_1(p_1) = -\frac{k}{2} + \sqrt{\left(\frac{k^2}{4} + \gamma\right) + p_1}$$

$$\lambda_2(p_2) = -\frac{k}{2} - \sqrt{\left(\frac{k^2}{4} + \gamma\right) + p_2}$$

其中，p_1、p_2 分别是对应原始变量 τ 和 l 的 Laplace 参数，算子的下标 p_1、p_2 表示相应的 Laplace 变换。从式（4.16）可以清楚地看出，Laplace 空间中的未知函数 $\bar{W}$ 可以被表示为：$\hat{W}(p_1, p_2) = \dfrac{\hat{H}(x, p_1, p_2)}{\lambda_2(p_2) - \lambda_1(p_1)}\bigg|_{x=\bar{x}}$。因此 $\bar{W}(\tau, l) = L_{p2}^{-1}\left[L_{p1}^{-1}\left[\dfrac{\hat{H}(x, p_1, p_2)}{\lambda_2(p_2) - \lambda_1(p_1)}\bigg|_{x=\bar{x}}\right]\right]$。

对上式进行 Laplace 反演[有兴趣的读者可参考 Zhu 和 Chen（2013b）中的附录 C]，$\bar{W}(\tau, l)$ 的闭式解析解可表示如下：

$$\bar{W}(\tau, l) = \frac{\sqrt{2}}{\sqrt{\pi}} e^{-(k^2/4 + \gamma)(\tau + l)} \int_0^{\infty} \Big\{ e^{(1+k/2)^2 l + \bar{x} - \eta^2/2 - \sqrt{2\tau}(k/2+1)\eta} N \cdot$$

$$\left[\frac{\bar{x} - \sqrt{2\tau}\eta}{\sqrt{2l}} + \sqrt{2l}\left(\frac{k}{2} + 1\right)\right]$$

$$- e^{(k^2/4)l - \eta^2/2 - (\sqrt{2\tau}/2)k\eta} N\left[\frac{\bar{x} - \sqrt{2\tau}\eta}{\sqrt{2l}} + \frac{\sqrt{2l}\,k}{2}\right]\Big\} d\eta$$

$$-\frac{\sqrt{2}\,\mathrm{e}^{-(k^2/4+\gamma)(\tau+l)}}{\pi}\int_0^{\bar{x}/\sqrt{2(\tau+l)}}\mathrm{e}^{-(k/2)\sqrt{2(\tau+l)}\xi-\xi^2/2}\left(\mathrm{e}^{\bar{x}-\sqrt{2(\tau+l)}\xi}-1\right)\cdot$$

$$\left(1-N\left(\sqrt{\frac{l}{\tau}}\,\xi\right)\right)\mathrm{d}\xi$$

$$+\frac{2\sqrt{2}\,\mathrm{e}^{-(k^2/4+\gamma)(\tau+l)}}{\pi}\cdot\int_{-\infty}^{\bar{x}}\int_{(\bar{x}-z)/\sqrt{2\tau}}^{+\infty}\mathrm{e}^{-\eta^2/2-(k/2)(\bar{x}-z)}\cdot$$

$$\int_{\arcsin\sqrt{(2\eta^2\tau-(\bar{x}-z)^2)/(2\eta^2(\tau+l)-(\bar{x}-z)^2)}}^{\pi/2}f_3\left(\theta,\,\tau-\frac{(\bar{x}-z)^2}{2\eta^2},\,z\right)\mathrm{d}\theta\,\mathrm{d}\eta\,\mathrm{d}z$$

$$+\frac{2\sqrt{2}\,\mathrm{e}^{-(k^2/4+\gamma)(\tau+l)}}{\pi}\cdot\int_{-\infty}^{\bar{x}}\int_{(\bar{x}-z)/\sqrt{2\tau}}^{+\infty}\mathrm{e}^{-\eta^2/2-(k/2)(\bar{x}-z)}\cdot$$

$$\int_{\sqrt{(2\eta^2\tau-(\bar{x}-z)^2)/2\eta^2 l}}^{+\infty}f_4\left(y,\,\tau-\frac{(\bar{x}-z)^2}{2\eta^2},\,z\right)\mathrm{d}y\,\mathrm{d}\eta\,\mathrm{d}z$$

其中

$$f_3(\theta,\,w,\,z)=\mathrm{e}^{z+(k/2+1)^2(l+w)\cos^2\theta}\left[-\left(\frac{k}{2}+1\right)^2\cdot\right.$$

$$\left.N(d_1)\sqrt{l+w}\cos\theta-\left(\frac{k}{2}+1\right)\frac{\mathrm{e}^{-d_1^2/2}}{2\sqrt{\pi}}\right]$$

$$+\mathrm{e}^{(k^2/4)(l+w)\cos^2\theta}\left[\frac{k^2}{4}N(d_2)\sqrt{l+w}\cos\theta+k\,\frac{\mathrm{e}^{-d_2^2/2}}{4\sqrt{\pi}}\right]$$

$$f_4(y,\,w,\,z)=\frac{z}{4\sqrt{\pi}(l+w)}\left[\mathrm{e}^{z+(k/2+1)^2(l+w)(1/(v^2+1))-d_3/2}\right.$$

$$\left.-\mathrm{e}^{(k^2/4)(l+w)(1/(y^2+1))-d_4/2}\right]$$

$$d_1=\frac{z}{\sqrt{2(l+w)}\cos\theta}+\left(\frac{k}{2}+1\right)\sqrt{2(l+w)}\cos\theta$$

$$d_2=\frac{z}{\sqrt{2(l+w)}\cos\theta}+\frac{k}{2}\sqrt{2(l+w)}\cos\theta$$

$$d_3=\frac{z^2(1+y^2)}{2(l+w)}+z(k+2)+\frac{2(l+w)}{(y^2+1)}\left(\frac{k}{2}+1\right)^2$$

$$d_4 = \frac{z^2(1+y^2)}{2(l+w)} + kz + \frac{(l+w)k^2}{2(y^2+1)}$$

其中,$N(\cdot)$是标准正态分布的概率密度分布函数。巴里期权的非重置机制增加了其价格表达式的复杂度。当前的价格表达式涉及三重积分,但这已经是最简单的形式了。从有重置条件到没有重置条件的变化,使得巴黎期权价格良好的递归性被破坏了。从计算效率角度来看,数值模拟巴里期权价格的效率应该比巴黎期权略差。在 5.4.1 小节中,我们将对巴黎期权和巴里期权的解析价格表达式进行数值模拟。

4.2　FMLS 模型下障碍期权的价格

本节考虑了 Liang 等(2010)提出的模型的简化版下的双障碍期权定价问题。假设标的资产价格仍然遵循 B-S 模型中的经典布朗运动,但将期权价格的变化视为分形传导系统。此时,与 Liang 等(2010)提出的模型相比,期权价格满足的方程中的空间分数阶导数消失了,但时间分数阶导数仍然存在。尽管新的模型在一定程度上得到了简化,但解析求解双障碍期权的价格仍然非常困难。这些困难主要源于时间分数阶导数以及期权合约中双障碍的存在。通过使用特征函数展开方法和 Laplace 变换,本节将推导出双障碍期权显式封闭形式的解析解,并推广到具有极端障碍值的双障碍期权的定价。本节也将对求得的级数解的收敛性进行分析与证明。

我们将首先引入欧式双障碍期权价格必须满足的时间分数阶 B-S 方程。其次,从建立的分数阶偏微分方程系统中导出解析解,并将求解过程推广到极端障碍情况,以及给出级数解收敛的理论证明。

4.2.1　时间分数阶 B-S 模型下的双障碍期权

1. 时间分数阶 B-S 方程

具有时间分数阶的 B-S 方程是 Liang 等(2010)建立的双分数 B-S 方程的一个特例。设 $V(S, t)$ 为期权的价格，S 为标的价格，t 为当前时间，则在 B-S 假设下，$V(S, t)$ 满足 $\dfrac{\partial V}{\partial t} + \dfrac{1}{2}\sigma^2 S^2 \dfrac{\partial^2 V}{\partial S^2} + (r-D)S \dfrac{\partial V}{\partial S} - rV = 0$，其中 r 是无风险利率，D 是股息收益率，σ 是波动率。根据 Liang 等(2010)中的观点，假设期权价格随时间的变化是一个分形传递系统，即从当前时间 t 至到期日 T，每单位时间内的期权价格的总通量率 $\bar{Y}(S, t)$ 和期权价格 $V(S, t)$ 满足：

$$\int_t^T \bar{Y}(S, t')\mathrm{d}t' = S^{d_f-1}\int_t^T H(t'-t)[V(S, t') - V(S, T)]\mathrm{d}t' \quad (4.17)$$

其中 $H(t)$ 是分形传递系统的传递函数，d_f 是分形传递系统的豪斯多夫 (Hausdorff)维数。式(4.17)本质上是一个守恒方程，包含期权价格在分形结构上扩散过程的历史。进一步假设扩散集是标的价格的分形，传递函数为 $H(t) = \dfrac{A_\alpha}{\Gamma(1-\alpha)t^\alpha}$，其中 A_α 和 α 分别是常数和传递指数。在式(4.17)两端对 t 同时进行微分，可得：

$$-\bar{Y}(S, t) = S^{d_f-1} \frac{\mathrm{d}}{\mathrm{d}t}\int_t^T H(t'-t)[V(S, t') - V(S, T)]\mathrm{d}t' \quad (4.18)$$

另一方面，根据 B-S 方程，有 $\bar{Y}(S, t) = \dfrac{1}{2}\sigma^2 S^2 \dfrac{\partial^2 V}{\partial S^2} + (r-D)S \dfrac{\partial V}{\partial S} - rV$。

与式(4.18)联立可得：

$$A_a S^{d_f-1} \frac{\partial^\alpha V}{\partial t^\alpha} + \frac{1}{2}\sigma^2 S^2 \frac{\partial^2 V}{\partial S^2} + (r-D)S \frac{\partial V}{\partial S} - rV = 0 \qquad (4.19)$$

其中，$\dfrac{\partial^\alpha V}{\partial t^\alpha} = \dfrac{1}{\Gamma(n-\alpha)} \dfrac{\partial^n}{\partial t^n} \displaystyle\int_t^T \dfrac{V(S, t') - V(S, T)}{(t'-t)^{\alpha+1-n}} \mathrm{d}t'$，$n-1 \leqslant \alpha < n$。当

$\alpha = 1$ 时，$\lim\limits_{\alpha \to 1} \dfrac{\partial^\alpha V}{\partial t^\alpha} = \dfrac{1}{\Gamma(2-1)} \dfrac{\partial^2}{\partial t^2} \displaystyle\int_t^T \dfrac{V(S, t') - V(S, T)}{(t'-t)^{1+1-2}} \mathrm{d}t' = \dfrac{\partial V}{\partial t}$。 如果

$A_a = d_f = 1$，式(4.19)将退化为 B-S 方程。为了与标准的 B-S 模型保持一致，下文中将假设 $A_a = d_f = 1$，其实当前方法很容易被推广到 A_a 和 d_f 取其他值的情况。

事实上，上述模型是 Liang 等(2010)所提出模型的简化版。在 Liang 等(2010)的模型中，假设标的价格遵循分数阶随机微分方程，而期权价格的变化是一个分形传递系统，这导致分数阶导数分别出现在空间和时间方向上。本节假设标的价格仍然遵循 B-S 模型中的几何布朗运动，但期权价格的变化视为分形传递系统。因此在式(4.19)中，分数阶导数只出现在时间方向上。事实上，如果用高斯白噪声驱动的分数阶指数增长来刻画证券交易所中的股票交易情况，也可以获得与式(4.19)相似的方程。但在这种情况下，新导出的方程在二阶导数前的系数与时间相关，这与本节中采用的时间分数 B-S 方程是显著不同的。

2. 双障碍期权

双障碍期权在金融市场中非常受欢迎，这些期权比相应的普通期权便宜得多。顾名思义，双障碍期权有两个障碍 A 和 B。持有人的回报取决于标的资产价格相对于这两个障碍的突破行为。根据回报的具体形式，双障碍期权可以有许多不同的形式。在 B-S 模型中得到的这些不同形式的障碍期权价格之间的关系，大多数可以扩展到时间分数阶 B-S 框架下，这是因为时间方向上的"长记忆"不会打破无套利假设。

令 $V(S, t)$ 为欧式双障碍期权的价格,若将金融市场中期权的价格变化视为分形传递系统,那么 $V(S, t)$ 应满足以下分数阶偏微分方程系统:

$$\begin{cases} \dfrac{\partial^\alpha V}{\partial t^\alpha} + \dfrac{1}{2}\sigma^2 S^2 \dfrac{\partial^2 V}{\partial S^2} + (r-D)S\dfrac{\partial V}{\partial S} - rV = 0 \\ V(S, T) = \overline{\Pi}(S) \\ V(A, t) = \overline{P}(t) \\ V(B, t) = \overline{Q}(t) \end{cases} \tag{4.20}$$

其中,$\overline{P}(t)$ 和 $\overline{Q}(t)$ 是触及相应的障碍时获得的补偿,$\overline{\Pi}(S)$ 是回报函数。由于时间分数阶导数以及两个障碍的存在,求解式(4.20)的解析解是十分困难的。

4.2.2 封闭形式的解析解

下面将对时间分数阶 B-S 框架下欧式双障碍期权的封闭形式的解析解进行推导。

1. 解的推导

为了便于求解过程,采用如下新变量:$t = T - \dfrac{2\tau}{\sigma^2}$,$x = \ln\dfrac{S}{K}$,$V(S, t) = KU(x, \tau)$,$\overline{\Pi}(S) = K\Pi(x)$,$\overline{P}(S) = KP(x)$ 和 $\overline{Q}(S) = KQ(x)$,其中 K 是执行价格。根据分数阶微分理论,可得:

$$\begin{aligned} \frac{\partial^\alpha V}{\partial t^\alpha} &= \frac{1}{\Gamma(1-\alpha)}\frac{\partial}{\partial t}\int_t^T \frac{V(S, t') - V(S, T)}{(t'-t)^\alpha}\mathrm{d}t' \\ &= \frac{-K}{\Gamma(1-\alpha)}\left(\frac{\sigma^2}{2}\right)^\alpha \frac{\partial}{\partial\tau}\int_0^\tau \frac{U(x, \tau) - U(x, 0)}{(\tau-\tau')^\alpha}\mathrm{d}\tau' \\ &= -K\left(\frac{\sigma^2}{2}\right)^\alpha \frac{\partial^\alpha U}{\partial\tau^\alpha} \end{aligned} \tag{4.21}$$

其中，$\dfrac{\partial^{\alpha} V}{\partial t^{\alpha}}$ 是修正的 Riemann-Liouville 导数，定义为 $\dfrac{\partial^{\alpha} U}{\partial \tau^{\alpha}} = \dfrac{1}{\Gamma(n-\alpha)} \dfrac{\partial^{n}}{\partial \tau^{n}} \cdot$

$\displaystyle\int_{0}^{\tau} \dfrac{U(x,\tau') - U(x,0)}{(\tau-\tau')^{1+\alpha-n}} \mathrm{d}\tau'$，$n-1 \leqslant \alpha < n$。

将式(4.21)代入式(4.20)，可得以下无量纲分数阶偏微分方程系统：

$$\begin{cases} \dfrac{\partial^{\alpha} U}{\partial \tau^{\alpha}} = a_1 \dfrac{\partial^2 U}{\partial x^2} + a_2 \dfrac{\partial U}{\partial x} + a_3 U \\[2mm] U(x,0) = \Pi(x) \\[2mm] U(L_1,\tau) = P(\tau) \\[2mm] U(L_2,\tau) = Q(\tau) \end{cases} \tag{4.22}$$

其中，$\gamma = r\left(\dfrac{\sigma^2}{2}\right)^{-\alpha}$，$q = D\left(\dfrac{\sigma^2}{2}\right)^{-\alpha}$，$a_1 = \left(\dfrac{\sigma^2}{2}\right)^{1-\alpha}$，$a_2 = \gamma - q - a_1$ 和 $a_3 =$

$-\gamma$。可以证明，式(4.22)中出现的时间导数 $\dfrac{\partial^{\alpha} U}{\partial \tau^{\alpha}}$ 等价为 α 阶 Caputo 分数阶

导数，定义为 ${}^{C}_{0}D^{\alpha}_{\tau}U(x,\tau;\alpha) = \dfrac{1}{\Gamma(n-\alpha)} \displaystyle\int_0^{\tau} \dfrac{U^{(n)}(x,\tau';\alpha)}{(\tau-\tau')^{1+\alpha-n}} \mathrm{d}\tau'$，$n-1 \leqslant$

$\alpha < n$。具体证明过程可参见 Zhu 和 Chen(2013b)中的引理 3.1。

现在，令 $y = x - L_1$ 和 $\widetilde{U}(y,\tau) = U(x,\tau)$，可知 $\widetilde{U}(y,\tau)$ 满足：

$$\begin{cases} {}^{c}_{0}D^{\alpha}_{z}U = a_1 \dfrac{\partial^2 \widetilde{U}}{\partial y^2} + a_2 \dfrac{\partial \widetilde{U}}{\partial y} + a_3 \widetilde{U} \\[2mm] \widetilde{U}(y,0) = \Pi(y+L_1) \\[2mm] \widetilde{U}(0,\tau) = P(\tau) \\[2mm] \widetilde{U}(L,\tau) = Q(\tau) \end{cases} \tag{4.23}$$

其中 $L = L_2 - L_1$。为了齐次化式(4.23)中的非齐次边界条件，可令 $\widetilde{U}(y,\tau) =$

$W(y,\tau) + Z(y,\tau)$，其中 $Z(y,\tau) = \dfrac{Q(\tau) - P(\tau)}{L} y + P(\tau)$。由于 $Z(y,\tau)$ 满

足在 $y=0$ 和 $y=L$ 处的边界条件,因此 $W(y, \tau)$ 满足:

$$\begin{cases} {}_0^C D_z^\alpha W = a_1 \dfrac{\partial^2 W}{\partial y^2} + a_2 \dfrac{\partial W}{\partial y} + a_3 W + f(y, \tau) \\ W(y, 0) = g(y) \\ W(0, \tau) = 0 \\ W(L, \tau) = 0 \end{cases} \tag{4.24}$$

其中,$f(y, \tau) = \dfrac{{}_0^C D_\tau^\alpha P - {}_0^C D_\tau^\alpha Q}{L} y - {}_0^C D_\tau^\alpha P + (a_2 + a_3 y)\dfrac{Q-P}{L} + a_3 P$, $g(y)$

$= \Pi(y + L_1) - \dfrac{Q(0) - P(0)}{L} y - P(0)$。

现在,假设式(4.24)对应的齐次问题的解可以写成 $Y(y)T(\tau)$ 的形式,将此表达式代入式(4.24)对应的齐次问题中,可得以下的 Sturm-Liouville 问题:

$$\begin{cases} a_1 Y'' + a_2 Y' + a_3 Y + \lambda Y = 0 \\ Y(0) = Y(L) = 0 \end{cases} \tag{4.25}$$

其中,λ 是一个参数。为了求解式(4.25),令 $Y(y) = e^{-\frac{a_2}{2a_1}y} M(y)$,则:

$$\begin{cases} M'' + \left(\dfrac{\lambda + a_3}{a_1} - \dfrac{a_2^2}{4a_1^2}\right) M = 0 \\ M(0) = M(L) = 0 \end{cases} \tag{4.26}$$

Sturm-Liouville 问题式(4.26)的特征值为 $\dfrac{\lambda_n + a_3}{a_1} - \dfrac{a_2^2}{4a_1^2} = \left(\dfrac{n\pi}{L}\right)^2 (n \in \mathbb{Z}^+)$,

以及特征函数为 $M_n(y) = \sin\dfrac{n\pi y}{L} (n \in \mathbb{Z}^+)$。因此,Sturm-Liouville 问题的

解是 $Y_n(y) = e^{-\frac{a_2}{2a_1}y} \sin\dfrac{n\pi y}{L} (n \in \mathbb{Z}^+)$。序列 $\{Y_n(y)\}_{n=1}^\infty$ 在 $H^2(0, L) \bigcap$

$H_0^1(0,L)$ 中形成了一个完整的加权正交基集。利用三角函数的正交性，可将权重函数设置为 $\omega(y)=\exp\left(\dfrac{a_2}{a_1}\right)y$。基于 Sturm-Liouville 问题的解，即可求解非齐次系统式(4.24)。考虑序列 $\{Y_n(y)\}_{n=1}^{\infty}$ 的完备性，可假设式(4.24)解的形式为：

$$W(y,\tau)=\sum_{n=1}^{\infty}C_n(\tau)Y_n(y) \tag{4.27}$$

为了确定 C_n，利用 $\{Y_n(y)\}_{n=1}^{\infty}$ 作为基函数来展开 $f(y,\tau)$，即：

$$f(y,\tau)=\sum_{n=1}^{\infty}f_n(\tau)Y_n(y) \tag{4.28}$$

其中，$f_n(\tau)=\dfrac{2}{L}\displaystyle\int_0^L f(y,\tau)Y_n(y)w(y)\mathrm{d}y=\dfrac{2}{L}\int_0^L f(y,\tau)\mathrm{e}^{\frac{a_2}{2a_1}y}\sin\dfrac{n\pi y}{L}\mathrm{d}y$。

将式(4.27)和式(4.28)代入式(4.24)，可得：

$$\sum_{n=1}^{\infty}{}_0^C D_\tau^\alpha C_n(\tau)Y_n(y)=\sum_{n=1}^{\infty}C_n(\tau)(a_1Y_n''+a_2Y_n'+a_3Y_n)+\sum_{n=0}^{\infty}f_n(\tau)Y_n(y)$$

$$=\sum_{n=1}^{\infty}(-\lambda_n C_n(\tau)+f_n(\tau))Y_n(y)$$

$$\sum_{n=1}^{\infty}C_n(0)Y_n(y)=g(y)$$

因此

$$C_n(0)=\frac{2}{L}\int_0^L g(y)Y_n(y)\omega(y)\mathrm{d}y=\frac{2}{L}\int_0^L g(y)\mathrm{e}^{\frac{a_2}{2a_1}y}\sin\frac{n\pi y}{L}\mathrm{d}y$$

因此，对于每个 n，C_n 满足以下初值问题：

$$\begin{cases}{}_0^C D_\tau^\alpha C_n(\tau)+\lambda_n C_n(\tau)=f_n(\tau)\\[2mm] C_n(0)=\dfrac{2}{L}\displaystyle\int_0^L g(y)\mathrm{e}^{\frac{a_2}{2a_1}y}\sin\dfrac{n\pi y}{L}\mathrm{d}y\end{cases}$$

为了求解上述初值问题，对 τ 进行 Laplace 变换，可得：

$$\widetilde{C}_n(p)=\frac{C_n(0)p^{a-1}}{p^a+\lambda_n}+\frac{\widetilde{f}_n}{p^a+\lambda_n}$$

其中 p 是 Laplace 参数。将上式反演可得：

$$C_n(\tau)=C_n(0)E_{a,1}(-\lambda_n\tau^a)+\int_0^\tau f_n(\tau-s)s^{a-1}E_{a,a}(-\lambda_n S^a)\mathrm{d}s$$

其中，$E_{a,\beta}$ 是 Mittag-Lefler 函数。因此：

$$U(x,\tau)=\frac{Q(\tau)-P(\tau)}{L}(x-L_1)$$

$$+P(\tau)+\sum_{n=1}^\infty C_n(\tau)\mathrm{e}^{-\frac{a_2}{2a_1}(x-L_1)}\sin\frac{n\pi(x-L_1)}{L_2-L_1} \tag{4.29}$$

其中，$C_n(\tau)$ 与前文中的定义一致。

2. 级数解的收敛性

当前的解析解是用一组标准的数学函数和运算写成的无穷级数的和。毫无疑问，这个解是精确解，并且是封闭形式的。下面将从理论上进一步证明上述解析解在某些空间中将收敛到式（4.22）的经典解。

定理 4.2 假设 $P(\tau)=Q(\tau)=0$，$\Pi(x)\in H_0^1(L_1,L_2)$，则式（4.29）在 $C([0,T];L_\omega^2(L_1,L_2))\bigcap C((0,T];H_\omega^2(L_1,L_2)\bigcap H_{0,\omega}^1(L_1,L_2))$ 中收敛。此外，存在一个常数 $C_1>0$，使得：

$$\begin{cases} \|U\|_{C([0,T];L_\omega^2(L_1,L_2))}\leqslant C_1\|\Pi\|_{L_\omega^2(L_1,L_2)} \\ \|U(\cdot,\tau)\|_{H_\omega^2(L_1,L_2)}+\|\partial_t^a[U(\cdot,\tau)]\|_{L_\omega^2(L_1,L_2)} \\ \leqslant C_1\tau^{-a}\|\Pi\|_{L_\omega^2(L_1,L_2)} \end{cases} \tag{4.30}$$

在证明该定理前，需要指出，与 $\Pi(x)\in H^1(L_1,L_2)$ 一致，对于非零的

$P(\tau)$ 和 $Q(\tau)\in C([0, T])$，可得与定理 4.2 类似的结果，即：

$$
\begin{cases}
\|U\|_{C([0, T]; L^2_\omega(L_1, L_2))}\leqslant C_1(\|\Pi\|_{L^2_\omega(L_1, L_2)}+\|P(\,\boldsymbol{\cdot}\,)\|_{C([0, T])} \\
\quad +\|Q(\,\boldsymbol{\cdot}\,)\|_{C([0, T])}) \\
\|U(\,\boldsymbol{\cdot}\,, \tau)\|_{H^2_\omega(L_1, L_2)}+\|\partial^\alpha_t[U(\,\boldsymbol{\cdot}\,, \tau)]\|_{L^2_\omega(L_1, L_2)} \\
\quad \leqslant C_1(\tau^{-\alpha}\|\Pi\|_{L^2_\omega(L_1, L_2)}+\|P(\,\boldsymbol{\cdot}\,)\|_{C([0, T])}+\|Q(\,\boldsymbol{\cdot}\,)\|_{C([0, T])})
\end{cases}
$$

在定理 4.2 中，$H^n_\omega(L_1, L_2)$ 表示加权的索伯列夫空间，其 n 阶导数属于 $L^2_\omega(L_1, L_2)$。此外，回报函数 $\Pi(x)$ 通常在 $H^1(L_1, L_2)$ 中，所以可以逐点嵌入 $C^{1/2}(L_1, L_2)$ 中。因此，即使在边界的拐角处存在奇点，一致性条件仍可以逐点满足，即 $P(0)=\Pi(L_1)$ 和 $Q(0)=\Pi(L_2)$。

定理 4.2 的证明还需要 Mittag-Lefler 函数 $E_{\alpha, \beta}(x)$ 的某些性质，以下引理将对此先进行讨论。

引理 4.1　设 $0<\alpha<1$，$\beta\in\mathbb{R}$ 为任意常数，如果 μ 满足 $\dfrac{\pi\alpha}{2}<\mu<\min\{\pi, \pi\alpha\}$，则存在一个常数 $C_1(=C_1(\alpha, \beta, \mu))$，使得 $|E_{\alpha, \beta}(z)|\leqslant\dfrac{C_1}{1+|z|}$，$\mu\leqslant|\arg(z)|\leqslant\pi$。

证明：引理 4.1 的证明可以在 Podlubny(1999) 的第 35 页中找到，这里就省略了。有了对 Mittag-Lefler 函数衰减阶数的估计，现在可以转向证明定理 4.2。

定理 4.2 的证明　为了简单起见，考虑 $P(\tau)=Q(\tau)=0$ 的情况。考虑到齐次边界条件，很明显有 $f(y, \tau)=0$ 和 $g(y)=\Pi(y+L_1)$，因此：

$$
U(x, \tau)=\sum_{n=1}^\infty(\Pi(x), Y_n(x-L_1))_\omega E_{\alpha, 1}\Big[-\Big(a_1\frac{n^2\pi^2}{(L_2-L_1)^2}+\frac{a^2_2}{4a_1}+\gamma\Big)\tau^\alpha\Big]Y_n(x-L_1)
$$

其中 $(\Pi(x), Y_n(x-L_1))_\omega = \dfrac{2}{L} \displaystyle\int_{L_1}^{L_2} \Pi(x) e^{\frac{a_2}{2a_1}(x-L_1)} \sin\dfrac{n\pi(x-L_1)}{L_2-L_1} dx$。由于

$E_{\alpha,1}(z)$ 是单调递减的，因此：

$$\|U(\cdot,\tau)\|_{L_\omega^2}^2 = \sum_{n=1}^\infty \left| (\Pi(x), Y_n(x-L_1))_\omega \cdot \right.$$

$$\left. E_{\alpha,1}\left[-\left(a_1\frac{n^2\pi^2}{(L_2-L_1)^2} + \frac{a_2^2}{4a_1} + \gamma\right)\tau^\alpha\right] \right|^2$$

$$\leqslant C_1 \sum_{n=1}^\infty |(\Pi(x), Y_n(x-L_1))_\omega|^2 = C_1 \|\Pi\|_{L_\omega^2}^2 \qquad (4.31)$$

现在可以清楚地看到式（4.31）的右端与 τ 无关。这表明 $U(\cdot,\tau)$ 在 $L_\omega^2(L_1,$ $L_2)$ 中关于 τ 是一致收敛的，因此，可以得出 $U(x,\tau) \in C([0, T]; L_\omega^2)$ 的结论。

类似地，通过使用引理 4.1，可得：

$$U(\cdot,\tau)\|_{H_\omega^2}^2 = \sum_{n=1}^\infty \left(1 + \frac{n^2\pi^2}{L^2} + \frac{n^4\pi^4}{L^4}\right) \left| (\Pi(x), Y_n(x-L_1))_\omega \cdot \right.$$

$$\left. E_{\alpha,1}\left[-\left(a_1\frac{n^2\pi^2}{L^2} + \frac{a_2^2}{4a_1} + \gamma\right)\tau^\alpha\right] \right|^2$$

$$\leqslant \sum_{n=1}^\infty \frac{C_1\left(1 + \dfrac{n^2\pi^2}{L^2} + \dfrac{n^4\pi^4}{L^4}\right)}{\left[1 + \left(a_1\dfrac{n^2\pi^2}{L^2} + \dfrac{a_2^2}{4a_1} + \gamma\right)\tau^\alpha\right]^2} \cdot$$

$$|(\Pi(x), Y_n(x-L_1))_\omega|^2 \leqslant C_1 \|\Pi\|_{L_\omega^2}^2 \tau^{-2\alpha} \qquad (4.32)$$

从上述推导可知，对于任意小的正 δ，在 $\tau \in [\delta, T]$ 中，$\|U(\cdot,\tau)\|_{H_\omega^2}^2$ 是一致有界的，这意味着 $U(x,\tau) \in C((0, T]; H_\omega^2(L_1, L_2) \bigcap H_{0,\omega}^1(L_1, L_2))$。此外，根据 $U(x,\tau)$ 满足的偏微分方程，可知：

$$\| \partial_t^\alpha U(\cdot,\tau) \|_{L_\omega^2(L_1,L_2)} = \| \sum_{i=0}^2 a_{i+1}\partial_x^i U(\cdot,\tau) \|_{L_\omega^2(L_1,L_2)}$$

$$\leqslant C_1 \| U(\cdot,\tau) \|_{H_\omega^2} \leqslant C_1 \| \Pi \|_{L_\omega^2} \tau^{-\alpha} \qquad (4.33)$$

将式(4.30)—式(4.33)合并考虑,可得式(4.30)的成立。

最后,需要证明 $\lim\limits_{\tau\to0} \| U(\cdot,\tau)-\Pi(\cdot) \|_{H_\omega^1(L_1,L_2)} = 0$。这将通过利用 $\Pi(x) \in H_\omega^1(L_1,L_2)$ 这个事实来实现:

$$\| U(\cdot,\tau)-\Pi(\cdot) \|_{H_\omega^1(L_1,L_2)}^2$$

$$= \sum_{n=1}^\infty \left\{ E_{\alpha,1}\left[-\left(a_1\frac{n^2\pi^2}{L^2} + \frac{a_2^2}{4a_1} + \gamma \right)\tau^\alpha \right] - 1 \right\}^2 \left(1+\frac{n^2\pi^2}{L^2} \right) \cdot \qquad (4.34)$$

$$| (\Pi(x),Y_n(x-L_1))_\omega |^2$$

$$\leqslant 4C_1^2 \sum_{n=1}^\infty \left(1+\frac{n^2\pi^2}{L^2} \right) | (\Pi(x),Y_n(x-L_1))_\omega |^2 < \infty$$

因为 $\lim\limits_{\tau\to0}\left\{ E_{\alpha,1}\left[-\left(a_1\frac{n^2\pi^2}{L^2} + \frac{a_2^2}{4a_1} + \gamma \right)\tau^\alpha \right] - 1 \right\} = 0$ 对任何的 n 都成立,再根据 Lebesgue 定理,改变式(4.34)中求极限和求和的顺序,最后可得 $\lim\limits_{\tau\to0} \| U(\cdot,\tau)-\Pi(\cdot) \|_{H_\omega^1(L_1,L_2)} = 0$。证毕。■

由定理 4.2 的证明可知,级数解在 $C([0,T]; L_\omega^2(L_1,L_2)) \bigcap C((0,T]; H_\omega^2(L_1,L_2) \bigcap H_{0,\omega}^1(L_1,L_2))$ 中的收敛的阶数为 $O(\tau^{-\alpha})$。在 $\alpha=1$ 的情况下,式(4.29)退化为相应的 B-S 模型下的价格,见推论 4.1。

推论 4.1　当 $\alpha\to1$ 时,当前级数解将退化为没有回扣的双障碍期权的 B-S 模型价格,即:

$$U(x,\tau) = \frac{2}{L_2-L_1}\sum_{n=1}^\infty e^{-\left[\frac{n^2\pi^2}{(L_2-L_1)^2} + \frac{(\gamma-q-1)2}{4} + \gamma \right]\tau} e^{-\frac{\gamma-q-1}{2}x}\sin\frac{n\pi(x-L_1)}{L_2-L_1} \cdot$$

$$\int_{L_1}^{L_2} \Pi(z)e^{\frac{\gamma-q-1}{2}z}\sin\frac{n\pi(z-L_1)}{L_2-L_1}\mathrm{d}z$$

证明：这个定理的证明是基于当前级数解是一致收敛的事实，以及 $\lim_{a \to 1} E_{a,1}(x) = \mathrm{e}^x$。根据 Lebesgue 定理，即可获得。

3. 具有极端障碍的双障碍期权

当障碍取极端值时，没有回扣的双障碍期权将变成单障碍期权或没有障碍的期权。如果障碍的上限变得无限大，双障碍期权的标的就无法在有限的时间内达到障碍上限，此时它将变成一个向下敲出期权。类似地，当障碍的下限接近零时，该期权将只保留向上敲出的功能。随着障碍的上限接近无穷大，障碍的下限接近零，双障碍期权将成为欧式非依赖路径期权。在当前的时间分数阶 B-S 框架下，对这些"特殊"类型的双障碍期权进行解析定价也并非易事，然而本节中推导出的解析解可以很容易推广到对这类期权的定价中。

定理 4.3　在时间分数阶 B-S 框架下，有回报 $\Pi(S)$ 和障碍 A 的欧式向下敲出期权的价格可表示为：

$$V(S,\,t) = \int_0^\infty \exp\left[-\left(\frac{r-D}{\sigma^2} - \frac{1}{2}\right)\left(\ln\frac{S}{A} - y\right)\right]\bar{\Pi}(A\mathrm{e}^y)K(S,\,y,\,t)\mathrm{d}y$$

$$(4.35)$$

其中

$$K(S,\,y,\,t) = \frac{1}{\pi}\int_0^\infty E_a\left[-\left\{\frac{\sigma^2}{2}w^2 + \frac{\left(r-D-\frac{1}{2}\sigma^2\right)}{4}\frac{\sigma^2}{2} + r\right\}(T-t)^a\right]$$

$$\times\left[\cos\left(w\left(\ln\frac{S}{A} - y\right)\right) - \cos\left(w\left(\ln\frac{S}{A} + y\right)\right)\right]\mathrm{d}w$$

证明　当 $B \to \infty$，$L = \ln B - \ln A \to \infty$，原始离散谱 $w = \frac{n\pi}{L}$ 沿着正向轴变得连续，即 $w \in \mathbf{R}^+$。此时式(4.29)中出现的关于 n 的求和均可被关于 w 的积分所取代，即：

$$U(x,\tau)=\int_0^\infty U(x,\tau;w)\mathrm{d}w \qquad (4.36)$$

再加上初始条件 $\mathrm{e}^{\frac{2a_2}{2a_1}(x-L_1)}\Pi(x)=\int_0^\infty C_n(w)\sin w(x-L_1)\mathrm{d}w$，其右端可视为 $C_n(w)$ 关于 $x-L_1$ 的傅里叶正弦变换。采用正弦逆变换可得 $C_n(w)=\dfrac{2}{\pi}\int_0^\infty \Pi(s+L_1)\mathrm{e}^{\frac{a_2}{2a_1}s}\sin ws\,\mathrm{d}s$，将 $C_n(w)$ 的表达式代入式(4.36)，经过运算可以得到式(4.35)。证毕。∎

对于向上敲出期权，即 $A\rightarrow 0$，期权价格也可以通过使用类似定理 4.2 中的方法来获得。下面的定理将研究障碍的上限接近无穷大，同时障碍的下限接近零的情况。

定理 4.4　在时间分数阶 B-S 框架下，具有回报函数 $\Pi(S)$ 与无穷大上障碍和零值下障碍等价于相应的欧式期权的双障碍期权，其无量纲价格可表示为：

$$\int_0^\infty \tau^{-\alpha}M_\alpha\left[\frac{|u|}{\tau^\alpha}\right]\int_{-\infty}^\infty \frac{\Pi(y)}{2\sqrt{a_1\pi u}}\exp\left[-\frac{(x-y+a_2u)}{4a_1u}+a_3u\right]\mathrm{d}y\mathrm{d}u$$

$$(4.37)$$

其中，M_λ 是 $\lambda(0<\lambda<1)$ 阶的 M 函数(Wright 型)，定义为：

$$M_\lambda(z)=\sum_{n=0}^\infty \frac{(-z)^n}{n!\ \Gamma[-\lambda n+(1-\lambda)]}$$

证明　分别对 x 和 τ 进行 Fourier-Laplace 变换，则在 Fourier-Laplace 空间下的期权价格可表示为 $\widehat{\widetilde{U}}(\xi,\tau)=\dfrac{p^{\alpha-1}\widetilde{\Pi}(\xi)}{p^\alpha+a_1\xi^2+a_2\mathrm{i}\xi-a_3}$，其中 p 和 ξ 分别是 Laplace 变换参数和傅里叶变换参数。因此，在傅里叶空间，有：

$$\widetilde{U}(\xi,\tau)=E_\alpha\left[(-a_1\xi^2+a_2\xi+a_3)\tau^\alpha\right]\widetilde{\Pi}(\xi)$$

根据傅里叶变换的卷积定理,可知:

$$U(x, \tau) = \int_{-\infty}^{\infty} G_a(x-y, \tau)\Pi(y)\mathrm{d}y \qquad (4.38)$$

其中,$G_a(x, \tau)$是格林函数。$G_a(x, \tau)$是$E_a[(-a_1\xi^2 + a_2\xi + a_3)\tau^a]$的傅里叶逆变换,即$G_a(x, \tau) = \dfrac{1}{2\pi}\int_{-\infty}^{\infty} \mathrm{e}^{-\mathrm{i}\xi x}E_a[(-a_1\xi^2 + a_2\xi + a_3)\tau^a]\mathrm{d}\xi$。

根据复合变换规则,积分形式的$G_a(x, \tau)$的 Fourier-Laplace 变换可表示为:

$$\hat{\widehat{G}}_a(\xi, p) = \frac{p^{a-1}}{p^a + a_1\xi^2 - a_2 \mathrm{i}\xi - a_3} = p^{a-1}\int_0^{\infty} \mathrm{e}^{-u(p^a + a_1\xi^2 - a_2\mathrm{i}\xi - a_3)}\mathrm{d}u$$

$$= \int_0^{\infty} \left[e^{-u(a_1\xi^2 - a_2\mathrm{i}\xi) + a_3 u}\right](\mathrm{e}^{-up^a}p^{a-1})\mathrm{d}u$$

因此

$$G_a(x, \tau) = \int_0^{\infty} F^{-1}\left[\mathrm{e}^{-u(a_1\xi^2 - a_2\mathrm{i}\xi) + a_3 u}\right]L^{-1}\left[\mathrm{e}^{-up^a}p^{a-1}\right]\mathrm{d}u$$

$$= \int_0^{\infty} \frac{1}{2\sqrt{a_1\pi u}}\exp\left[-\frac{(x+a_2 u)}{4a_1 u} + a_3 u\right]\tau^{-a}M_a\left[\frac{|u|}{\tau^a}\right]\mathrm{d}u$$

$$(4.39)$$

将式(4.39)代入式(4.38),经过运算可以得到式(4.37)。证毕。∎

关于当前解析解的数值模拟将在 5.4.2 小节中给出。

第5章 欧式期权的数值模拟与实证分析

第3、第4章介绍了针对欧式期权的各种定价方法,并推导出了此类期权的解析表达式或近似价格表达式。本章将用具体的数值算例来验证这些定价方法的有效性,并利用实证分析证实定价方法具备推广到实际市场的潜力。

5.1 分数阶导数模型下欧式期权价格的数值实现

本节将针对 3.1 节中介绍的分数阶导数模型下欧式期权价格的解析表达式提供相应的数值实现方法,并结合数值计算结果进行定量分析。本节内容主要参考 Chen 等(2014)以及杨丽玲、陈文婷(2019)。

5.1.1 FMLS 模型

根据 3.1.1 小节中所述,在 FMLS 模型下,欧式看跌期权的定价公式可以表示为:

$$V_p(x, \tau; \alpha) = K e^{-\gamma\tau} \int_{d_1}^{+\infty} f_{a,0}(|m|) dm - e^x \int_{d_1}^{+\infty} e^{-\tau - \tau \frac{1}{a}m} f_{a,0}(|m|) dm$$

$$(5.1)$$

尽管该公式在形式上与 B-S 公式看起来比较类似,但在数值实现方面却要难很多。主要的困难在于,当 $x \to \infty$ 时,Lévy 密度函数 $f_{a,0}(x)$ 收敛得非常慢,而 B-S 公式中的高斯概率密度函数具有较高的收敛性。

对于 $f_{a,0}(x)$,利用它的级数表达式进行计算,即 $f_{a,0}(x) = \frac{1}{\pi} \sum^{\infty} \frac{\Gamma(1+n/\alpha)}{n!} \sin\left(\frac{\pi n}{x}\right) (-x)^{n-1}$。然而,数值实验表明,该表达式在 $x \to \infty$ 时收敛速度仍然很慢。为了加快计算速度且不损失很多精度,在某个 x 取值以后,采用如下的渐近表达式来近似 $f_{a,0}(x)$: $f_{a,0}(x) \sim \frac{1}{\pi} \sum \frac{\Gamma(1+n/\alpha)}{n!} \cdot \sin\left(\frac{\pi n \alpha}{2}\right) |x|^{-1-n\alpha}$。数值实验表明,对于本节中的所有数值实验,$x \approx 4.5$ 是个比较合适的取值。

另一方面,处理式(5.1)中包含的半无限域上的积分也并非易事,因为这些积分不能够用标准的内置函数来表示。在下述数值实验中,将采用广义拉盖尔-高斯求积来计算这些积分。

阐述了式(5.1)的具体实现方法后,下面,我们将其与用含有傅里叶积分表示的公式进行比较。这里将采用 Bates 公式(Bates, 2006)。这是因为与其他含有傅里叶积分的公式比较,Bates 公式只需要进行一次积分,且其被积函数收敛很快。需要指出的是,尽管 Bates 解也是封闭形式的,但它是真正意义上的"显式解"。当前的公式相对于 Bates 公式或其他包含傅里叶积分的公式的优势在于,前者不需要预先计算出特征函数的表达式,但这是后者数值实现的一个重要部分。

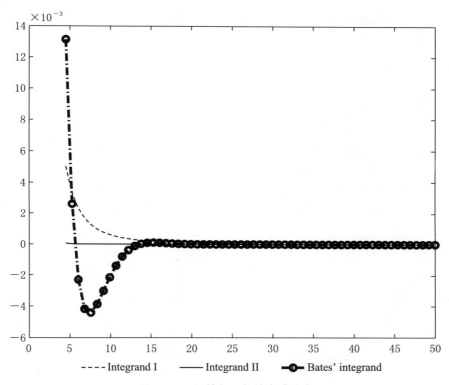

图 5.1　不同被积函数的衰减速率

注:模型参数为 $K=\$10$,$r=0.1$,$\sigma=0.192\,9$,$\alpha=1.75$,$T-t=1$(年)。

　　首先将通过比较 Bates 公式与当前公式中包含的被积函数的衰减速度来阐述当前公式的计算效率。从图 5.1 可以很明显观察到,当前公式包含的被积函数以几乎与 Bates 公式中的被积函数相同的速率收敛到零。这意味着在相同的数值方法下,两个公式的计算效率大致相同。数值实验也表明,二者均可在个人电脑上用 0.7 秒的速度完成计算。

　　检验当前数值方法有效性的最佳方案之一,就是计算在 $\alpha=2$ 时 FMLS 公式的值,并将其与具有相同参数的标准 B-S 公式进行比较。理论上,在 $\alpha=2$ 而其他参数相同的情况下,二者应该是相同的。比较结果如图 5.2 所示。其中,图 5.2(a)展示了两组欧式看跌期权价格相对于标的资产的曲线

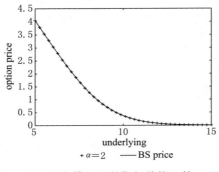
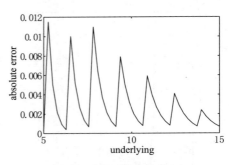

(a) 两个模型下的期权价格比较 （b) 两组价格间的绝对误差

图 5.2　FMLS 公式与标准的 B-S 公式在 $\alpha=2$ 时的取值比较

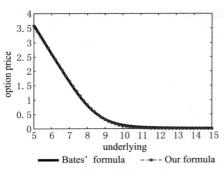
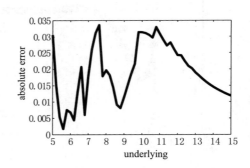

（a) 两个模型下的期权价格比较 （b) 两组价格间的绝对误差

图 5.3　FMLS 公式与 Bates 公式在 $\alpha=1.85$ 时的取值比较

图;图 5.2(b)则进一步展示了两组价格之间的绝对误差。从该图中可以看出,绝对误差的最大值不超过 1.2％,这说明二者吻合得很好。图 5.3 展示了在 $\alpha=1.85$ 时,二者的差别。从该图中,可以观察到当前公式计算得出的价格与 Bates 公式吻合得很好,绝对误差的最大值不超过 3.5％。上述数值实验均证实了本节所提的数值实现方法是有效可行的。

下一个数值实验将考察尾部指数 α 对欧式看跌期权价格的影响。为了方便比较,对于给定 B-S 模型下的波动率 σ_{BS},我们取与之有相同四分位数的 α-稳定分布的波动率作为当前 FMLS 模型下波动率的取值。在本实验中,取 $\alpha_{BS}=0.25$,即对应 $\sigma_{(\alpha=1.55)}=0.229\ 9$,$\sigma_{(\alpha=1.65)}=0.238\ 0$,$\sigma_{(\alpha=1.75)}=$ 0.244 0。在这些波动率取值下,需要比较的模型均有相同的隐含波动率,如图 5.4(a)所示。图 5.4(b)画出了 $\alpha=1.65$ 时的隐含波动率曲面。从图中可以观察到,对于较短的到期时间,波动率呈现不对称的波动率微笑,但随着到期时间延长,变化为波动率皱眉。

图 5.5 则展示了在 α 取不同值,但其他参数和隐含波动率相同的情况下,几组欧式看跌期权价格之间的比较。从该图可以看出,当 α 逐渐增加至 2 时,期权价格逐渐下降至 B-S 价格。换句话说,如果标的价格遵循 Lévy 稳定过程时,B-S 公式倾向于低估欧式看跌期权的价格,且随着 α 变小,B-S 公式的定价偏差变大。这种现象是合理的,并且可以从金融角度给出较为合理的解释。

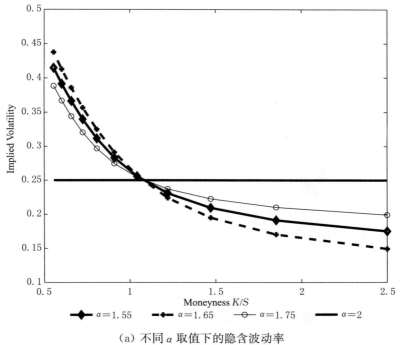

（a）不同 α 取值下的隐含波动率

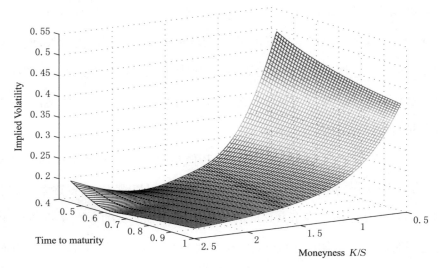

（b）$\alpha=1.65$ 时的隐含波动率曲面

图 5.4　FMLS 模型下的波动率皱眉现象

注:模型参数为 $K=\$10$，$r=0.1$。

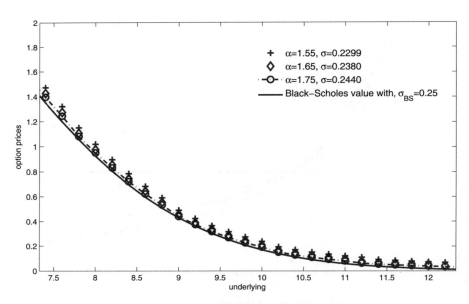

图 5.5　不同 α 取值下的欧式看跌期权价格

注:模型参数为 $K=\$10$，$r=0.1$，$T-t=1$(年)。

与 B-S 模型下标的价格服从的高斯密度相比，Lévy 密度事实上增加了标的价格在很短时间内出现较大变化甚至跳跃的概率（Carr and Wu，2003）。因此，在终止时刻，Lévy 模型下标的价格的分布比在 B-S 模型下的对数正态分布具有更肥厚的双尾。此外，随着 α 变小，左右尾均会变得更加肥厚，因为在很大的标的价格取值处，Lévy 密度渐近满足逆幂律 $f_{\alpha,0}(x) \sim \dfrac{1}{|x|^{1+\alpha}}$。

现在，考虑一个标的现值非常大的虚值欧式看跌期权。对于这种期权，只有当标的价格大幅下降时，该期权才会具有价值。因此，其价值仅取决于标的价格终端分布的左尾。左尾越厚，表明标的价格大幅下降的可能性越大，该期权的价值也越大。因此，B-S 模型倾向于低估欧式看跌期权的价格，并且定价偏差随着 α 变小而变大。

下面利用看涨-看跌平价公式来考虑对实值欧式看跌期权的影响。根据平价公式可知，α 取值大小引起的定价偏差对于实值欧式看跌期权及其看涨期权对手来说是一致的。对于虚值欧式看涨期权来说，其价值取决于标的终值分布的右尾，因为只有当标的价格大幅上涨时，该期权才会具有价值。因此，右尾越厚，该期权就价值越大。所以，根据欧式看跌期权和看涨期权之间的关系，B-S 模型也倾向于低估实值欧式看跌期权的价格，并且随着右尾部变得更大，定价偏差越大。

综上所述，标的价格遵循 Lévy 稳定过程时，B-S 公式倾向于低估欧式看跌期权的价格，且随着 α 变小，B-S 公式的定价偏差变大。类似地，可以证明 B-S 公式倾向于高估欧式看涨期权的价格，且随着 α 变小，B-S 公式的定价偏差变大。

5.1.2 CGMY 模型

虽然在 CGMY 模型下,欧式期权的定价公式看起来和经典的 B-S 公式及 FMLS 模型下的公式极为类似,但它并不像后两者那样容易实现数值模拟,在数值处理中反而会遇到很多困难。首先,Lévy 密度函数 $f_{Y,0}(|x|)$ 在 $|x| \to +\infty$ 时收敛得非常慢。这一点可以采用与 5.1.1 小节中类似的方法进行克服,即对于 $x < x_{critical}$ 时,采用 $f_{Y,0}(|x|)$ 的级数表达形式,即 $f_{Y,0}(x) = \frac{1}{\pi} \sum_{n=1}^{\infty} \frac{\Gamma(1+n/Y)}{n!} \sin\left(\frac{\pi n}{2}\right)(-x)^{n-1}$,对于 $x \geqslant x_{critical}$,则采用 $f_{a,0}$ 渐近表达式,即 $f_{Y,0} \sim \frac{1}{\pi} \sum_{n=1}^{\infty} \frac{\Gamma(1+n/Y)}{n!} \sin\left(\frac{\pi n Y}{2}\right) |x|^{-1-nY}$。数值实验表明,对于本节中的数值例子,$x_{critical} \approx 4.235$ 是一个最为恰当的取值。

另一方面,从期权价格 V_p 的表达式(3.10)可以观察到,计算 V_p 事实上包括了确定半无穷区域和无穷区域上的积分。对于处理半无穷区域上积分最有效的方法之一就是利用广义拉盖尔-高斯求积公式来进行计算。然而,由于被求积函数的衰减问题,上述方法仍然不能够计算出一个收敛的结果。为了克服这个计算困难,引入一个新的缩放参数 m 来控制指数函数的增长率。具体而言,将使用以下两个新的变量 $\eta' = \frac{m\eta}{k_2^{\frac{1}{Y}}}$ 和 $\xi' = \frac{m\xi}{k_2^{\frac{1}{Y}}}$ 帮助处理。这样,原来的定价公式可写为:

$$V_p(x, \tau) = \frac{k_0}{m^2} \int_{\frac{md_0}{1}}^{+\infty} \int_{-\infty}^{+\infty} e^{\frac{k_2^{\frac{1}{Y}}(G+M)\eta'}{m}} f_{Y,0}\left(\frac{|\xi'-\eta'|}{m}\right) d\eta' e^{\frac{-Gk_2^{\frac{1}{Y}}\xi'}{m}} \left(E - e^{x - \frac{k_2^{\frac{1}{Y}}\xi'}{m} + k_1}\right) d\xi'$$

$$(5.2)$$

值得指出的是,引入新的缩放参数 m 可以有效控制指数函数的增长率,从而可以使指数函数的增长速度和 Lévy 密度函数的衰减速度达到一个平衡。数值实验表明 $m \approx M+G$ 适合本节的数值试验。

现将式(5.2)分解为如下两个半无界区域上的积分之和：

$$V_p(x,\tau) = \frac{k_0}{m^2} \int_{\frac{md_0}{1}}^{+\infty} \mathrm{e}^{-Gk_2^{\frac{1}{Y}}\xi'} \left(\int_{-\infty}^{+\infty} \mathrm{e}^{k_2^{\frac{1}{Y}}(G+M)\eta'} f_{Y,0}\left(\frac{|\eta'|}{m}\right) f_{Y,0}\left(\frac{|\xi'-\eta'|}{m}\right) \mathrm{d}\eta' \right.$$

$$+ \int_{-\infty}^{+\infty} \mathrm{e}^{-k_2^{\frac{1}{Y}}(G+M)\eta'} f_{Y,0}\left(\frac{|\eta'|}{m}\right) f_{Y,0}\left(\frac{|\xi'+\eta'|}{m}\right) \mathrm{d}\eta' \right) E - \mathrm{e}^{x - \frac{k_2\xi'}{m} + k_1} \right) \mathrm{d}\xi'$$

$$(5.3)$$

这两个积分都可以由拉盖尔-高斯求积公式来进行计算。

1. 公式的有效性

检测所提出的数值模拟算法最为行之有效的方法之一就是考虑 $Y \to 2$ 时的退化情况。理论上，假设 $C = \dfrac{\sigma^2}{4\Gamma(-Y)}$ 和 $M = G$，则在 $Y \to 2$ 的过程中，当前的解将会退化为带有波动率 σ 的标准 B-S 公式。图 5.6(a) 中显示的是两组欧式看跌期权的价格。这两组期权价格分别从 CGMY 公式（其中 $Y = 1.999$）与 B-S 公式计算而来。图 5.6(b) 则进一步显示了两组价格之间的绝对误差。

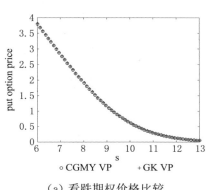
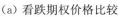

（a）看跌期权价格比较

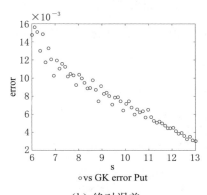

（b）绝对误差

图 5.6　CGMY 模型下与 B-S 模型下普通欧式看跌期权价格的比较

注：模型参数为 $Y = 1.999$，$r_d = 0.05$，$r_f = 0.025$，$M = G = 1$，$K = 10$，$\sigma = 0.24$，$T - t = 0.55$（年）。

从图中可以观察到，对于当前模拟中所用的参数，CGMY 模型下期权价格计算结果与之前的文献中所列的吻合度较高。这更加肯定了当前公式与所提出的数值实现技术的可靠性。

2. 参数变化对欧式外汇期权价格的影响

如 3.1.2 小节所述，控制 CGMY 模型基本特征的是四个关键参数，即 C、G、M 和 Y。通过新推导出的欧式普通外汇期权的解析定价公式，现在可以分析这四个关键参数对欧式普通外汇期权价格的影响。此外，本节还将从数值结果角度讨论不同的本国利率和外国利率对于欧式普通外汇期权价格的影响。

为了研究这些影响，首先需要明确标的资产价格分布的尾部特征和期权价格的关系，因为这四个关键参数可以通过直接或间接改变 CGMY 分布的尾部特征来影响期权价格。对于虚值欧式看跌期权而言，期权只有在标的资产价格大幅下跌时才会拥有价值。因此，期权价值仅依赖于标的资产价格分布的左尾，左尾越厚，期权越有价值。同理，可以得出结论：右尾越厚，欧式看涨期权越有价值。因此，根据看跌-看涨平价公式，当右尾更厚时，实值欧式看跌期权更加昂贵（Hull，1997）。

现在，考虑参数 C 对期权价格的影响。图 5.7 为其他参数保持不变的情况下，三组不同 C 值下欧式看跌期权价格的比较。从图中可以看出，随着 C 的变大，期权价格变得更高和更平坦。金融上，这可以从参数 C 控制 CGMY 分布的整体峰度的事实来解释。从 CGMY 的峰度公式（Carr et al.，2002）来看，CGMY 分布的峰度是一个关于 C 的单调递减函数，因此随着 C 的变大，分布的两个尾部将变得更加肥厚。根据厚尾会产生更高的期权价格的事实，可以得出欧式看跌期权价格将随着 C 变大而上涨的合理结论。

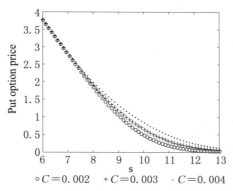

图 5.7　不同 C 值下欧式普通外汇期权价格

注:模型参数为 $Y=1.9$, $r_d=0.045$, $r_f=0.015$, $M=G=1$, $K=10$, $T-t=0.55$(年)。

现在,转向研究参数 G 和 M 对期权价格的影响。理论上,参数 G 和 M 分别控制左右尾部的指数衰减速率。此外,G(或 M)的值越大,说明右(或左)尾越肥厚。根据分布的尾部特征与期权价格的关系,可知 G(或 M)的增大将会提高实值(或虚值)欧式看跌期权价格,如图 5.8(a)和图 5.8(b)所示。

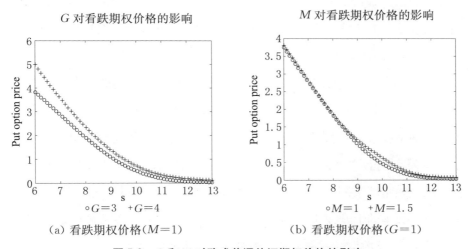

（a）看跌期权价格（$M=1$）　　　（b）看跌期权价格（$G=1$）

图 5.8　G 和 M 对欧式普通外汇期权价格的影响

注:模型参数为 $Y=1.85$, $r_d=0.02$, $r_f=0.005$, $C=0.0028$, $K=10$, $T-t=0.55$(年)。

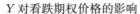

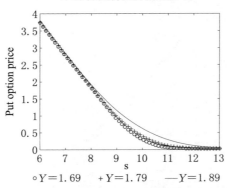

图 5.9　不同 Y 值下欧式普通外汇期权价格

注:模型参数为 $Y=1.85$, $r_d=0.02$, $r_f=0.005$, $M=1$, $C=0.0028$, $K=10$, $T-t=0.55$(年)。

下面,考虑 Y 的影响。图 5.9 比较了在其他参数不变的情况下,欧式看跌期权在三组不同 Y 取值时的价格。从图中可以发现期权价格是关于 Y 的一个单调递增函数。这个现象可以由 Y 控制标的资产价格的尾部分布来解释。更进一步,分布的左尾和右尾都会随着 Y 值的增大而变得更加肥厚。根据分布的尾部特征与期权价格的关系,不难发现当 Y 值增大时,欧式看跌期权会变得越有价值。同理,可知在当前模型下,欧式看涨期权价格也是一个关于 Y 的单调递增函数。

最后,对 C、G、M、Y 四个关键参数都相同而利率不同时的期权价格进行比较。图 5.10(a)[5.10(b)]中给出了在重要参数和外国利率(本国利率)都已定的情况下,不同本国利率(外国利率)对应的看跌期权的价格。从图中可以看出,外国利率不变时,本国利率越高,所对应的看跌期权的价格越低。从金融角度来讲,在其他条件不变的情况下,本国利率的上升,意味着本国货币成本的上升或本币的升值,这将导致用本国货币结算的金融资产价格的上涨,这时欧式看涨外汇期权的本国货币价格将上升,欧式看跌外汇期权的本国货币价格将下降。同理,外国短期利率的上升,意味着外国货币

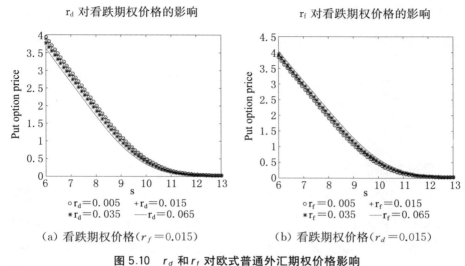

图 5.10 r_d 和 r_f 对欧式普通外汇期权价格影响

注:模型参数为 $Y=1.8$,$M=G=1$,$C=0.003$,$K=10$,$T-t=0.55$(年)。

成本的上升,本国货币成本相对地降低,这将导致用本国货币结算的金融资产的价格相对减小,此时,欧式看跌期权的本国货币价格将上涨,而欧式看涨外汇期权的本国货币价格将下跌。

5.2 随机波动率模型下欧式期权价格的数值模拟

5.2.1 Heston 近似公式

如 3.2.1 小节中所述,Heston 公式并不能利用普通数值积分公式来简单实现,因为 Heston 公式中的被积函数不仅具有振荡性,而且还是一个复值函数。与复杂的积分相比,3.2.1 节中推导出的新的近似价格公式(5.4)在数值实现方面的优势是显而易见的,因为它只需要计算标准正态分布函数。

本节将给出一些数值结果,不仅能够体现近似公式的优越性,也能为新公式在期权市场中的实际应用提供指导。

$$P(S,\ v,\ \tau)=\left[S\left(\frac{\sqrt{2v\tau}}{4\sqrt{\pi}}-\frac{\sqrt{2\tau}\rho\sigma}{4\sqrt{\pi v}}\right)+K\left(\frac{\sqrt{2v\tau}}{4\sqrt{\pi}}+\frac{\sqrt{2\tau}\rho\sigma}{4\sqrt{\pi v}}\right)\right]\mathrm{e}^{-\frac{(S-K)^2}{2v\tau K^2}}$$

$$-(S+(r\tau-1)K)N\left(\frac{K-S}{K\sqrt{v\tau}}\right)+o(\tau)$$ (5.4)

第一个数值实验参数设置为:$\kappa=2.5$, $\eta=0.16$, $\sigma=0.45$, $r=0.1$, $\rho=0.1$, $K=\$10.0$。通过近似公式(5.4)计算期权价格,并将其与从解析解直接计算出的结果进行比较。图 5.11 展示了不同 τ 值下的标的资产 S 和期权价格的关系。从该图中可以观察到,当 τ 相当小时,近似解与解析解几乎一致,但随着 τ 变大,二者差异逐渐变大。

另一方面,数值实验表明,当 τ 非常小时,如 $\tau=0.000\ 1$(年)、$\tau=0.001$(年)、$\tau=0.01$(年)等,Heston 解析公式无法很准确地被数值模拟出来。这是因为对于非常短的到期时间,看跌期权的价值接近其非光滑的内在值,导致傅里叶逆变换中的被积函数高度振荡。而在这种情况下,新公式却可以得到较高的精度。交易市场中的大多数期权都具有有效期较短这一特

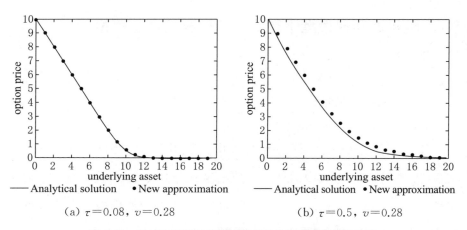

(a) $\tau=0.08$, $v=0.28$　　　　　(b) $\tau=0.5$, $v=0.28$

图 5.11　对应不同距离到期日时间的欧式看跌期权价格

征。例如，在到期前四周（一个月）内的期权交易量最多；几乎所有股票和现金结算的指数期权都在每个月第三个周五收盘后到期；股票期权市场也由一两个月后到期的短期期权主导。因此，τ 很小是一个非常合理的假设。下面将通过数值实验来进一步说明这个"小"的 τ 具体应该是多少，以及新公式如何应用于期权市场。

表 5.1 显示了在不同 r 和 σ 取值下的新公式的距离到期日时间 τ 和精度之间的关系，这里的精度是通过相对误差来表示的，定义为：误差＝$P-\widetilde{P}\|_\infty/\widetilde{P}\|_\infty$，其中 P 代表由当前的近似公式计算所得值，而 $\widetilde{P}$ 则表示由 Heston 公式计算出的值，$\|\cdot\|_\infty$ 表示无穷范数。另一方面，对于其他参数，选择 1988 年 6 月至 1991 年 5 月间的参数估计值（Bakshi et al.，1997），即 $\kappa=1.15(0.03)$，$\eta=0.0348(0.00)$，$\rho=-0.64(0.01)$，括号中的是标准差。

表 5.1 很清晰地展示了新公式在金融实践中使用时需要注意的"经验法则"。首先，新公式对 σ 的变化不敏感。表格中两列不同的 σ 取值范围表明，当利率和其他参数保持不变时，新公式的相对误差对于不同的 σ 取值范围变化不大。事实上，当 σ 在 0.1%—80% 这么大的区间内变化时，相对误差变化了大约 1%。这意味着，波动率的取值情况并不会影响当前公式的精度。另一方面，新公式的准确性与无风险利率 r 成反比，当利率高时，需要慎重使用。在当前金融市场上，冰岛的利率为 9.5%，这即使放在发达国家中也是非常高的利率水平；美国、日本、加拿大和大多数欧洲国家的利率一般在 1% 左右。如果用这个公式来定价一个月后到期的期权，利率为 10%，相对误差将仅略高于 1%；对于 5% 的利率，一个月后到期的期权的相对误差可降至 1% 以下，两个月后到期的期权的相对误差略高于 2%。若 r 非常小（例如 1%），新公式可以用于超过三个月到期的期权。因此，简言之，新公式能够很好地帮助交易人员为短期期权定价。

表 5.1　新公式的相对误差

无风险利率 r	$\sigma\in[0.1\%, 45\%]$	$\sigma\in[45\%, 80\%]$
	$\tau=0.08$ 年（一个月）	
$r=1\%$	0.57%—0.63%	0.63%—0.73%
$r=5\%$	0.76%—0.88%	0.88%—0.99%
$r=10\%$	1.08%—1.21%	1.21%—1.32%
$r=20\%$	1.76%—1.90%	1.90%—2.01%
$r=30\%$	2.55%—2.64%	2.64%—2.75%
	$\tau=0.17$ 年（两个月）	
$r=1\%$	1.72%—1.77%	1.77%—1.96%
$r=5\%$	2.07%—2.26%	2.26%—2.48%
$r=10\%$	2.67%—2.93%	2.93%—3.15%
$r=20\%$	4.11%—4.39%	4.39%—4.62%
$r=30\%$	5.65%—5.92%	5.92%—6.14%
	$\tau=0.25$ 年（三个月）	
$r=1\%$	3.04%—3.09%	3.09%—3.28%
$r=5\%$	3.56%—3.71%	3.71%—4.01%
$r=10\%$	4.30%—4.67%	4.67%—4.99%
$r=20\%$	6.39%—6.78%	6.78%—7.13%
$r=30\%$	8.69%—9.09%	9.09%—9.42%

5.2.2　带有随机长期均值的随机波动率模型

本小节将对带有随机长期均值的 Heston 模型下欧式期权价格的解析解进行数值模拟。本小节内容主要参考 He 和 Chen(2021)。3.2.2 小节已经推导出在该模型下，欧式看跌期权价格为：

$$U(S, v, \theta, t)=SP_1-K\mathrm{e}^{-r(T-t)}P_2 \tag{5.5}$$

其中，各参数和符号的定义与 3.2.2 小节中一致。

1. 数值算例

下面将首先根据式(5.5)计算出欧式看跌期权价格,并将其与蒙特卡洛模拟获得的价格进行比较,以验证新公式的准确性。然后,将结果与 Heston 模型下与之对应的欧式看跌期权价格进行比较,分析它们之间的差异。为了方便比较,将 Heston 模型下的长期均值 $\bar{v}$ 和当前模型(带有随机长期均值的 Heston 模型)下长期均值 θ_0 的初值都设为 0.2;在当前模型中,$\lambda=0.1$,$\sigma_2=0.01$;两个模型下的其余参数相同:无风险利率 $r=0.01$,均值回归速度 $\kappa=5$,相关系数 $\rho=-0.5$,波动率的波动率 $\sigma_1=0.1$,波动率的初值 $v_0=0.1$,标的价格 $S_0=100$,执行价格 $K=100$,距离到期时间 $\tau=0.5$,当前时间为 $t=0$。

图 5.12 展示了式(5.5)的计算结果与蒙特卡洛模拟结果的比较。从图 5.12(a)中可以看出,两组价格吻合程度较高;从图 5.12(b)中可以进一步观察到,两组价格之间的最大相对误差小于 0.8%。这足以证明当前公式的有效性。

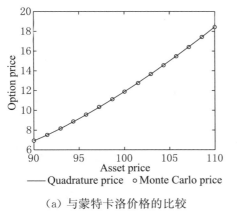

（a）与蒙特卡洛价格的比较

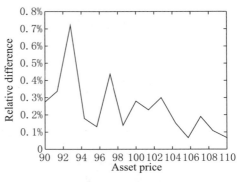

（b）与蒙特卡洛价格的相对误差

图 5.12　当前公式计算结果与蒙特卡洛价格的比较

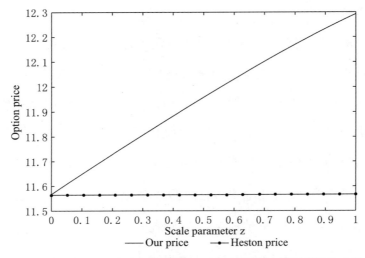

图 5.13　在不同比例参数下，当前模型价格与 Heston 模型价格的比较

如 3.2.2 小节中所述，当 $\lambda = \sigma_2 = 0$ 时，当前模型退化为 Heston 模型。为了观察这个退化过程，引入一个比例参数 $z \in [0，1]$，使得 $\lambda = \sigma_2 = 0.2z$。两个模型下，欧式看跌期权价格与 z 之间的关系如图 5.13 所示。从该图中可以观察到，当 z 为零时，当前模型下的价格与 Heston 模型的价格完全相同；当 z 增大时，相当于增加了 λ 和 σ_2，可以观察到当前价格不断增加，且总高于 Heston 模型下的价格。

图 5.14 则展示了参数 λ 对期权价格的影响，对于正的 λ，当前模型下计算出的期权价格总是高于 Heston 模型价格，但当 λ 为负值时，则会低于 Heston 模型价格。这主要是因为当 λ 为正（负）时，波动率长期均值增加（减少）的机会更高，导致期权价格更高（更低）。此外，这张图还能说明，带随机长期均值的 Heston 模型下的期权价格在短时间内会非常接近标准 Heston 模型价格，但随着距离到期日时间的增加，两者之间的差异变大。这是因为当期权距离到期日的时间增加时，长期均值发生变化的可能性会增加，导致两种模型下的期权价格差异性增大。

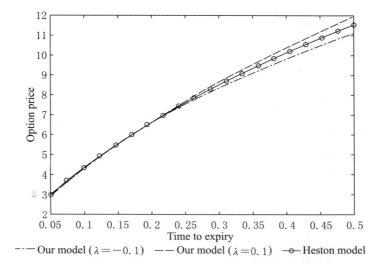

图 5.14　在不同距离到期日时间下，当前模型与 Heston 模型的价格比较

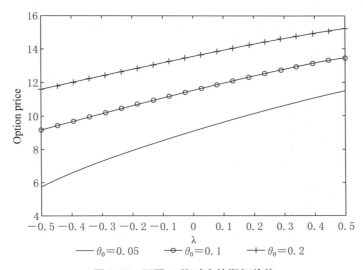

图 5.15　不同 λ 值对应的期权价格

　　图 5.15 则展示了期权价格对 λ 的敏感性。可以看出期权价格是关于 λ 的递增函数。从金融角度讲，λ 越大，意味着波动率的长期均值越大，导致标的资产波动率的总体平均水平更高，即预计有更高的风险，因此购买期权以

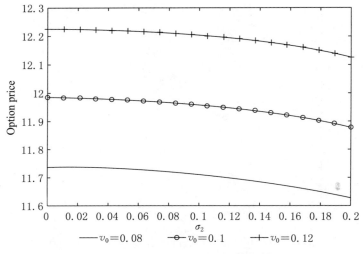

图 5.16 不同 σ_2 值对应的期权价格

抵御风险的溢价肯定也会变得更大。同理,新的价格与长期均值 θ_0 的初始值呈正相关,当 θ_0 变大时,期权价格会变得更平坦。

图 5.16 则研究了 σ_2 对期权价格的影响,可以看出期权价格是关于 σ_2 的单调递减函数,即长期均值的波动率越大,期权价格将越低。这是因为随机长期均值的波动率增加,意味着标的价格的波动率达到较低水平的可能性增加,从而导致期权价格更低。从该图中也可以观察到,当前模型计算出的期权价格是关于波动率初始水平 v_0 的递增函数,这意味着波动率越高,投资风险越高,需要更高的溢价来补偿风险。

尽管新提出的带有随机长期均值的 Heston 模型和标准 Heston 模型之间存在诸多差异,但这并不能说明新的模型就更符合实际。引入随机长期均值是否有意义、其形式是否合理等问题都需要用真实的市场数据进一步研究。因此,下面将利用真实市场数据对当前模型和标准 Heston 模型进行实证研究。

2. 实证研究

下面将以 Heston 模型为基准进行实证研究,评估新模型应用于真实市场的性能。本部分将首先描述用于模型校准的数据和几个筛选数据的方法，接着详细介绍参数估计方法，最后给出实证结果。

（1）数据描述。

下面以 2012 年 1—6 月的标准普尔 500 指数和欧式看涨期权数据集为例，进行实证研究。在当前研究中，中间价被用作期权价格。注意，由于样本噪声的存在，这些原始数据并不能直接用于参数估计。因此，需要对原始数据进行恰当的"过滤"处理。

首先，只采用周三和周四的期权价格，周三的期权数据用于参数估计，周四的数据作为市场价格，与用估计出的参数计算出的理论期权价格进行比较。这是模型校准中的一种常见做法。一方面，在参数估计中每周一天的期权数据是一个相对较长的时间序列，由于模型校准过程的时间密集性，因此所获得的结果将更加可靠。另一方面，与周一和周五相比，选择的这两天最不可能是一周内的假期，因此极大减少了"周内效应"的影响。其次，需要删除距离到期日时间小于 30 天和超过 120 天的期权，这是因为距离到期日时间小于 30 天的期权的时间价值非常小，价格可能波动剧烈，而超过 120 天的期权则通常由于价格高而存在流动性问题（Shu and Zhang，2004）。最后，绝对价值状态（moneyness）高于 10％的期权也被排除在外，即剔除深度虚值与深度实值期权，因为它们也同样存在流动性问题（Shu and Zhang，2004）。这里的绝对价值状态被定义为标准普尔 500 指数值与相应执行价格之间的相对差异，即价值状态 $=\dfrac{S-K}{K}$。

除了谨慎选择期权数据外，无风险利率也需要提前确定。这里选择三个月期的美国国债日利率作为无风险利率（Shu and Zhang，2004）。注意，三个月的时间跨度对于当前实证研究而言是足够的，因为所选期权的距离到期日时间都不满 120 天。

（2）参数估计。

这部分将首先回顾两个模型需要确定的参数，然后运用合适的全局优化方法，估计出模型包含的所有参数。

对于标准 Heston 模型而言，该模型需要估计五个参数：均值回归速度 κ、恒定长期均值 $\bar{v}$、波动率的波动率 σ、相关系数 ρ 和波动率的初始值 v_0。对于带随机长期均值的 Heston 模型而言，它需要确定七个参数，其中四个与标准 Heston 模型中的参数相同，即 k、σ、ρ、v_0，另外三个参数是用来控制长期均值的随机过程的，即长期均值的初始值 θ_0、λ、σ_2。

确定模型参数最常用的方法之一是找到一组"最优"参数，使市场价格和模型价格之间的"距离"最小。一种常见的方法是采用均方根误差（RMSE）来衡量价格之间的"距离"：

$$\text{RMSE} = \frac{1}{N} \sum_{i=1}^{N} \left(\frac{C_i^{Market} - C_i^{Model}}{C_i^{Model}} \right)^2 \tag{5.6}$$

在式（5.6）中，C_i^{Market} 和 C_i^{Model} 分别指期权的实际市场价格和根据定价公式（5.5）计算出的期权价格。N 是在单个估计中的样本总数。然而 RMSE 的一个主要缺点是，价格较低的期权（即较小的 C^{Market}）会带来异常高的权重，容易导致估计出的参数不准确。因此，使用均方误差（MSE），即 $\text{MSE} = \frac{1}{N} \sum_{i=1}^{N} (C_i^{Market} - C_i^{Model})^2$ 作为目标函数（Christoffersen et al.，2006；Lim and Zhi，2002）。

在参数估计过程中，需要思考的另一个问题是选择一种合适的方法来最小化所选的目标函数。由于局部最优化算法易于实现且能够快速产生结果，它毫无疑问成为第一选择。然而，这里的目标函数不一定是凸的，可能会存在几个局部极小值。局部最优化方法很大程度上依赖于对解的初始猜测，而且很容易陷入局部极小值。因此在这里选择全局优化法，以便跳过局部极小值以确保全局极小值的可达性。

模拟退火算法（SA）是著名的全局优化方法之一，它易于编程且仅有少量需要调整的参数。它的主要缺点是实现速度慢，因此本节中采用了自适应模拟退火方法（ASA）。ASA 实际上是 SA 的一种变体，它的目标是在 D 维空间里找到非线性约束非凸成本函数的最佳全局拟合（Ingber et al.，2012）。这种改进版本的 SA 比原来的 SA 更高效，且对新设定的参数不那么敏感，同时还保留了 SA 的所有优点。ASA 由于其优越性已经被广泛应用于各个领域，包括期权定价模型的校准（Poklewski-Koziell，2012；Mikhailov and Nögel，2004）。本节中所采用的 ASA 来源于开源代码。从样本市场数据中提取出的两个模型的日平均参数估计则如表 5.2 所示。得到了所有需要的参数后，下面可以评估具有随机长期均值的 Heston 模型的性能。

表 5.2　参数估计

参数	κ	σ	ρ	v_0	$\bar{v}$	θ_0	λ	σ_2
新模型	4.306 7	0.855 7	−0.520 3	0.025 3		0.150 5	−0.252 2	0.122 4
Heston 模型	6.707 8	0.972 0	−0.550 8	0.023 0	0.105 0			

（3）实证结果。

下文展示了基于同一组期权数据的当前模型和 Heston 模型的实证结果。

表 5.3 展示了这两个模型的样本内外误差。从样本内误差来看，新的模型下期权价格的日平均 MSE 为 0.075 8，仅为 Heston 模型下的 66%。从样本外误差来看，两种模型下期权价格的样本外误差均大于样本内误差，且新

模型下的 MSE 大约是 Heston 模型下的 50％。这是因为样本内误差实际上是某个数据集(周三的期权价格)与用同一日期下估计出的"最优"参数计算出的理论价格之间的最小距离,而样本外误差则是通过另一个数据集(周四的期权价格)与利用周三期权价格估计出的参数计算的理论价格之间的距离,这样的距离可能不是最小的。由此可见,新提出的模型与 Heston 模型相比,具有较小的样本内和样本外误差,这意味新模型比 Heston 模型更适合于市场。

表 5.3　两个模型的样本内外误差

误差	样本内误差	样本外误差
新模型	0.075 8	2.587 5
Heston 模型	0.115 6	4.893 8

表 5.4 则展示了两种模型在不同价值状态下的样本外误差的大小。表的第一行表示价值状态范围,括号中的缩写"O""A"和"I"分别表示"虚值期权""平值期权"和"实值期权"。从该表中容易看出,新模型有潜力成为 Heston 模型在实际市场上的有力竞争对手。具体而言,无论采用哪种模型,虚值期权的样本外误差都是最大的。然而,就虚值期权而言,新模型下的样本外误差不及 Heston 模型的一半;而对于平值和实值期权,新模型下的样本外误差比 Heston 模型分别减少了 10％和 5％。

表 5.4　不同价值状态下的样本外误差

价值状态	$0.9 < S/K < 0.97$(O)	$0.97 \leqslant S/K \leqslant 1.033$(A)	$1.03 < S/K < 1.10$(I)
新模型	4.050 5	2.777 6	2.495 1
Heston 模型	9.303 6	3.027 6	2.611 7

5.3 机制转换模型下欧式期权价格的数值模拟

本节将重点介绍带机制转换特征的 Heston-CIR 模型下,欧式外汇期权价格解析表达式的数值实现,并根据结果分析期权价格的性质。同时,也将对该模型进行实证研究。

1. 数值算例

(1) 解析公式的有效性验证。

首先验证新公式的准确性,然后再分析机制转换对外汇期权的影响。假设当前状态为 1,并且两个转移率 $\lambda_{12}=\lambda_{21}=10$;$\bar{\theta}=(0.1,0.15)^T$,$\bar{\beta}=\bar{\xi}=(0.1,0.15)^T$;其他参数设置为 $\tau=1$,$\kappa=10$,$\sigma=0.1$,$\alpha_1=5$,$\eta_1=\eta_2=0.1$,$\alpha_2=10$,$\rho=-0.8$,$r_t=v_t=\hat{r}_t=0.1$,$S_t=K=100$。为了进行比较,在 Heston-CIR 混合模型中,参数也使用相同的值,恒定长期均值 θ、β、ξ 设置为状态 1 中的对应值。

图 5.17 展示了利用新推导出的解析公式计算出的外汇看涨期权价格与蒙特卡洛方法模拟得到的期权价格的比较。图 5.17(a)表明这两个价格非常

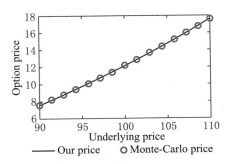

(a) 解析定价公式价格和蒙特卡洛价格

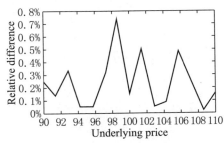

(b) 两组价格之间的相对误差

图 5.17　用解析定价公式计算出的外汇期权价格与蒙特卡洛模拟得出的价格的比较

接近,图 5.17(b)则表明二者相对误差不超过 0.8%。因此,当前的解析公式毫无疑问是正确的。

(2)机制转换特征的影响。

图 5.18 展示了 Heston-CIR 模型与仅波动率长期均值带有机制转换特征的 Heston-CIR 模型的定价差异。在带有机制转换特征的 Heston-CIR 模型中,令 $\beta=\beta_1=\beta_2$,$\xi=\xi_1=\xi_2$,使得机制转换没有发生在利率方向上。不难看出,$\theta=\theta_1$ 时的 Heston-CIR 公式计算出的价格低于 $\theta=\theta_2$ 时的价格,并且随着到期时间而变大,两者之间的差异增大。这种现象可以解释如下:波动率的长期均值越大,意味着整体波动率水平越高,因此期权价格也就越高。距离到期日时间越长,则意味着波动率可以达到长期均值的概率增加,

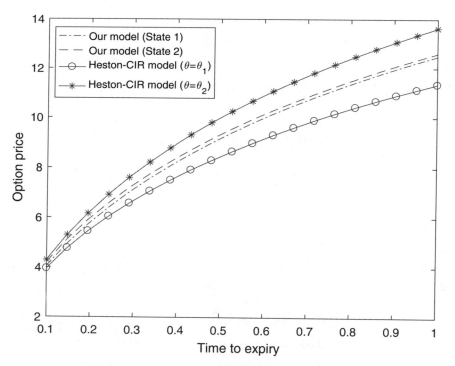

图 5.18　Heston-CIR 模型与仅波动率长期均值带有
机制转换特征的 Heston-CIR 模型的定价差异

从而使两者之间产生更大的差异。从该图中也能够观察到,状态 1(2)中的价格高于(低于)Heston-CIR 价格,其中 $\theta=\theta_1(\theta=\theta_2)$。这主要是由机制转换引起的,因为带有机制转换特征的 Heston-CIR 模型中波动率的长期均值可能在 θ_1 和 θ_2 之间跳跃,而在 Heston-CIR 模型中是恒定不变的,导致状态 1(2)的平均波动率水平高于(低于)$\theta_1(\theta_2)$,因此计算出的相应的期权价格也有高低之分。

可以利用同样的方式分析在国内外利率方向引入机制转换特征对计算出的期权价格的影响,计算结果如图 5.19 所示。从图 5.19(a)中可以看出,当前模型计算出的期权价格介于两种不同长期均值下的 Heston-CIR 模型产生的价格之间。具体而言,如果只在国内(国外)利率中引入机制转换,状态 1 中的价格就会低于(高于)状态 2 的价格。这是因为只有国内利率的长

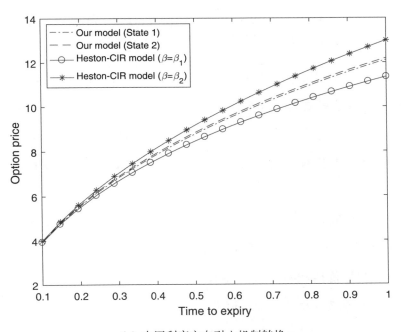

（a）本国利率方向引入机制转换

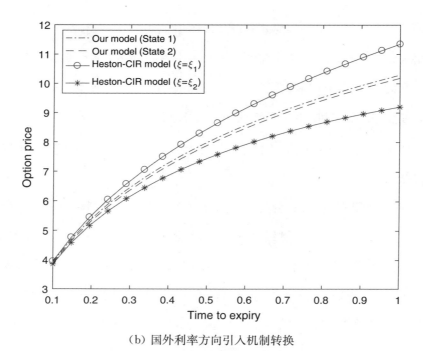

（b）国外利率方向引入机制转换

图 5.19　Heston-CIR 混合模型与仅在利率方向中
引入机制转换特征的 Heston-CIR 模型

期均值带有机制转换特征时，状态 1 中的总体国内利率水平才会低于状态 2
中的利率水平。从金融角度来看，较低的国内利率水平意味着以本国货币
计价的金融资产价格较低，从而导致外汇看涨期权价格较低。同样，较高的
外国利率意味着相对较低的国内利率，相应的期权价格也会变得低，如图
5.19（b）所示。

　　在引入机制转换来对经济状况进行建模后，除了研究 θ_{X_t}、β_{X_t}、ξ_{X_t} 的
影响，转移率的影响也值得研究。图 5.20 展示了在不同 θ_2 取值情况下，
外汇看涨期权价格相对于波动率长期均值转移率的变化。令 $\beta_1 = \beta_2$ 和
$\xi_1 = \xi_2$，且只有波动率的长期均值带有机制转换，并假设 $\lambda_{12} = \lambda_{21}$。当转移
率都为零时，新模型下计算出的期权价格与 Heston-CIR 模型下的价格一

致,这是因为转移率为零相当于不存在机制转换。观察图 5.20 可发现,若
状态 1 对应的波动率的长期均值高于(低于)状态 2 对应的波动率,则状态
1 中的外汇期权价格相对于转移率单调减少(增加)。这是因为更大的转
移率意味着波动率的长期均值将更频繁地在 θ_1 和 θ_2 之间跳跃。从均值
角度来看,若 $\theta_1 > \theta_2$,则状态 1 的波动率均值总体水平较低,会使期权价格
变得更便宜。当状态 1 中的国内利率的长期均值小于(大于)状态 2 中的
国内利率时[即 $\beta_1 < \beta_2 (\beta_1 > \beta_2)$],也有类似的情况发生,如图 5.21 所示。
另外,当状态 1 中的国外利率的长期均值低于(高于)状态 2 的国外利率时
[即 $\xi_1 < \xi_2 (\xi_1 > \xi_2)$],外汇看涨期权价格相对于转移率上升(下降),如图
5.22 所示。

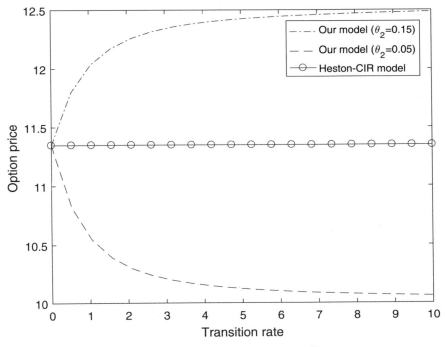

图 5.20　不同 θ_{x_t} 对应的转移率对期权价格的影响

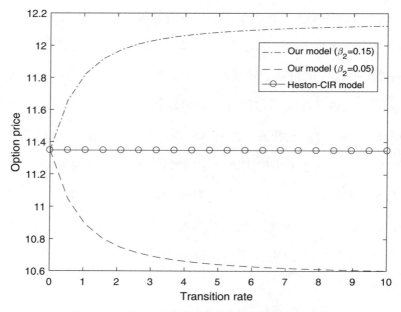

图 5.21 不同 β_{x_t} 对应的转移率对期权价格的影响

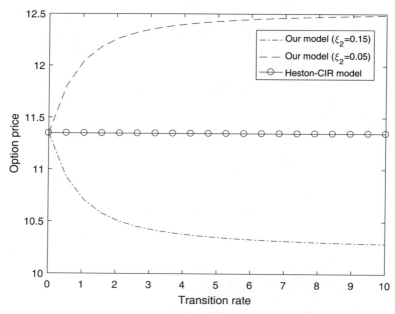

图 5.22 不同 ξ_{x_t} 对应的转移率对期权价格的影响

上面所有数值实验都是基于人工设定的参数,而在实践中,模型参数需要从真实的市场数据中提取。因此,为了评估新模型是否比 Heston-CIR 模型更优越,下面将基于真实市场数据进行实证研究。

2. 实证研究

下面将展开实证研究,以评估带机制转换特征的 Heston-CIR 模型的性能。

(1) 数据描述。

本研究基于 2016 年 1—3 月间的澳元/美元外汇期权(*XDA*)相关数据展开。由于原始数据集中带有样本噪声不能直接使用,因此在估值之前应消除样本噪声以避免出现错误的估计。数据筛选过程如下。

首先,样本及样本内外数据的划分与 5.2.2 小节类似,这里就不累述了。其次,剔除距离到期日时间短于 7 天和长于 90 天的期权,因为距离到期日时间较短的期权时间价值较小,价格可能出现剧烈波动,而距离到期日时间较长的期权通常由于其高交易溢价而存在流动性问题(Le,2015)。最后,剔除价格为零的期权,因为没有人愿意购买这些期权。

(2) 参数估计。

任何期权定价公式中都有两类参数,即签订合同时用的参数和模型中引入的参数。以 Heston-CIR 模型为基准,它包含 13 个参数,包括与波动过程相关的四个参数 κ、θ、σ、v_0,与国内利率相关的四个参数 α_1、β、η_1、r_0,与国外利率相关的四个参数 α_2、ξ、η_2、$\hat{r}_0$,以及相关系数 ρ。在引入了机制转换后,模型中增加了五个额外参数,即 θ_2、β_2、ξ_2 和两个转移率 λ_{12} 和 λ_{21}。

与 5.2.2 小节中类似,这里也以 MSE 为目标函数,利用 ASA 算法来估计模型参数,具体结果见表 5.5。

表 5.5　估计出的参数值

参数	新模型	Heston-CIR 模型
κ	14.994 2	13.385 3
$\theta_1(\theta)$	0.002 9	0.004 5
θ_2	0.179 1	
σ	0.088 3	0.651 0
α_1	10.591 9	11.344 2
$\beta_1(\beta)$	0.182 3	0.150 2
β_2	0.387 1	
η_1	1.182 4	1.467 3
α_2	10.916 6	11.524 1
$\xi_1(\xi)$	0.161 7	0.137 5
ξ_2	0.372 3	
η_2	1.158 6	1.940 7
ρ	$-0.673\ 3$	$-0.744\ 6$
v_0	0.026 3	0.029 2
r_0	0.141 3	0.191 5
$\bar{r}_0$	0.165 4	0.222 7
λ_{12}	2.057 49	
λ_{21}	5.056 2	

（3）实证结果。

表 5.6 中展示了周三期权数据和周四期权数据产生的两个模型的样本内误差和样本外误差。显然，机制转换的引入使得样本内和样本外误差都得以显著改善。新模型的 MSE 为 $1.88\mathrm{e}-3$，仅为 Heston-CIR 模型的 50% 左右。这意味着在引入机制转换后，定价偏差可以减少到一半。而样本外误差则小于 Heston-CIR 模型的 75%。样本内误差和样本外误差的改善程度表明了在定价模型中引入机制转换的重要性，意味着新模型比 Heston-CIR 模型更适用于实际。

表 5.6　两个模型的样本内误差和样本外误差

误差	样本内误差	样本外误差
新模型	1.88e−3	4.61e−3
Heston-CIR 模型	3.65e−3	6.25e−3

表 5.7 展示了两种模型在不同价值状态下的样本外误差,根据标的价格 S 和执行价格 K 的比值,将期权分为深度虚值期权、轻度虚值期权、轻度实值期权和深度实值期权四大类。新模型在这四类中的表现都优于 Heston-CIR 模型,其中深度虚值期权的定价得到了最大的改善,表现为样本外误差甚至不到 Heston-CIR 模型的十分之一。轻度实值期权和深度实值期权的结果也有显著改善,其误差分别比 Heston-CIR 模型减少了约 40% 和 70%。新模型在轻度虚值期权中改进最小,但其误差也比 Heston-CIR 模型降低了 10% 以上。

表 5.7　不同价值状态下的样本外误差

价值状态	$S/K<0.9$	$0.9\leqslant S/K\leqslant 1$	$1\leqslant S/K\leqslant 1.1$	$S/K>1.1$
新模型	3.78e−4	2.10e−3	3.54e−3	2.68e−3
Heston-CIR 模型	4.72e−3	2.34e−3	5.79e−3	9.90e−3

5.4　欧式障碍期权的数值模拟

5.4.1　巴黎期权和巴里期权

本节将主要针对 4.1 节中推导出的巴黎型期权价格的解析表达式提供几个数值例子。为了帮助那些不习惯用无量纲来讨论金融问题的读者理解这部分内容,本节中的结果都会在转换回原始变量之后进行绘制或呈现。

1. 解析解的数值实现

对于巴黎向上敲出看涨期权,需要递归计算其跨越障碍 $W(\tau)$ 的价格。一旦确定了 $W_n(\tau)(\tau \in [(n-1)\bar{J}, \ n\bar{J}])$,那么 $W_{n+1}(\tau)(\tau \in [n\bar{J}, \ (n+1)\bar{J}])$ 可以递归得到。另外,假定 $W_n(\tau)$ 已知,$W_{n+1}(\tau)$ 包含三个积分,即 I_1、I_3 和 I_4 以及常数项 I_2。I_1 可采用了广义 Laguerre-Gauss 求积方法来计算。对于 I_3,它在端点 τ 处具有可去除的奇异性,可以使用 Gauss-Jacobi 求积方法来处理。对于 I_4,可采用 Gauss-Legendre 方法来计算内部积分;而 I_4 的外部积分在端点 τ 处的奇异性可利用 Gauss-Jacobi 求积处理。此外,利用 $W'_n = D_\tau W_n$ 计算 I_4 中涉及的 W_n 的一阶导数,其中 D_τ 是基于 Legendre-Gauss-Lobatto 的微分矩阵(Shen and Tang,2006)。

与巴黎向上敲出期权相比,对应的巴里期权的 $W(\tau, J)$ 的确定要复杂得多,因为它除了包含两个单积分外,还包含两个三重积分。对于单积分 I,可采用 Laguerre-Gauss 求积来处理半无限积分域;而单积分 II 是有限区域上光滑函数的标准积分,可采用 Gauss-Legendre 求积。关于三重积分 III,可用 Gauss-Legendre 求积公式计算其内部积分,而对于它的中间积分和外部积分则采用 Laguerre-Gauss 求积公式。对于三重积分 IV,因为这三个积分都定义在半无限区域上,可再次使用 Laguerre-Gauss 求积公式来确定之。上述所有数值求积的细节,包括对收敛性和误差估计的讨论,可以在相关参考文献中找到(例如,Armitage and Colton,1998),这里就不再赘述。

2. 解析解的有效性

检验解析解的有效性的方法之一是将解析解与用其他方法计算出的数值解进行比较。表 5.8 和表 5.9 分别列出了在四个不同的距离到期日时间 $[T-t=0.3(年)、T-t=0.4(年)、T-t=0.5(年)$ 和 $T-t=1(年)]$ 的情况下,跨越障碍的巴黎和巴里看涨期权价格。在表格中,标有"FDM"和"C-N"

表 5.8　巴黎向上敲出看涨期权在四个不同距离到期日时间条件下 $W(t)$ 的值

到期时间(年)	FDM[CPU (s)]	当前解析解 [CPU (s)]	C-N[CPU(s)] (rel-err)
$T-t=0.3$	1.366 0(375)	1.388 3(1)	1.380 1(19)(0.59%)
$T-t=0.4$	1.081 9(503)	1.093 4(1)	1.094 0(40)(0.05%)
$T-t=0.5$	0.883 7(631)	0.885 8(2)	0.893 7(33)(0.88%)
$T-t=1$	0.424 6(1269)	0.429 6(3)	0.429 6(66)(0.00%)

注:参数为 $\sigma=10\%$, $r=5\%$, $D=0$, $K=\$10$, $\overline{S}=\$12$, $\overline{J}=0.2$(年)。

表 5.9　巴里向上敲出看涨期权在四个不同距离到期日时间条件下 $W(t, J)$ 的值

到期时间(年)	FDM[CPU(s)]	当前解析解 [CPU(s)]	C-N[CPU(s)] (rel-err)
	当 $J=0$		
$T-t=0.3$	0.997 4(439)	0.999 1(23)	0.992 2(69)(0.7%)
$T-t=0.4$	0.705 5(587)	0.731 2(23)	0.702 2(88)(4.13%)
$T-t=0.5$	0.543 3(736)	0.576 2(23)	0.547(117)(5.34%)
$T-t=1.0$	0.229 7(147 6)	0.246 2(23)	0.228 6(226)(7.7%)
	当 $J=0.1$		
$T-t=0.3$	0.542 7(439)	0.533 9(23)	0.539 8(69)(1.09%)
$T-t=0.4$	0.404 3(587)	0.405 0(23)	0.402 2(88)(0.7%)
$T-t=0.5$	0.318 4(763)	0.322 2(23)	0.316 7(117)(1.74%)
$T-t=1.0$	0.138 8(1476)	0.140 0(23)	0.138 0(226)(0.7%)
	当 $J=0.5$		
$T-t=0.3$	0.344 6(439)	0.323 0(23)	0.342 5(69)(5.69%)
$T-t=0.4$	0.259 9(587)	0.246 3(23)	0.258 4(88)(4.68%)
$T-t=0.5$	0.205 9(763)	0.196 3(23)	0.204 7(117)(4.10%)
$T-t=1.0$	0.090 4(1476)	0.085 2(23)	0.089 8(226)(5.12%)

注:参数为 $\sigma=10\%$, $r=5\%$, $D=0$, $K=\$10$, $\overline{S}=\$12$, $\overline{J}=0.2$(年)。

的列分别代表用 Haber 等(1998)的显式方法和 Crank-Nicolson(C-N)方法计算得到的结果。此外,CPU 时间意味着每次运行代码所需的时间,"rel-err"是当前解析解与使用 C-N 方法得到的数值之间的相对误差。为了确保数值解的准确性，采用了极其精细的网格。对于显式方法，令 $\Delta S = 0.05$，$\Delta \tau = \Delta J = 0.0001$，而对于 C-N 方案，令 $\Delta \ln S = 0.0042$，$\Delta \tau = 0.0003 = dJ$。

从表 5.8 中可以看出，通过解析解计算得到的巴黎向上敲出看涨期权的结果与用显式有限差分法或 C-N 方法计算的结果高度一致，相对误差小于 1%。此外，运行当前的解析解只需要几秒钟，这比在同种情况下运行显式有限差分法编写的代码所需的时间减少了数百倍，尤其是在期权距离到期日时间较长的情况下。从该表中还可以看出，C-N 方法比显式有限差分法的定价效率高，这归因于它在稳定性方面优于显式有限差分法。

表 5.9 中的数据是巴里向上敲出看涨期权的计算结果。当前解析解计算出的结果与显式有限差分法或 C-N 方法计算出的结果也非常一致，相对误差小于 8%。对于运用有限差分法计算巴里期权价格的精度损失是意料之中的，因为在求解 V_1 和 V_2 时，沿着 J 方向的误差就开始累积。而在巴黎期权中，沿着 J 方向的误差不会影响 V_1 的精度。因此，用于计算巴里期权的有限差分法，无论是显式方法还是隐式方法，精度上都不如计算巴黎期权价格的、具有相同网格大小的有限差分法。从表 5.9 中还可以注意到，随着距离到期日时间的延长或 J 愈发接近触发值 $\bar{J}$ 时，相对误差会变大；因为在这两种情况下，$W(t, J)$ 的绝对值变得非常小，而两个绝对值很小的数字之间的相对误差也会非常小。尽管新的解析解 $W(t, J)$ 涉及三重积分的计算，但从表 5.9 中记录的 CPU 时间来看，仍表明当前的解析解可以非常有效地被实现。

如前所述，一旦知道 W 的值，就可以直接从积分表达式中计算出期权价格。因此，可将从解析解计算出的期权价格与 C-N 方法计算出的期权价格进行比较，进一步检验解析公式的准确性，如图 5.23 与图 5.24 所示。其中，

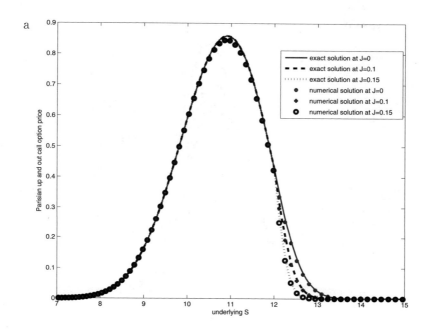

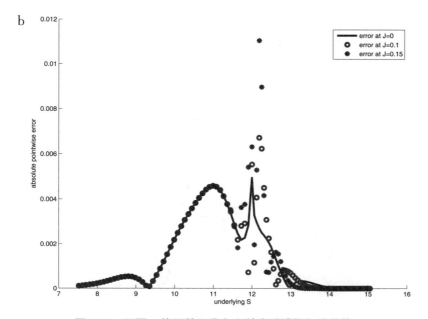

图 5.23　不同 J 值下的巴黎向上敲出看涨期权的价格

注:参数为 $\sigma=10\%$，$r=5\%$，$D=0$，$K=\$10$，$\overline{S}=\$12$，$\overline{J}=0.2(年)$，$T-t=1(年)$。

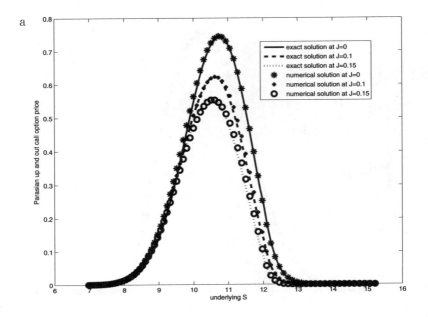

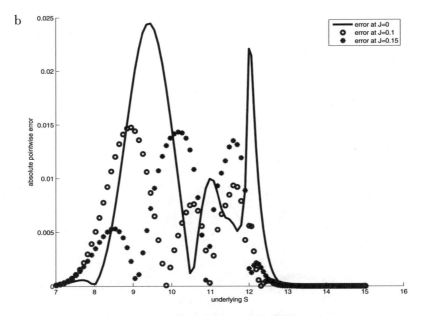

图 5.24　不同 J 值下的巴里向上敲出看涨期权的价格

注:参数为 $\sigma = 10\%$, $r = 5\%$, $D = 0$, $K = \$10$, $\bar{S} = \$12$, $\bar{J} = 0.2$(年), $T - t = 1$(年)。

图 5.23(a)和图 5.24(a)展示了在不同的 J 取值情况下,期权价格与标的资产价格 S 的关系;图 5.23(b)和图 5.24(b)则展示了由解析解和有限差分法计算出的两组期权价格之间点对点误差的绝对值。这些图表明,从解析解计算出的期权价格与由 C-N 方法计算出的价格吻合度较高,这也再次证明了解析公式的有效性。

　　另一方面,图 5.23 和图 5.24 也清晰表示了巴黎型期权的向上敲出特征。巴黎和巴里向上敲出看涨期权的价格在达到障碍 $\overline{S}$ 之前就已经达到峰值,并随着 S 的增加,"敲出"的危险被分解在期权价格中,价格从峰值开始下降,最终在标的价格过高时趋于零。这一结果在金融上是有意义的,因为一旦标的价格接近障碍,市场就会开始考虑被"敲出"的危险。由于重置机制的不同,巴黎期权的价格不受触发器中剩余部分的影响(因为一旦 S 回落到 $\overline{S}$,障碍时间将被重置为零),而巴里期权价格与触发器中剩余的部分的变化在整个域上都是"相通"的,这是由该期权时间方向上的触发器不需要重置造成的。从图中还能看出,当标的价格接近 $\overline{S}$ 时,巴黎期权的价格仅在 $J=0$ 时是"平滑"的;随着障碍时间 J 接近触发值 $\overline{J}$,巴黎期权价格的变化率急剧增加至无穷大。这是因为只要没有达到触发值 $\overline{J}$,达到障碍 $\overline{S}$ 时 J 将被自动重置为零。此外,对于巴黎期权,根据其连通性条件可知变化率只有在 $J=0$ 时是连续的;而巴里期权的所有非零 J 值的期权价格能够平滑地越过障碍 $\overline{S}$,这是因为巴里期权的变化率在整个障碍平面上都被假设是连续的。这里的"平滑"指的是期权的变化率是连续的。

　　图 5.25 则展示了巴黎向上敲出期权价格和相应的巴里期权价格的比较。从图中可以观察到,对于任意给定的 J 和标的资产价格 S,巴黎期权的价格总是高于相应的巴里期权的价格。这是因为巴里期权的"敲出"特征已经被 J 的累积效应放大了,故巴里期权比巴黎期权更容易被敲出。所以在

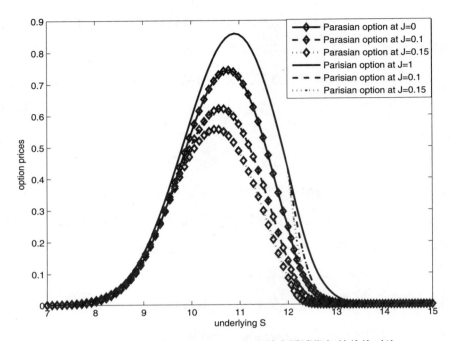

图 5.25 不同 *J* 值下的巴黎和巴里向上敲出看涨期权的价格对比

注:参数为 $\sigma=10\%$,$r=5\%$,$D=0$,$K=\$10$,$\bar{S}=\$12$,$\bar{J}=0.2$(年),$T-t=1$(年)。

其他条款都相同的前提下,巴里期权的价格应该低于相应的巴黎期权的价格。

5.4.2 FMLS 模型下的双障碍期权

本节将对 4.2 节推导出的 FMLS 模型下的双障碍期权价格的表达式进行数值模拟。这里以双障碍向上敲出看涨期权为例,其他类型的障碍期权的价格可以通过奇偶关系获得。

为了检测所采用的数值模拟算法的可靠性,将 $\alpha=1$ 时的级数解与相同参数下双障碍期权在 B-S 模型下的解进行比较。理论上,当 $\alpha=1$ 时,这两个

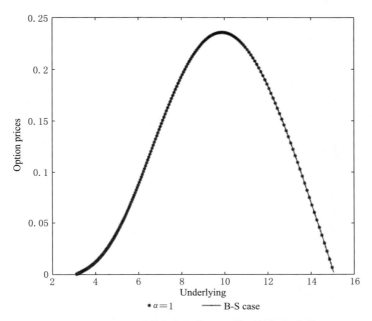

图 5.26　$\alpha=1$ 时的级数解与 B-S 模型的解的比较

注:模型参数为 $\sigma=0.45$，$r=0.03$，$D=0.01$，$T-t=1$(年)，$K=\$10$，$A=\$3$，$B=\$15$。

期权价格是等价的。图 5.26 展示了级数解与 B-S 模型解之间的比较。B-S 模型的解是用隐式有限差分法计算的；而级数解的求和在 $\parallel P_n \parallel_2$ 小于 10^{-10} 时终止，其中 $P_n=C_n(\tau)\mathrm{e}^{-\frac{a_2}{2a_1}(x-L_1)}\sin\dfrac{n\pi(x-L_1)}{L_2-L_1}$ 是 $U(x,\tau)$ 的第 n 项，$\parallel\cdot\parallel_2$ 是 L_2-范数。从图中可以观察到，两组期权价格非常一致，这证明了当前级数解析解的正确性。另一方面，就计算速度而言，当前级数解在计算机上实现只需要大约 0.03 秒，与 B-S 公式所花费的时间几乎相同。

另一方面，需要指出，利用有限级数逼近函数本质上取决于投影和截断。根据定理 4.2，可知当前级数解属于完备空间 $H_{0,\,\omega}^1(L_1,L_2)\bigcap H_\omega^2(L_1,L_2)$，因此不存在投影误差。那么唯一的误差来源于截断，这取决于解的正则性。图 5.27 展示了在不同水平的 α 值下，级数需要求和的项数与到期时

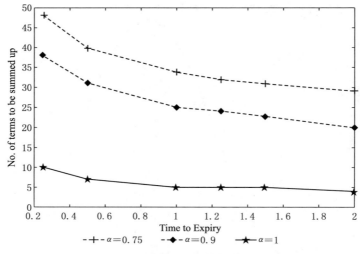

图 5.27　求和项的数量与到期时间之间的关系

注：模型参数为 $\sigma=0.45$，$r=0.03$，$D=0.01$，$K=\$10$，$A=\$3$，$B=\$15$。

间之间的函数关系。从图中可以看出，随着距离到期日时间变小，需要通过增加级数解的项数来得到相同精度的结果。这也与定理 4.2 中的结论一致，因为随着到期日的来临，解的正则性变小，导致级数解收敛速度变缓。从图 5.27 中还可以观察到，对于任意距离到期日时间，对于较大的 α，较少的项就能得到相同的精度水平，这似乎与引理 4.1 中估计的收敛速度不一致。事实上，引理 4.1 中的 C_1 仅对于 τ 而言是一个"常数"，它实际上也与 α 的大小相关。

除了收敛性之外，另一个关键步骤是确定 Mittag-Lefler 函数 $E_{\alpha,1}$。这里直接使用了 Podlubny(1999)开发的程序。

下面研究不同 α 水平对双障碍敲出看涨期权价格的影响。从直观上讲，α 度量了 $V(S,t)$ 在相同标的水平下，从当前时间 t 至到期时间 T 对所有期权价格的可能值的依赖程度。根据其定义，假设 $T-t\leqslant1$(年)，α 越大，依赖性就越弱。对于那些标的价格非常接近较低障碍的实值期权，当 α 较小时，到期时的零回报对期权价格的影响会被夸大。这也解释了图 5.28 中

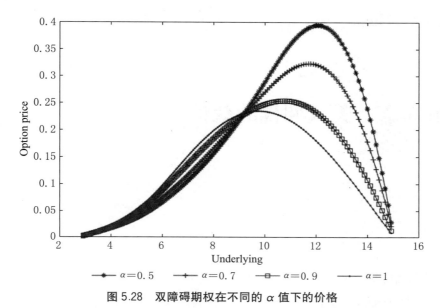

图 5.28　双障碍期权在不同的 α 值下的价格

注：模型参数为 $\sigma=0.45$，$r=0.03$，$D=0.01$，$T-t=1$(年)，$K=\$10$，$A=\$3$，$B=\$15$。

的现象：当标的价格接近较低的障碍时，B-S 模型倾向于高估对双障碍敲出看涨期权的定价，且 α 越小，定价偏差越大。另一方面，图 5.28 中从某个标的价格开始，B-S 模型倾向于低估期权的价格。这可能是由于对于较小的 α，回报值对期权价格的影响程度较大造成的。

第6章　美式期权的数值定价

前面的章节主要分析了欧式期权的定价。与欧式期权相比,美式期权可以在到期日前的任意时刻实施。这种提前行权的特征使美式期权定价成为非线性问题。相对于欧式期权,这种非线性问题即使在传统的 B-S 框架下也更难处理。因此,如何为美式期权合理定价是当今金融工程领域的主流问题之一。

对于美式期权而言,当标的资产到达某个临界值时,对持有者来说提前执行期权是最优选择,则该临界值为最优执行价格。每个时刻的最优执行价格的集合就形成了一条连续的曲线,该曲线通常被称为最优执行边界。美式期权的最优执行边界事先是未知的,是在求解定价模型时逐步被确定的。因此,美式期权模型的区域边界是一条自由边界,美式期权的定价是一个自由边界问题。一般来说,除了一些特殊类型的美式期权,其他美式期权价格的解析公式很难求得。其求解主要依靠数值方法。本章重点在于构造不同的数值算法来确定美式期权的价格,包括利用谱方法确定 Heston 模型下永久美式期权的价格(Zhu and Chen,2011b),利用预估-校正方法分别计算 Heston 模型(Zhu and Chen,2011a)和 FMLS 模型下美式期权的价格(Chen et al.,2015b),以及利用逆有限元算法确定 B-S 模型下美式期权的价格。这些方法可以被推广到求解其他模型下带有美式特点的衍生品的定价。

6.1　谱方法

本节主要介绍一种基于谱配置(SC)法的数值方法,解决 Heston 模型下永久美式看跌期权的定价问题。该方法主要包括两步:第一步是使用 SC 法导出一个非线性代数方程组。第二步是将第一步中得到的非线性方程组转化为非线性最小二乘问题(NLSP),并用 Gauss-Newton 算法求解。本节将首先介绍在 Heston 模型下,永久美式看跌期权的价格必须满足的偏微分方程系统;接着,详细介绍数值方法;最后将给出数值结果和一些讨论。

6.1.1　Heston 模型下的永久美式看跌期权

永久美式期权是无到期日的美式期权。设 $U(v, S)$ 为永久美式看跌期权的价格,S 是标的资产,v 是方差。在 Heston 模型下,永久美式看跌期权的价格满足如下自由边界问题,其中边界位置本身就是解的一部分,即 $U(v, S)$ 满足:

$$\begin{cases} \dfrac{1}{2}vS^2\dfrac{\partial^2 U}{\partial S^2}+\rho\sigma vS\dfrac{\partial^2 U}{\partial S\partial v}+\dfrac{1}{2}\sigma^2 v\dfrac{\partial^2 U}{\partial v^2}+rS\dfrac{\partial U}{\partial S}+\kappa(\eta-v)\dfrac{\partial U}{\partial v}-rU=0 \\[2mm] \lim_{S\to\infty}U(v, S)=0 \\[2mm] U(v, S_f(v))=K-S_f(v) \\[2mm] \dfrac{\partial U}{\partial S}(v, S_f(v))=-1 \\[2mm] \lim_{v\to 0}U(v, S)=\max(K-S, 0) \\[2mm] \lim_{v\to\infty}U(v, S)=K \end{cases} \tag{6.1}$$

当引入了随机波动率,永久美式看跌期权的定价就不再像恒定波动率情况下那样容易找出解析解,因为此时未知的最优执行价格是关于波动率的函数;而在 B-S 模型中,它是一个未知常数。但与有限到期的美式看跌期权的定价问题相比,永久美式期权由于时间独立性而将定价问题相对简化了。

6.1.2　基于 Legendre 伪谱法的数值方法

对于处理类似永久美式期权定价这种与时间无关的问题,通常的做法是将该问题先视为一个与时间相关的问题,然后将其在时间取值很大的情况下得到的解作为与时间无关问题的解。但是这种方法的不足之处在于,这种近似无限到期时间的做法会导致计算效率和准确性大幅度降低。本节中将引入一种基于 Legendre 伪谱方法的数值方法,这种方法能够高效、准确地解决永久美式看跌期权的定价问题。

首先,采用 Landau 变换:

$$x = \ln \frac{S}{S_f} \tag{6.2}$$

将自由边界条件转换为固定边界条件。根据最优行权价格与期权价格的关系,有:

$$S_f(v) = K - U(v, S_f) \tag{6.3}$$

将式(6.2)和式(6.3)代入式(6.1),可得:

$$\begin{cases} LU=0 \\[2mm] \lim_{x\to\infty} U(v,\,x)=0 \\[2mm] U(v,\,0)=K+\dfrac{\partial U}{\partial x}(v,\,0) \\[2mm] \lim_{v\to 0} U(v,\,x)=\max[K-e^{x}(K-U(v,\,0)),\,0] \\[2mm] \lim_{v\to\infty}\dfrac{\partial U}{\partial v}(v,\,x)=0 \end{cases} \qquad (6.4)$$

其中, $L=a(v)\dfrac{\partial^2}{\partial x^2}+b(v)\dfrac{\partial^2}{\partial v^2}+c(v)\dfrac{\partial^2}{\partial x\partial v}+d(v)\dfrac{\partial}{\partial x}+e(v)\dfrac{\partial}{\partial v}-r$,且 $a(v)$

$=\dfrac{1}{2}v+\dfrac{1}{2}\sigma^2\xi^2 v-\rho\sigma v\xi$, $b(v)=\dfrac{1}{2}\sigma^2 v$, $c(v)=\rho\sigma v-\sigma^2 v\xi$, $d(v)=-\dfrac{1}{2}v+$

$\dfrac{1}{2}\xi^2\sigma^2 v-\dfrac{1}{2}\sigma^2 v\beta+r-\kappa(\eta-v)\xi$, $e(v)=\kappa(\eta-v)$, $\xi=\dfrac{1}{U(v,\,0)-K}\dfrac{\partial U}{\partial v}(v,$

$0)$, $\beta=\dfrac{1}{U(v,\,0)-K}\dfrac{\partial^2 U}{\partial v^2}(v,\,0)$ 。

　　另外,当前的期权定价问题是定义在半无界区域 $\{(v,\,x)\mid v\geqslant 0,\,x\geqslant 0\}$ 上的。为了在计算机中实现算法,需要将半无限区域截断为有限区域: $\{(v,\,x)\in[0,\,v_{max}]\times[0,\,x_{max}]\}$ 。理论上, x_{max} 和 v_{max} 应该足够大才能消除边界条件的影响。然而,根据 Wilmott 等(1993)的估计,资产价格的上限 S_{max} 通常是执行价格的三到四倍,因此,令 $x_{max}=\ln 5$ 是合理的;另一方面,波动率通常很小,CBOE 有史以来记录的波动率最高值仅为 0.85 左右。因此,令 v_{max} 为 1 是合理的。

　　假设式(6.4)的谱近似解可以写成 $U(v,\,x)=\sum\limits_{i=1}^{N+1}\sum\limits_{j=1}^{N+1}U(v_i,\,x_j)F_i(v)F_j(x)$,其中 $F_k(x)$ 是第 k 个拉格朗日基函数, $(v_i,\,x_j)$ 是 $N+1$ 个配置点。根据 $F_j(v)$ 的定义,容易证明 $\dfrac{\partial U}{\partial x}(v_l,\,x_k)=\sum\limits_{i=1}^{N+1}\sum\limits_{j=1}^{N+1}U(v_i,$

$$x_j)F_i(v_l)F'_j(x_k) = \sum_{j=1}^{N+1} U(v_l, x_j)F'_j(x_k)$$ 等价于 $\dfrac{\partial \mathbf{U}}{\partial \mathbf{X}} = \mathbf{U}\mathbf{D_X^T}$，其中 $\dfrac{\partial \mathbf{U}}{\partial \mathbf{X}}$、$\mathbf{U}$ 和

$\mathbf{D_X^T}$ 分别定义为：

$$\frac{\partial \mathbf{U}}{\partial \mathbf{X}} = \left(\frac{\partial U}{\partial x}(v_i, x_j)\right)_{N+1, N+1}$$

$$\mathbf{U} = (U(v_i, x_j))_{N+1, N+1}$$

$$\mathbf{D_X} = (F'_j(x_i))_{N+1, N+1} \tag{6.5}$$

同理可得：

$$\frac{\partial \mathbf{U}}{\partial \mathbf{v}} = \mathbf{D_v}\mathbf{U}, \ \frac{\partial^2 \mathbf{U}}{\partial \mathbf{x}^2} = \mathbf{U}(\mathbf{D_X^2})^{\mathbf{T}}$$

$$\frac{\partial^2 \mathbf{U}}{\partial \mathbf{v}^2} = \mathbf{D_v^2}\mathbf{U} \tag{6.6}$$

$$\frac{\partial^2 \mathbf{U}}{\partial \mathbf{x}\partial \mathbf{v}} = \mathbf{D_v}\mathbf{U}\mathbf{D_x^T}$$

为了便于得到微分矩阵的值，选取合适的配置点非常关键。若使用 Legendre-Gauss-Lobatto 配置点 $\{s_i\}_{i=1}^{N+1}$，则获得的微分矩阵 $\mathbf{D_s}$ 具有以下结构：

$$(\mathbf{D_s})_{i, j} = \frac{L_N(s_i)}{L_N(s_j)}\frac{1}{s_i - s_j} \quad i \neq j, \ i, \ j = 2\cdots N$$

$$(\mathbf{D_s})_{i, i} = 0 \quad i \neq 1, \ i \neq N+1$$

$$(\mathbf{D_s})_{1, 1} = -(\mathbf{D_s})_{N+1, N+1} = \frac{N(N+1)}{4}$$

由于 $\{s_i\}_{i=1}^{N+1} \subset [-1, 1]$，应进行以下坐标变换：$v_i = \dfrac{(s_i+1)v_{max}}{2}$，$x_j = \dfrac{(s_j+1)x_{max}}{2}$，可得 $\mathbf{D_v} = \dfrac{2}{v_{max}}\mathbf{D_s}$，$\mathbf{D_x} = \dfrac{2}{x_{max}}\mathbf{D_s}$。

将式(6.5)—式(6.6)代入式(6.4)，可获得未知矩阵 $\mathbf{U}$ 满足的非线性代数方程为，对于 $i, j = 2, \cdots, N$ 有：

$$\begin{cases} a_i(\mathbf{UD_x^{2 \cdot T}})_{i,j} + b_i(\mathbf{D_v^2 U})_{i,j} + c_i(\mathbf{D_v UD_x^T})_{i,j} + d_i(\mathbf{UD_x^T})_{i,j} \\ \qquad + e_i(\mathbf{D_v U})_{i,j} - r(\mathbf{U})_{i,j} = 0 \\ (\mathbf{U})_{1,j} = 0 \\ (\mathbf{Dv})_{N+1,j} = 0 \\ (\mathbf{U})_{i,1} = K + (\mathbf{UU_x^T})_{i,1} \\ (\mathbf{U})_{i,N+1} = 0 \end{cases}$$

上述系统可以利用 Gauss-Newton 算法进行求解，迭代过程如下：

（1）假设 $\mathbf{U}^{(k)}$ 是在第 k 次迭代后获得的解，计算 $\mathbf{f}(\mathbf{U}^{(k)})$ 和相应的雅可比行列式 $\mathbf{J_f}(\mathbf{U}^k)$，其中 $\mathbf{f}(\mathbf{U})$ 是残差的向量，形式如下：

$$\mathbf{f}_{(i-1)(N+1)+j} = a_i(\mathbf{UD_x^{2 \cdot T}})_{i,j} + b_i(\mathbf{D_v^2 U})_{i,j} + c_i(\mathbf{D_v UD_x^T})_{i,j} + d_i(\mathbf{UD_x^T})_{i,j}$$
$$+ e_i(\mathbf{D_v U})_{i,j} - r(\mathbf{U})_{i,j} \quad i,j = 2\cdots N$$

$$\mathbf{f}_j = (\mathbf{U})_{1,j} \quad j = 1\cdots N+1$$

$$\mathbf{f}_j = (\mathbf{D_v U})_{N+1,k} \quad j = N(N+1)\cdots(N+1)^2, \ k = 1\cdots(N+1)$$

$$\mathbf{f}_{(i-1)(N+1)+1} = (\mathbf{U})_{i,1} - K - (\mathbf{UD_x^T})_{i,1} \quad i = 2\cdots N$$

$$\mathbf{f}_{(i-1)(N+1)+N+1} = (\mathbf{U})_{i,N+1} \quad i = 2\cdots N$$

（2）利用 $\mathbf{U}^{(k)}$ 将 $\mathbf{f}$ 与线性化，即：

$$\mathbf{f}(\mathbf{U}) \approx \mathbf{f}(\mathbf{U}^{(k)}) + \mathbf{J_f}(\mathbf{U}^{(k)})(\mathbf{U} - \mathbf{U}^{(k)}) = \mathbf{A}^{(k)}\mathbf{U} - \mathbf{b}^{(k)}$$

其中，$\mathbf{A}^{(k)} = \mathbf{J_f}(\mathbf{U}^{(k)})$，$\mathbf{b}^{(k)} = \mathbf{J_f}(\mathbf{U}^{(k)})\mathbf{U}^{(k)} - \mathbf{f}(\mathbf{U}^{(k)})$。

（3）求解以下最小线性二乘问题：

$$\| \mathbf{f}(\mathbf{U}) \| = \| \mathbf{A}^{(k)}\mathbf{U} - \mathbf{b}^{(k)} \|^2$$

得到 $\mathbf{U}^{(k+1)} = (\mathbf{A}^{(k) \cdot T}\mathbf{A}^{(k)})^{-1}\mathbf{A}^{(k) \cdot T}\mathbf{b}^{(k)}$。

（4）重复（1）—（3），直到满足 $\| U^{(k+1)} - U^{(k)} \| < \varepsilon$。这里的容忍误差 ε

被假设为 10^{-6}。

在上述 Gauss-Newton 算法中，如何选择 **U** 的初始猜测 $\mathbf{U}^{(O)}$ 是非常重要的。如果初始猜测离真实解太远，则算法可能收敛缓慢或不收敛。这里将 B-S 模型下永久美式看跌期权的解析公式作为初始猜测，并将方差设为 v。这一公式不但满足所有边界条件，而且应该很接近式(6.4)的最终解，因为在相同的参数条件下，两个不同模型下的同种期权价格应该不会相差太多。

6.1.3　结果和讨论

1. 检测算例

如前所述，Heston 模型下永久美式期权的解析解未知，因此，为了证明当前所提出算法的可靠性，可以构造如下问题进行检验：

$$\begin{cases} LU+rK=0 \\ \lim_{x \to x_{\max}} U(v,\,x)=K+v\mathrm{e}^{x_{\max}} \\ U(v,\,0)=K+\dfrac{\partial U}{\partial x}(v,\,0) \\ \lim_{v \to 0} U(v,\,x)=K \\ \lim_{v \to v_{\max}} U(v,\,x)=K+v_{\max}\mathrm{e}^{x} \end{cases}$$

其中 L 和式(6.4)中的算子 L 一致。该问题可视为 Heston 模型下某种永久美式奇异期权的定价，因此它保留了原始问题的非线性特征。另外，很容易观察到，这一期权的价格为 $U_{\text{exact}}=K+v\mathrm{e}^{x}$。由于这个示例的结构与原始问题几乎相同，因此，如果这个示例的数值结果的误差很小，那么可以证明利用当前方法求解原始问题，结果也会比较准确。

表 6.1　实验示例的结果

N	误差	残差	迭代次数
2	0.223 6	3.717 8e−8	3
3	0.024 8	1.266 9e−7	3
4	1.5e−3	3.213 0e−8	4
5	1.802 9e−4	6.244 5e−14	5
6	1.533 6e−5	9.761 9e−14	5
7	1.066 1e−6	5.074 9e−13	5
8	6.224 9e−8	9.413 3e−13	5
9	2.909 2e−9	1.235 3e−12	5
10	9.144 3e−10	7.409 1e−12	5
11	2.301 3e−9	8.529 4e−12	5
12	9.167 7e−10	8.803 9e−12	6

注:参数为 $\kappa=2$，$\eta=0.2$，$\sigma=0.04$，$r=0.5$，$\rho=0.1$，$K=\$10.0$。

表 6.1 给出了初始猜测为 $U_0=3+K+v^2x$ 的数值结果，N 代表沿着每个方向的配置点数量，误差表示为最大的逐点误差。由于采用 Gauss-Newton 算法来求解非线性代数方程组，表 6.1 还给出了迭代次数和在 L_2 范数中的残差。观察该表可发现，当前算法收敛速度很快，且迭代次数很少，即使采用非常粗糙的网格，也可以获得所需的谱精度。因此，当前算法适用于计算那些结构与示例相似的问题，例如具有随机波动性的永久美式看跌期权问题。

2. SC 法和 PSOR 方法

Heston 模型下永久美式看跌期权的价格也可以通过 PSOR 方法来确定。表 6.2 比较了利用 PSOR 方法和 SC 法计算出的期权价格、迭代次数和 CPU 计算时间。从该表中可以观察到，对于最精细的网格，两种数值方法计算出的期权价格基本一致，但 CPU 计算时间显著不同，PSOR 方法所需的时间明显多于 SC 法。此外，基于最粗网格(15，15)的 SC 法得到的期权价格

表 6.2 在 $v=0.4$ 时，PSOR 方法和 SC 法计算的期权价格的比较

	网格数量 (N_v, N_x)	资产价值				迭代次数	CPU时间
		8	9	10	11		
PSOR 方法	(25, 50)	2.298 2	1.815 9	1.476 4	1.228 1	458	6.4
	(50, 100)	2.315 6	1.836 8	1.498 3	1.249 7	1 725	16.5
	(100, 150)	2.324 4	1.847 6	1.509 5	1.260 4	2 484	246.2
	(100, 200)	2.323 4	1.847 0	1.509 1	1.260 2	6 396	1 127.8
SC 法	(15, 15)	2.329 9	1.853 1	1.512 8	1.259 6	6	2.1
	(20, 20)	2.327 3	1.850 0	1.509 3	1.256 0	7	4.1
	(25, 25)	2.328 0	1.851 4	1.511 1	1.258 1	7	9.3
	(30, 30)	2.325 9	1.848 5	1.507 8	1.254 6	8	20.9

注：模型参数为 $\kappa=0.8$，$\eta=0.45$，$\sigma=0.4$，$r=0.4$，$\rho=-0.1$，$K=\$10.0$；PSOR 方法的迭代收敛误差设为 10^{-10}。

已经非常接近基于最细网格(100, 200)的 PSOR 方法计算的期权价格，但前者所需的 CPU 时间小于 3 秒，仅为后者的 1/600 左右。另一方面，通过计算不同参数下的期权价格，发现 PSOR 方法的收敛速度随着参数 κ 的增加而减缓；而 SC 法则对参数的依赖程度不高。因此，鉴于 SC 法的高效性和准确性，建议在 Heston 模型下采用该方法对永久美式看跌期权进行定价。

3. 随机波动率的影响

下面将结合计算结果来定量分析随机波动对美式看跌期权价格的影响。通常来说，随机波动对期权定价的影响会随着期权寿命的增加而逐渐变大，因此对于永久期权，这种影响无疑更加显著。

图 6.1 为两种不同模型下期权价格的比较，此时 B-S 模型下的方差假设为 v。图 6.1(a)所展示的是在某一个特殊的 v 值时，两种不同模型下的期权价格相同，当方差小于该值时，用 B-S 模型计算的价格都低于用 Heston 模型计算的价格，如图 6.1(b)所示；当方差大于该 v 值时，则两组价格大小颠倒，如图 6.1(c)所示。

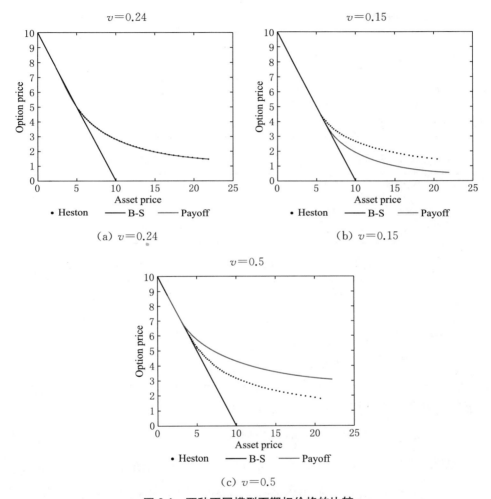

图 6.1 两种不同模型下期权价格的比较

注:模型参数为 $r=0.1$,$\sigma=0.45$,$\rho=0.1$,$\eta=0.2$,$\kappa=4$,$K=\$10.0$。

表 6.3、表 6.4 及表 6.5 则展示了不同参数下的"特殊 v"的取值,它们是通过分别固定参数(ρ,σ)、(κ,σ)和(ρ,κ)来计算的。因为 κ、σ、ρ 和 η 这四个参数与随机波动率的引入相关,它们可以提供关于随机波动率的足够信息,因此,当前只关注与这四个参数相关的 v 值的变化。从这些表格中可以观察到,"特殊 v"值约等于波动过程的长期均值 η。一旦确定 η,"特殊 v"值

表 6.3　在参数为 $\rho=0.1$、$\sigma=0.45$、$r=0.1$、$K=\$10.0$ 时的"特殊 v"值

	$\eta=0.2$	$\eta=0.3$	$\eta=0.4$
$\kappa=1$	$v=0.245$	$v=0.335$	$v=0.425$
$\kappa=2$	$v=0.245$	$v=0.345$	$v=0.425$
$\kappa=3$	$v=0.245$	$v=0.320$	$v=0.385$
$\kappa=4$	$v=0.245$	$v=0.300$	$v=0.385$

表 6.4　在参数为 $\kappa=1$、$\sigma=0.45$、$r=0.1$、$K=\$10.0$ 时的"特殊 v"值

	$\eta=0.2$	$\eta=0.3$	$\eta=0.4$
$\rho=\pm0.1$	$v=0.245$	$v=0.335$	$v=0.425$
$\rho=\pm0.5$	$v=0.245$	$v=0.335$	$v=0.425$

表 6.5　在参数为 $\rho=0.1$、$\kappa=1$、$r=0.1$、$K=\$10.0$ 时的"特殊 v"值

	$\eta=0.2$	$\eta=0.3$	$\eta=0.4$
$\sigma=0.1$	$v=0.230$	$v=0.285$	$v=0.395$
$\sigma=0.2$	$v=0.245$	$v=0.315$	$v=0.395$
$\sigma=0.3$	$v=0.245$	$v=0.335$	$v=0.395$
$\sigma=0.4$	$v=0.245$	$v=0.345$	$v=0.415$

相对于其他参数的变化不会发生显著变化。

那么,上述现象在金融上应当如何解释呢? 事实上,对于 Heston 模型中方差满足的均值回归过程而言,可以推断,随着时间的推移,方差 v 应该逐渐接近其长期均值 η。假设当前方差 $v_c<\eta(v_c>\eta)$,那么,随着时间的推移,它应该总体而言增加(减少)到 η。对于 B-S 模型,它忽略了方差的增长(减少)趋势,导致期权价格低于(高于)具有随机波动率的期权价格。另一方面,期权价格相对于 v 是单调递增的。当 $v_c\approx\eta$ 时,从长期来看,方差的总体变化并不显著,因此两种模型下的期权价格几乎相同。对于有限的美式看跌期权,上述解释是不正确的。这是因为对于有限到期日,v 变化的总体趋势取决于它与资产价格的相关性、它的长期均值等,很难确定哪一个是主导因素。

6.2　预估-校正方法

预估-校正方法是解决非线性问题的常见方法。预估-校正方法背后的思想是利用显格式处理非线性,然后和隐格式的进行适当组合,以获得更好的收敛性。本节将预估-校正方法应用到美式期权定价中,解决了美式看跌期权在 Heston 模型和 FMLS 模型下的定价问题。

6.2.1　Heston 模型下美式期权的定价

本小节主要阐述如何利用预估-校正方法来计算 Heston 模型下的美式看跌期权的价格。本小节内容主要参考 Zhu 和 Chen(2011a)。

1. 定价系统

在该模型下,可知美式看跌期权价格满足的偏微分方程系统为:

$$\begin{cases} \dfrac{1}{2}vS^2\dfrac{\partial^2 U}{\partial S^2}+\rho\sigma vS\dfrac{\partial^2 U}{\partial S\partial v}+\dfrac{1}{2}\sigma^2 v\dfrac{\partial^2 U}{\partial v^2}+rS\dfrac{\partial U}{\partial S} \\[2mm] \quad+\kappa(\eta-v)\dfrac{\partial U}{\partial v}-rU+\dfrac{\partial U}{\partial t}=0 \\[2mm] U(S,\,v,\,T)=0 \quad \lim_{S\to\infty}U(S,\,v,\,t)=0 \\[2mm] U(S_f(v,\,t),\,v,\,t)=K-S_f(v,\,t) \quad \dfrac{\partial U}{\partial S}(S_f(v,\,t),\,v,\,t)=-1 \\[2mm] \lim_{v\to 0}U(S,\,v,\,t)=0 \quad \lim_{v\to\infty}U(S,\,v,\,t)=K \end{cases} \tag{6.7}$$

其中,$S\in[S_f(v,\,t),\,\infty)$,$v\in[0,\,\infty)$ 和 $t\in[0,\,T]$。关于 v 方向上新引入的两个边界条件的合理性讨论可参见 Zhu 和 Chen(2011a)。这两个条件表明了期权价格相对于 v 单调且有界,即 $\max(K-S,\,0)\leqslant U(S,\,v,\,t)\leqslant K$。

换言之,当 v 从 0 变化到 ∞ 时,期权价格预计将从其下界 $\max(K-S,\,0)$ 单调递增到其上界 K。

2. 基于 ADI 的数值方法

根据上文所建立的 Heston 模型下美式看跌期权价格满足的偏微分方程系统,下文将利用基于 ADI 方法的预估-校正方法,在一个时间步长内分两个步骤来确定美式看跌期权的价格:一是预测阶段,在此阶段,给出最优执行价格 S_f 的估计值;二是校正阶段,在此阶段确定期权价格 U 以及 S_f 的最终值。

(1) 坐标变换。

为了便于计算,首先进行变量替换。引入 $\tau=T-t$,将原来的终值问题变为初值问题;采用 Landau 变换:令 $x=\ln\!\left(\dfrac{S}{S_f}\right)$,将自由边界转换为固定边界。经过简单的代数运算,式(6.7)可化为,对于 $x\in[0,\,\infty)$、$v\in[0,\,\infty)$、$\tau\in[0,\,T]$ 有:

$$
\begin{cases}
LU=0 \\[4pt]
U(x,\,v,\,0)=0 \\[4pt]
\lim\limits_{x\to\infty} U(x,\,v,\,\tau)=0 \\[4pt]
U(0,\,v,\,\tau)=K-S_f(v,\,\tau) \\[4pt]
\dfrac{\partial U}{\partial x}(0,\,v,\,\tau)=-S_f(v,\,\tau) \\[4pt]
\lim\limits_{v\to 0} U(x,\,v,\,\tau)=0 \\[4pt]
\lim\limits_{v\to\infty} U(x,\,v,\,\tau)=K
\end{cases}
\tag{6.8}
$$

其中

$$L=\left[\frac{1}{2}v+\frac{1}{2}\frac{\sigma^2 v}{S_f^2}\left(\frac{\partial S_f}{\partial v}\right)^2-\frac{\rho\sigma v}{S_f}\frac{\partial S_f}{\partial v}\right]\frac{\partial^2}{\partial x^2}+\frac{1}{2}\sigma^2 v\frac{\partial^2}{\partial v^2}+\left(\rho\sigma v-\frac{\sigma^2 v}{S_f}\frac{\partial S_f}{\partial v}\right)\frac{\partial^2}{\partial x\partial v}$$

$$+\left[-\frac{1}{2}v+\frac{1}{2}\frac{\sigma^2 v}{S_f^2}\left(\frac{\partial S_f}{\partial v}\right)^2-\frac{1}{2}\frac{\sigma^2 v}{S_f}\frac{\partial^2 S_f}{\partial v^2}+r-\kappa(\eta-v)\frac{1}{S_f}\frac{\partial S_f}{\partial v}+\frac{1}{S_f}\frac{\partial S_f}{\partial \tau}\right]\frac{\partial}{\partial x}$$

$$+\kappa(\eta-v)\frac{\partial}{\partial v}-r\frac{\partial}{\partial \tau}$$

为了简化 L，引入以下三个新的变量：

$$\xi=\frac{1}{S_f}\frac{\partial S_f}{\partial v}\quad \beta=\frac{1}{S_f}\frac{\partial^2 S_f}{\partial v^2}\quad \lambda=\frac{1}{S_f}\frac{\partial S_f}{\partial \tau}$$

此时 L 可以表示为：

$$L=a(v)\frac{\partial^2}{\partial x^2}+b(v)\frac{\partial^2}{\partial v^2}+c(v)\frac{\partial^2}{\partial x\partial v}+(d(v)+\lambda)\frac{\partial}{\partial x}+e(v)\frac{\partial}{\partial v}-r-\frac{\partial}{\partial \tau}$$

其中

$$a(v)=\frac{1}{2}v+\frac{1}{2}\sigma^2\xi^2 v-\rho\sigma v\xi\quad b(v)=\frac{1}{2}\sigma^2 v\quad c(v)=\rho\sigma v-\sigma^2 v\xi$$

$$d(v)=-\frac{1}{2}v+\frac{1}{2}\xi^2\sigma^2 v-\frac{1}{2}\sigma^2 v\beta+r-\kappa(\eta-v)\xi\quad e(v)=\kappa(\eta-v)$$

（2）偏微分方程系统的离散化。

当前，期权定价问题被定义在半无界区域 $\{(x,\ v,\ \tau)\ |\ x\geqslant 0,\ v\geqslant 0,$ $\tau\in[0,\ T]\}$ 上。为了运用有限差分法，需要将半无限域截断为有限域：$\{(x,$ $v,\ \tau)\in[0,\ x_{\max}]\times[0,\ v_{\max}]\times[0,\ T]\}$。与 6.1 节的处理方法类似，令 $x_{\max}=$ $\ln 5$，$v_{\max}=1$。

下面分别用 N_x、N_v 和 N_τ 表示 x、v 和 τ 方向上的离散阶数，步长分别为 $\Delta x=\frac{X_{\max}}{N_x}$、$\Delta v=\frac{V_{\max}}{N_v}$ 和 $\Delta \tau=\frac{T}{N_\tau}$。该网格点处未知函数 U 的值可表示

为 $U_{i,j}^n \approx U(x_i, v_j, \tau_n) = U(i\Delta x, j\Delta v, n\Delta \tau)$，其中 $i=0, \cdots, N_x$，$j=0, \cdots,$ N_v，$n=0, \cdots, N_\tau$。偏微分方程系统式(6.8)的离散化需要在内部区域 $\Omega = \{(i\Delta x, j\Delta v) \mid i=1, \cdots, N_x-1, j=1, \cdots, N_v-1\}$，以及沿着边界 $\partial \Omega = \partial_x \Omega \bigcup \partial_v \Omega \bigcup \partial_{xv} \Omega$ 进行，其中：

$$\partial_x \Omega = \{(i\Delta x, j\Delta v) \mid i=0, N_x, j=1, \cdots, N_v-1\}$$

$$\partial_v \Omega = \{(i\Delta x, j\Delta v) \mid i=1, \cdots, N_x-1, j=0, N_v\}$$

$$\partial_{xv} \Omega = \{(i\Delta x, j\Delta v) \mid i=0, N_x, j=0, N_v\}$$

对于 Ω 上的网格点，使用标准二阶中心差分格式来近似一阶和二阶非交叉导数。交叉导数项则离散为：$(\delta_{xv}U)_{i,j} = \dfrac{(\delta_x U)_{i,j+1} - (\delta_x U)_{i,j-1}}{2\Delta v}$，其中

$$(\delta_x U)_{i,j+1} = \frac{U_{i+1,j+1} - U_{i-1,j+1}}{2\Delta x}, \quad (\delta_x U)_{i,j-1} = \frac{U_{i+1,j-1} - U_{i-1,j-1}}{2\Delta x}。$$

下一步，考虑属于 $\partial \Omega$ 的网格点的离散。处理 Dirichlet 边界条件是很容易的，而处理 Neumann 边界条件有点困难。文献中对于可达到二阶精度边界条件的处理方法通常有两种(Strikwerda, 1989)：第一种方法是引入一个虚构的网格点 $U_{-1,j}^n$，并在 $x=0$ 时用中心差分格式来近似 Neumann 边界条件，即 $\dfrac{\partial U_{0,j}^n}{\partial x} = \dfrac{U_{1,j}^n - U_{-1,j}^n}{2\Delta x}$。

然后结合边界点 $U_{0,j}^n$ 也满足式(6.8)中偏微分方程的假设，可得两个不同的方程，进而可以消除 $U_{-1,j}^n$。这种方法实际上是用网格点 $U_{1,j}^n$ 和偏微分方程的一些信息来近似导数 $\dfrac{\partial U_{0,j}^n}{\partial x}$。第二种方法是单侧差分法，是一种根据未知函数在内部网格点的值来确定边界上未知函数的值的方法。具体而言，根据泰勒级数展开可得：

$$U_{1,j}^n \approx U_{0,j}^n + \Delta x \frac{\partial U_{0,j}^n}{\partial x} + \frac{1}{2}(\Delta x)^2 \frac{\partial^2 U_{0,j}^n}{\partial x^2} + 0((\Delta x)^3)$$

$$U_{2,j}^n \approx U_{0,j}^n + 2\Delta x \frac{\partial U_{0,j}^n}{\partial x} + 2(\Delta x)^2 \frac{\partial^2 U_{0,j}^n}{\partial x^2} + 0((\Delta x)^3)$$

通过消除上述方程中的二阶导数,可得:

$$\frac{\partial U_{0,j}^n}{\partial x} = \frac{4U_{1,j}^n - U_{2,j}^n - 3U_{0,j}^n}{2\Delta x} + 0((\Delta x)^3)$$

该方法是使用内部网格值 $U_{1,j}^n$、$U_{2,j}^n$ 和已知边界值 $U_{0,j}^n$ 来近似导数 $\dfrac{\partial U_{0,j}^n}{\partial x}$。

本节中采用了第二种方法来近似 Neumann 边界条件。那么,在网格点 (i,j,n) 上的有限差分方程为:

$$\begin{cases} \dfrac{\partial U_{i,j}^n}{\partial \tau} = a_j \delta_{xx} U_{i,j}^n + b_j \delta_{vv} U_{i,j}^n + (d_j + \lambda_j)\delta_x U_{i,j}^n + c_j \delta_{xv} U_{i,j}^n \\ \qquad + e_j \delta_v U_{i,j}^n - r U_{i,j}^n \\ U_{i,j}^0 = 0 \\ U_{0,j}^n = K - S_f^n(j) \\ \dfrac{4U_{1,j}^n - U_{2,j}^n - 3U_{0,j}^n}{2\Delta x} = -S_f^n(j) \\ U_{i,0}^n = 0 \\ U_{i,nv}^n = K \end{cases} \tag{6.9}$$

其中

$$\xi_j^n = \frac{1}{S_f^n(j)} \frac{S_f^n(j+1) - S_f^n(j-1)}{2\Delta v}$$

$$\beta_j^n = \frac{1}{S_f^n(j)} \frac{S_f^n(j+1) - 2S_f^n(j) + S_f^n(j-1)}{(\Delta v)^2}$$

$$\lambda_j = \frac{1}{S_f^n(j)} \frac{\partial S_f^n(j)}{\partial \tau}$$

$$a_j = \frac{1}{2} v_j + \frac{1}{2} \sigma^2 v_j (\xi_j^n)^2 - \rho \sigma v_j \xi_j$$

$$b_j = \frac{1}{2} \sigma^2 v_j$$

$$c_j = \rho \sigma v_j - \sigma^2 v_j \xi_j^n$$

$$d_j = r - \frac{1}{2} v_j + \frac{1}{2} (\xi_j^n)^2 \sigma^2 v_j - \frac{1}{2} \sigma^2 v_j \beta_j^n + \kappa [\eta - v_j] \xi_j^n$$

$$e_j = \kappa [\eta - v_j]$$

（3）非线性偏微分方程系统的线性化。

从式（6.9）可以看出，如果在第 $n+1$ 时间步开始时就已知最优执行价格 S_f^n，则该系统为线性系统，并且可以直接计算出第 $n+1$ 时间步对应的期权价格。基于这一点，可构造预估-校正方法，这种方法可以在一个时间步内分两阶段来求解高度非线性的偏微分方程系统式（6.9）。

第一阶段是计算第 $n+1$ 时间步对应的最优执行价格，表示为 $\widetilde{S}_f^{n+1}$。为了简单起见，省略了 v 方向的下标。有两种方法来近似 $x=0$ 时的一阶导数，即：

$$\frac{\partial U_0^{n+1}}{\partial x} = \frac{U_1^{n+1} - U_{-1}^{n+1}}{2 \Delta x} + O((\Delta x)^3) = -S_f^{n+1} \tag{6.10}$$

$$\frac{\partial U_0^{n+1}}{\partial x} = \frac{4 U_1^{n+1} - U_2^{n+1} - 3 U_0^{n+1}}{2 \Delta x} + O((\Delta x)^3) = -S_f^{n+1} \tag{6.11}$$

如果采用式（6.10）来近似 $\dfrac{\partial U_0^{n+1}}{\partial x}$，则需要假设在 $x=0$ 时也满足式（6.8）中的偏微分方程。

Heston 算子的复杂性将生成一个关于 $S_f(v, \tau)$ 的复杂非线性微分方程。若采用第二个近似公式(6.11)，则只需要处理便能得到结果，同时保持相同的精度。根据 $x=0$ 时的 Dirichlet 边界条件，有：

$$U_0^{n+1} = K - S_f^{n+1} \tag{6.12}$$

将式(6.12)代入式(6.11)，则可得到第 $n+1$ 时间步的 U_1^{n+1}、U_2^{n+1} 和 S_f^{n+1} 之间的关系：$S_f^{n+1} = \dfrac{3K + U_2^{n+1} - 4U_1^{n+1}}{3 + 2\Delta x}$。

同时，在式(6.9)包含的控制方程中，利用显式欧拉格式离散 $\dfrac{\partial U_{i,j}^n}{\partial \tau}$、隐式欧拉格式离散 $\dfrac{\partial S_f^n(j)}{\partial \tau}$，对于 $i=1, 2$，可得：

$$U_{i,j}^{n+1} = U_{i,j}^n + \Delta\tau\left[a_j\delta_{xx}U_{i,j}^n + b_j\delta_{vv}U_{i,j}^n + \left(d_j + \frac{1}{S_f^n(j)}\frac{S_f^{n+1}(j) - S_f^n(j)}{\Delta\tau}\right)\delta_x U_{i,j}^n \right.$$
$$\left. + c_j\delta_{xv}U_{i,j}^n + e_j\delta_v U_{i,j}^n \right] - r\Delta\tau U_{i,j}^n$$

因此，可知在新时间步的最优执行价格的预测值为：

$$\widetilde{S}_f^{n+1}(j) = \frac{3K + D(U_{2,j}^n - 4U_{1,j}^n)}{3 + 2\Delta x - \dfrac{\delta_x(U_{2,j}^n - 4U_{1,j}^n)}{S_f^n(j)}}$$

其中算子 D 的定义为：

$$D = I + \Delta\tau\left[a_j\delta_{xx} + b_j\delta_{vv} + \left(d_j - \frac{1}{\Delta\tau}\right)\delta_x + c_j\delta_{xv} + e_j\delta_v\right] - r\Delta\tau I$$

通过计算出来的 $\widetilde{S}_f^{n+1}$，还可以从式(6.12)中预测边界值 $\widetilde{U}_0^{n+1}$。至此，预测阶段完成。

第二阶段是利用预测的 $\widetilde{S}_f^{n+1}$ 和 $\widetilde{U}_0^{n+1}$ 来计算所有网格点处的 U^{n+1}。然

后,利用新获得的 U_1^{n+1} 和 U_2^{n+1},可以进一步计算出 S_f^{n+1} 和 U_0^{n+1} 的校正值。与第一阶段使用的方法不同,这一阶段的整个过程基于 ADI 方法。重复这个预估-校正过程,直到到达到期日为止。

(4) ADI 方法。

ADI 方法是一种将高维问题简化为一系列一维问题的强大工具,对于求解矩形域上的抛物型方程特别有用。它也可以应用于求解其他类型的方程或更一般类型的区域。经过 ADI 方法得到的一维问题通常具有很好的结构,它们最终的离散矩阵是三对角矩阵,可以被有效地处理。且 ADI 方法所需的存储空间与解决一维问题所需的几乎相同。下文会说明如何将 ADI 方法应用于解决当前问题。

在使用 ADI 方法之前,需要对 U 的时间导数进行离散,应用 ADI 方法的有限差分方程形式如下:

$$(I-\theta A_1)(I-\theta A_2)U^{n+1}=[I+A_0+(1-\theta)A_1+A_2]U^n-(I-\theta A_1)\theta A_2 U^n$$

$$(6.13)$$

其中,线性算子 A_0、A_1 和 A_2 的定义可参见 Zhu 和 Chen(2011a)的附录 B。

就 ADI 方法而言,最简单的方法是 Douglas Rachford(DR)方法,它在时间上的精度是一阶的。其他方法如 Craig-Sneyed(CS)方法、Hundsdorfer 和 Verwier(HV)方法要复杂得多,但在时间方向上的精度超过一阶。这里选择了 DR 方法来计算 U^{n+1}。最重要的原因之一是,在预测阶段中使用的显式欧拉格式是一阶的。

DR 方法包括两个步骤,第一步是计算一个中间值 Y:$(I-\theta A_1)Y=[I+A_0+(1-\theta)A_1+A_2]U^n$,其中 v 方向上的节点值是固定的。计算 Y 的相应矩阵形式可以化简为 $AY_j=P_j+\mathrm{bnd}\,x_j$,其中 A、Y_j、P_j 和 $\mathrm{bnd}\,x_j$ 在可在 Zhu 和 Chen(2011a)的附录 C 中找出细节。计算完 Y 后,进入第二步:从

$(I-\theta A_2)U^{n+1}=Y-\theta A_2 U^n$ 中计算出 U^{n+1}。相应的矩阵形式为：$BU_i^{n+1}=Q_i+$ $\mathrm{bnd}\,v_i$，其中 B、U_i^{n+1}、Q 和 $\mathrm{bnd}\,v_i$ 也可参见 Zhu 和 Chen(2011a)的附录 C。

在计算内部 Y 值之前，要先得到中间变量 Y 的边界值。对于右边界上的计算很简单，因为此处的 U 值总是为零，那么可以设 $Y_{N_x}=0$。而对于左边界 $x=0$ 上的 Y 值的计算有些复杂，因为此处的 U 与时间相关。可以用下式计算 Y_0：

$$Y_0=(I-\theta A_2)\widetilde{U}_0^{n+1}+\theta A_2 U_0^n=(I-\theta A_2)(K-\widetilde{S}_f^{n+1})+\theta A_2(K-S_f^n)$$

其中，$\widetilde{S}_f^{n+1}$ 表示第 $n+1$ 个时间步开始时获得的最优执行价格的预测值。至此，整个预估-校正过程就介绍完毕了。

3. 数值示例和讨论

当前的预估-校正方法采用的有限差分方程只能达到条件稳定，即使应用于 B-S 情况，其稳定性条件在文献中仍未得到讨论。Heston 模型的复杂性无疑增加了验证条件稳定性的难度。基于局部 von Neumann 稳定性分析，可以从理论上得到 Heston 模型下的稳定性条件。

（1）ADI 方法计算欧式看跌期权。

首先检验所选的 DR 方法是否合理。解决这类问题的一种有效方法是计算欧式看跌期权的价值，并将其与现有的 Heston 公式进行比较。

在此数值例子中，相关参数设置如下：回归率 $\kappa=5$，长期均值 $\eta=0.16$，波动率的波动率 $\sigma=0.9$，无风险利率 $r=0.1$，相关系数 $\rho=0.1$，到期时间 $T-t=1$(年)，执行价格 $K=\$10.0$。该例子中的计算域截断为：$[0,S_{\max}]\times$ $[0,v_{\max}]\times[0,T]=[0,200]\times[0,5]\times[0,1]$。此外，在此算例中，时间导数利用 Crank-Nicolson 格式离散，即 $\theta=\frac{1}{2}$。x 方向和 v 方向的网格数分别取 400 和 150；在时间方向上则使用了相对较大的网格，即 $\Delta\tau=\frac{1}{20}$。图 6.2

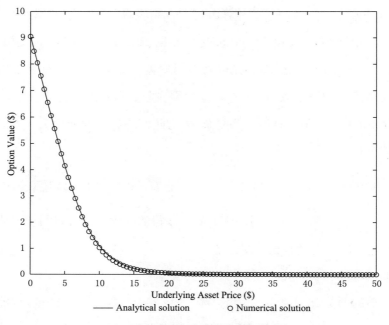

（a）$v=0.2$ 时的欧式看跌期权价格

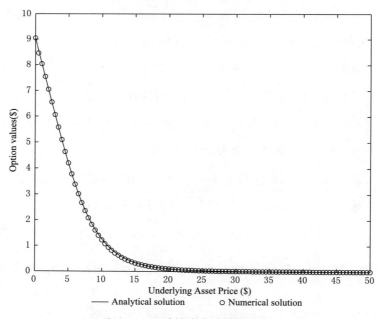

（b）$v=0.4$ 时的欧式看跌期权价格

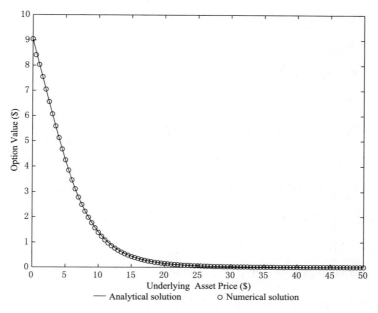

（c）$v=0.6$ 时的欧式看跌期权价格

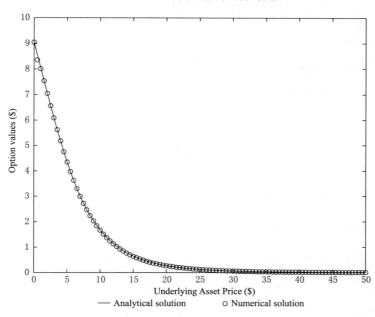

（d）$v=1$ 时的欧式看跌期权价格

图 6.2　不同波动率对应的欧式看跌期权价格

是利用 DR 方法计算的期权价格与直接用 Heston 公式计算出的期权价格的比较。两个结果的一致性证实了 DR 方法的准确性。

（2）关于收敛性的讨论。

拉克斯(Lax)等价定理指出，证明一个数值方法的收敛性等价于证明该方法的一致性和稳定性。一致性的证明是显而易见的，这里省略过程。然而，稳定性的证明并不容易。首先，因为当前方法是一种混合差分方法，而且当前的问题具有变系数。其次，即使校正阶段的 ADI 方法是无条件稳定的，但由于在预测阶段中使用了显格式，因此整个方法也仅是条件稳定的。换言之，校正阶段的无条件稳定性将在一定程度上被减弱。然而，预估-校正方法的主要组成部分是校正阶段，它又可以起"反馈"作用，而这种"反馈"又可以放宽预测阶段中对显格式的稳定性要求。利用"冻结系数"方法，可获得当前数值格式的稳定性条件，如定理 6.1 所示。由于该定理的证明比较复杂，有兴趣的读者可参照 Zhu 和 Chen(2011a)，这里就不赘述了。

定理 6.1   如果 g_1 是预测阶段中显式欧拉格式的放大因子，g_2 是校正阶段中的 ADI 格式的放大因子，那么预估-校正方法是稳定的，当且仅当 $|g_1 g_2| \leqslant 1 + M \Delta \tau$，其中 M 为常数。

（3）计算期权价格和最优执行价格。

基于 Crank-Nicolson 方法，即 $\theta = \dfrac{1}{2}$，计算两组不同参数下的美式看跌期权的价格，如表 6.6 和表 6.7 所示。这里标的资产价格分别取 $S = 8$、9、10、11、12，方差固定在两个水平，即 $v = 0.062\,5$，0.25。为了研究数值解的准确性，还使用了不同的离散化网格。当前的计算结果也与相关参考文献中的价格进行了比较（Clarke and Parrott，1999；Ito and Toivanen，2009；Longstaff and Schwartz，2001；Medvedev and Scaillet，2010；Oosterlee，

2003；Zvan et al.，1998）。从该表中可以看出即使是基于最粗糙的网格，误差也仅有大约 10^{-2}，而使用最细网格获得的价格与参考文献中的价格相当接近，误差约为 10^{-4}。这证实了当前的数值解确实收敛于原始非线性问题的数值解。

表 6.6　计算出的期权价格与参考文献中解的比较

方差	$(N_x，N_v，N_\tau)$	标的价格				
		8	9	10	11	12
$v=0.062\ 5$	$(25，32，200)$	2.000 0	1.068 2	0.492 0	0.195 0	0.076 0
	$(50，64，1\ 600)$	2.000 0	1.079 4	0.482 8	0.185 1	0.063 4
	$(100，100，6\ 000)$	2.000 0	1.077 4	0.478 9	0.179 6	0.062 2
	近似 1（Medvedev and Scaillet，2010）		1.072	0.475	0.174	
	近似 2（Medvedev and Scaillet，2010）		1.077	0.478	0.178	
	文献（Ito and Toivanen，2009）		1.077	0.479	0.178	
	文献（Longstaff and Schwartz，2001）		1.075	0.478	0.177	
$v=0.25$	$(25，32，200)$	2.987 7	1.366 9	0.852 1	0.478 7	0.291 3
	$(50，64，1\ 600)$	2.090 4	1.364 5	0.841 0	0.492 1	0.275 6
	$(100，100，6\ 000)$	2.090 3	1.364 4	0.838 2	0.488 4	0.268 5
	近似 1（Medvedev and Scaillet，2010）		1.365	0.838	0.488	
	近似 2（Medvedev and Scaillet，2010）		1.362	0.836	0.487	
	文献（Ito and Toivanen，2009）		1.364	0.837	0.487	
	文献（Longstaff and Schwartz，2001）		1.363	0.837	0.488	

注：模型参数为 $\kappa=2.5$，$\eta=0.16$，$r=0.1$，$\sigma=0.45$，$\rho=0.1$，$T=0.25$（年），$K=\$10.0$。

表 6.7　计算出的期权价格与参考文献中解的比较

方差	(N_x, N_v, N_τ)	标的价格				
		8	9	10	11	12
$v=0.062\,5$	$(25, 32, 500)$	2.000 0	1.075 2	0.510 0	0.220 0	0.094 3
	$(50, 64, 5\,000)$	2.000 0	1.090 8	0.507 3	0.213 3	0.083 7
	$(100, 100, 50\,000)$	2.000 0	1.098 7	0.508 2	0.210 6	0.086 1
	PSOR	2.000 0	1.107 5	0.519 0	0.212 9	0.081 8
	文献(Oosterlee, 2003)	2.000	1.107	0.517	0.212	0.081 5
	文献(Clarke and Parrott, 1999)	2.000	1.108 0	0.531 6	0.226 1	0.090 7
	文献(Zvan et al., 1998)	2.000	1.107 6	0.520 2	0.213 8	0.082 1
$v=0.25$	$(25, 32, 500)$	2.070 1	1.336 6	0.813 1	0.465 4	0.264 5
	$(50, 64, 5\,000)$	2.078 7	1.333 5	0.799 9	0.454 0	0.247 4
	$(100, 100, 50\,000)$	2.078 1	1.333 7	0.796 5	0.449 6	0.244 1
	PSOR	2.078 5	1.333 6	0.795 6	0.448 1	0.242 7
	文献(Oosterlee, 2003)	2.079	1.334	0.796	0.449	0.243
	文献(Clarke and Parrott, 1999)	2.073 3	1.329 0	0.799 2	0.453 6	0.250 2
	文献(Zvan et al., 1998)	2.078 4	1.333 7	0.796 1	0.488 3	0.242 8

注：模型参数为 $\kappa=5$, $\eta=0.16$, $r=0.1$, $\sigma=0.9$, $\rho=0.1$, $T=0.25$(年), $K=\$10.0$。

图 6.3(a)和 6.3(b)展示了期权价格 $U(S, v, \tau)$ 在不同参数设置下与 S 的关系。容易看出，期权价格是关于资产价值的递减函数。图 6.4 则展示方差固定在 $v=0.25$ 的情况下，期权价格 $U(S, v, \tau)$ 在三个不同距离到期日时间 $[\tau=T-t=0.5$(年)，$\tau=T-t=0.25$(年)，$\tau=T-t=0.1$(年)]情况下与 S 之间的关系。从图中可以观察到，随着期权接近到期日，即 $\tau\to0$，期权价格逐渐接近回报函数 $\max(K-S, 0)$。在不同方差下，最优执行价格 $S_f(v, \tau)$ 与距离到期日时间之间的关系则如图 6.3(c)和图 6.3(d)所示。从图中可以观察到最优执行价格是关于 τ 和 v 的单调递减函数，这与预期是一致的。

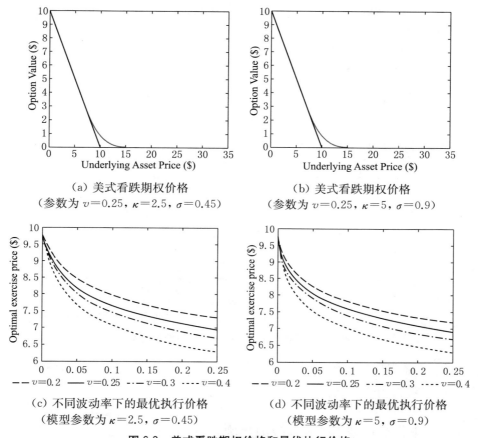

（a）美式看跌期权价格
（参数为 $v=0.25$，$\kappa=2.5$，$\sigma=0.45$）

（b）美式看跌期权价格
（参数为 $v=0.25$，$\kappa=5$，$\sigma=0.9$）

（c）不同波动率下的最优执行价格
（模型参数为 $\kappa=2.5$，$\sigma=0.45$）

（d）不同波动率下的最优执行价格
（模型参数为 $\kappa=5$，$\sigma=0.9$）

图 6.3　美式看跌期权价格和最优执行价格

注：参数为 $\eta=0.16$，$r=0.1$，$\rho=0.1$，$T=0.25$（年），$K=\$10.0$，$\theta=\dfrac{1}{2}$。

（4）收敛速度、精度和效率。

当前方法在时间方向上是一阶收敛的，而在 x 和 v 两个方向上都能够达到二阶收敛。此外，在可接受的精度下，当前方法的计算速度更快。具体数值例子可参见 Zhu 和 Chen（2011a），由于篇幅限制，本书不予提供。

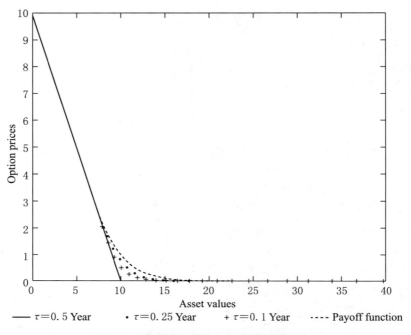

图 6.4　不同距离到期日时间下的期权价格

注:模型参数为 $\kappa=2.5$, $\eta=0.16$, $\sigma=0.45$, $r=0.1$, $\rho=0.1$, $K=\$10.0$。

6.2.2　FMLS 模型下美式期权的定价

本节将介绍一种基于 SC 法的预估-校正方法为 FMLS 模型下的美式期权进行定价。该方法不仅适用于 FMLS 模型,也适用于不同分数扩散过程下的各种模型。

1. FMLS 模型下的美式期权

设 $\bar{V}(\bar{x}, t; \alpha)$ 为美式看跌期权的价格,$\bar{x}$ 为标的价格的对数,定义为 $\bar{x}=\ln S$, α 为尾指数。根据 Cartea 和 Del-Castillo-Negrete(2006),不难证明对于 $\bar{x} \in (x_f, +\infty)$, $\bar{V}(\bar{x}, t; \alpha)$ 满足:

$$\frac{\partial \bar{V}}{\partial t}+\left(r-D+\frac{1}{2}\sigma^{\alpha}\sec\frac{\alpha\pi}{2}\right)\frac{\partial \bar{V}}{\partial \bar{x}}-\frac{1}{2}\sigma^{\alpha}\sec\frac{\alpha\pi}{2}{}_{-\infty}D_{\bar{x}}^{\alpha}V\bar{V}-r\bar{V}=0 \qquad (6.14)$$

其中，x_f 是最优执行价格的对数，即 $x_f(t;\alpha)=\ln S_f(t;\alpha)$，${}_{-\infty}D_{\bar{x}}^{\alpha}$ 是一维 Weyl 分数阶算子，定义如下：

$$_{-\infty}D_x^{\alpha}f(x)=\frac{1}{\Gamma(n-\alpha)}\frac{\partial^n}{\partial x^n}\int^x\frac{f(y)}{(x-y)^{n-\alpha-1}}\mathrm{d}y \quad n-1\leqslant\Re(\alpha)<n$$

$$(6.15)$$

需要指出的是，仅有 $L^1(\mathbb{R})$ 函数存在上述分数阶导数，对于一个美式期权来说，它的价格显然不具备这样的性质。因此，式(6.15)中定义的分数阶导数需要正则化。

另外，为了求解特定期权的价格，式(6.15)需要与一组适当的边界条件一起求解。与 B-S 模型类似，在 FMLS 模型下，美式看跌期权的价格应该满足：

$$\lim_{\bar{x}\to\infty}\bar{V}(\bar{x},t;\alpha)=0 \quad \bar{V}(\bar{x},T;\alpha)=\max(K-\mathrm{e}^{\bar{x}},0) \qquad (6.16)$$

对于 $r\geqslant D$ 的情况，式(6.16)中的终值条件可以简化为零。为了简单起见，下文只考虑红利为零的情况，即 $D=0$。

对于美式期权，无论使用什么模型，期权价格及其 delta 在最优执行价格上都应该是连续的。如果标的资产遵循 FMLS 过程，那么 B-S 模型下的自由边界条件是否仍然适用？从 α 和标的资产的演变过程相关，但自由边界条件是由与 α 无关的支付函数决定的观点来看，在 FMLS 模型下，在标的价格等于最优执行价格 $S_f(t;\alpha)$ 时美式看跌期权价值的 C^1 连续性仍应保持。因此，仍采用与 B-S 模型下一致的自由边界条件来封闭定价系统：

$$\bar{V}(x_f,t;\alpha)=K-S_f \quad \frac{\partial \bar{V}}{\partial \bar{x}}(x_f,t;\alpha)=-S_f \qquad (6.17)$$

式(6.14)—式(6.17)构成了一个分数阶偏微分方程系统,其解对应着 FMLS 模型下美式看跌期权的价格。当 $\alpha \to 2$,当前的定价系统将退化为对应的 B-S 定价系统。而对于 $\alpha < 2$,由于分数阶算子的非局部性与美式看跌期权能够提前行权的非线性的耦合,FMLS 模型下美式看跌期权的定价将比 B-S 模型下更为复杂。下面将重点介绍如何从数值上确定 FMLS 模型下美式看跌期权的价格。

2. 数值方法

(1) 坐标变换。

为了有效求解分数阶偏微分方程系统式(6.14)—式(6.17),首先引入 $\tau = -\frac{1}{2}\sigma^\alpha \left(\sec \frac{\alpha\pi}{2}\right)(T-t)$ 将终值问题转化为初值问题,然后应用 Landau 变换将移动边界条件转换为固定边界条件,即 $x = \ln\left(\dfrac{S}{S_f}\right) = \bar{x} - \ln S_f$。通过计算可得,经变量代换后的期权价格 $U(x, \tau; \alpha)$ 满足:

$$\tau \in \left(0, -\frac{1}{2}\sigma^\alpha \left(\sec \frac{\alpha\pi}{2}\right) T\right] \quad x \in [0, +\infty)$$

$$\begin{cases} \dfrac{\partial U}{\partial \tau} = \left(\gamma - 1 + \dfrac{1}{S_f}\dfrac{\mathrm{d}S_f}{\mathrm{d}\tau}\right)\dfrac{\partial U}{\partial x} + {}_{-\infty}D_x^\alpha U - \gamma U \\[2mm] U(x, 0) = \max(K - S_f\mathrm{e}^x, 0) \\[2mm] U(0, \tau; \alpha) = K - S_f \\[2mm] \dfrac{\partial U}{\partial x}(0, \tau; \alpha) = -S_f \\[2mm] \lim\limits_{x \to +\infty} U(x, \tau; \alpha) = 0 \end{cases} \tag{6.18}$$

其中,$\gamma = \dfrac{-2r}{\sigma^\alpha \sec\left(\dfrac{\alpha\pi}{2}\right)}$。

（2）计算区域的截断和分数阶算子的正则化。

为了在计算机上实现相关算法，需要将半无界区域$[0，+\infty)$截断为有限区域$[0，x_{\max}]$。为了消除边界条件的影响，此处设 $x_{\max}=\ln 7$，即标的资产价格上限约为最佳执行价格的 7 倍。另一方面，对于美式看跌期权，因为它在实施域中的价格等于回报函数，不会随着 $x\to-\infty$ 而降为零，所以期权价格不属于 $L^1(R)$。因此，无法定义 $_{-\infty}D_x^\alpha U$，需要对分数阶导数算子进行截断或正则化。这里将采用类似于 Chen 和 Wang（2014）以及 Chen 和 Wang（2015）中的方法来正则化分数阶导数算子。

设 $F(x)=\left(1-\dfrac{\mathrm{e}^x-\mathrm{e}^{x_{\min}}}{\mathrm{e}^{x_{\max}}-\mathrm{e}^{x_{\min}}}\right)K$，$V(x，\tau)=U(x，\tau)-F(x)$，其中 $x_{\min}$

是一个足够小的常数。将 $_{-\infty}D_x^\alpha$ 截断为 $_{x_{\min}}D_x^\alpha$，并将 V 代入式（6.18）可得：

$$
\begin{cases}
\dfrac{\partial V}{\partial \tau}=\left(\gamma-1+\dfrac{1}{S_f}\dfrac{\mathrm{d}S_f}{\mathrm{d}\tau}\right)\dfrac{\partial V}{\partial x}+{}_{x_{\min}}D_x^\alpha V-\gamma V+f(x，\tau)\\[2mm]
V(x，0)=\max(K-S_f(0)\mathrm{e}^x，0)-F(x)\\[2mm]
V(0，\tau)=\dfrac{1-\mathrm{e}^{x_{\min}}}{\mathrm{e}^{x_{\max}}-\mathrm{e}^{x_{\min}}}K-S_f\\[2mm]
\dfrac{\partial V}{\partial x}(0，\tau)=-S_f+\dfrac{K}{\mathrm{e}^{x_{\max}}-\mathrm{e}^{x_{\min}}}\\[2mm]
\lim_{x\to x_{\max}}V(x，\tau)=0
\end{cases}
\tag{6.19}
$$

其中

$$
\begin{aligned}
f(x，\tau)=&\frac{\left(\gamma-1+\dfrac{1}{S_f}\dfrac{\mathrm{d}S_f}{\mathrm{d}\tau}\right)K\mathrm{e}^x+\gamma(\mathrm{e}^{x_{\max}}-\mathrm{e}^x)K}{\mathrm{e}^{x_{\min}}-\mathrm{e}^{x_{\max}}}\\[3mm]
&+\frac{K\mathrm{e}^{x_{\min}}}{\Gamma(1-\alpha)(\mathrm{e}^{x_{\max}}-\mathrm{e}^{x_{\min}})(x-x_{\min})^\alpha}
\end{aligned}
$$

$$- \frac{K\mathrm{e}^{x_{\min}}}{\Gamma(2-\alpha)(\mathrm{e}^{x_{\max}}-\mathrm{e}^{x_{\min}})(x-x_{\min})^{\alpha-1}}$$

$$+ \frac{K}{\Gamma(2-\alpha)(\mathrm{e}^{x_{\max}}-\mathrm{e}^{x_{\min}})}\int_{x_{\min}}^{x}\frac{\mathrm{e}^{s}}{(x-s)^{\alpha-1}}\mathrm{d}s$$

值得注意的是,尽管函数 $f(x,\tau)$ 在 $x_{\min}$ 处是奇异的,然而对于定义在 $[0,\infty)$ 上的分数阶偏微分方程系统式(6.19)而言, $f(x,\tau)$ 不是奇异的,因为 x 总满足 $x\geqslant 0>x_{\min}$。因此,

$$\lim_{x_{\min}\to-\infty}f(x,\tau)=\frac{\left(\gamma+\dfrac{1}{S_f}\dfrac{\mathrm{d}S_f}{\mathrm{d}\tau}\right)K\mathrm{e}^{x}+\gamma(\mathrm{e}^{x_{\max}}-\mathrm{e}^{x})K}{-\mathrm{e}^{x_{\max}}}$$

此外,不难证明,当 $x=x_{\min}$ 时, V 和 $\dfrac{\partial V}{\partial x}$ 都会随着 $x_{\min}\to-\infty$ 而消失。因此, $x_{\min}D_x^{\alpha}V={}_{x_{\min}}^{c}D_x^{\alpha}V$,其中 ${}_{x_{\min}}^{c}D_x^{\alpha}$ 是 Caputo 分数阶导数,定义为 ${}_{x_{\min}}^{c}D_x^{\alpha}g(x)=\dfrac{1}{\Gamma(n-\alpha)}\int_{x_{\min}}^{x}\dfrac{g^{(n)}(s)}{(x-s)^{1+\alpha-n}}\mathrm{d}s$, $n-1\leqslant\Re(\alpha)<n$。

因此,式(6.19)存在唯一解 $V(x,\tau)\in L^2((0,T);H^{\frac{\alpha}{2}}(\Omega))\bigcap C^0([0,T];L^2(\Omega))$,其中 $\Omega=[x_{\min},x_{\max}]$(Chen and Wang, 2014);而在实施域 $[x_{\min},0]$ 中, $V(x,\tau)=K-S_f(\tau)\mathrm{e}^x-F(x)$。

(3) 谱配置方法。

首先,利用 $NT+1$ 个均匀大小的网格对 τ 方向进行离散,其中 $\tau_n=n\Delta\tau$, $\Delta\tau=\dfrac{T}{NT}$, $n=0,\cdots,NT$。此外,利用 M_1 个网格离散 x 方向, x_i 表示该方向的第 i 个节点, $i=0,\cdots,M_1$。注意,在空间方向上的网格不需要是等距的。网格点处对应的未知函数 V 用 V_m^n 表示,其中上标 n 表示第 n 个时间步,下标 m 则表示第 m 个空间方向的网格点。

现假设式(6.19)的谱近似解具有如下形式:$V^\tau(x,\tau_n)=\sum_{i=0}^{M_1}V_i^nF_i(x)$,其中 $F_i(x)$ 是第 i 个拉格朗日多项式,$x_i(i=0,1,\cdots,M_1)$ 是 x 方向上的 M_1+1 个配置点。由于式(6.19)定义在 $x\in[0,\infty)$ 上,因此,有 $x_i>0$,$i=1,2,\cdots,M_1$。根据 $F_i(x)$ 的定义,可得 $\dfrac{\partial V^\tau}{\partial\mathbf{x}}=\mathbf{D}V^n$,其中 $\dfrac{\partial\mathbf{V}^n}{\partial\mathbf{x}}=\left(\dfrac{\partial V_j^n}{\partial x}\right)_{M_1+1,1}$,$\mathbf{V}^n=(V_j^n)_{M_1+1,1}$,$\mathbf{D}=(F_i'(x_j))_{M_1+1,M_1+1}$。为了得到微分矩阵 $\mathbf{D}$ 的值,采用 Legendre-Gauss-Lobatto 节点 $\{s_i\}_{i=0}^{M_1+1}$,则对应的微分矩阵 $\mathbf{D_s}$ 具有以下结构(Shen and Tang,2006):

$$(\mathbf{D_s})_{i,j}=\frac{p_{M_1}(s_i)}{p_{M_1}(s_j)}\frac{1}{s_i-s_j}\quad i\neq j,\ i,j=2\cdots M_1$$

$$(\mathbf{D_s})_{i,i}=0\quad i\neq1,\ i\neq M_1+1$$

$$(\mathbf{D_s})_{1,1}=-(\mathbf{D_s})_{M_1+1,M_1+1}=\frac{M_1(M_1+1)}{4}$$

其中,p_{M_1} 是 M_1 次的 Legendre 多项式。由于 $\{s_i\}_{i=0}^{M_1+1}\subset[-1,1]$,进行以下坐标变换:$x_j=\dfrac{(s_j+1)x_{\max}}{2}$,此时,$\mathbf{D}=\dfrac{2}{x_{\max}}\mathbf{D_s}$。

(4) 预估-校正方法。

从式(6.19)中可以看出,如果在第 $n+1$ 个时间步时已知最优执行价格 S_f,那么整个系统将成为线性系统,并且可以计算出该时间步对应的期权价格。基于与 6.2.1 小节中类似的方法,可在一个时间步内分两个阶段求解非线性系统式(6.19):首先是预估阶段,这一阶段主要估计 S_f 的值;其次是校正阶段,这一阶段主要计算期权价格 $V(x,\tau;\alpha)$,并利用计算出的期权价格对 S_f 进行校正。

首先来看预估阶段。用 S_{fp}^{n+1} 来表示第 n+1 个时间步对应的最优执行价格,该阶段的主要任务是给出 S_{fp}^{n+1} 的估计值。利用 $V^{n+1}(x;\alpha)$ 在 $x_1 = \Delta x$ 和 $x_2 = 2\Delta x$ 处的泰勒展开,并结合在 $x = 0$(即 x_0)时的 Dirichlet 和 Neumann 边界条件,可得 S_f^{n+1} 的单侧近似如下:

$$S_f^{n+1} = \frac{H + V_2^{n+1} - 4V_1^{n+1}}{3 + 2\Delta x} \tag{6.20}$$

其中,$H = \frac{(3 - 3e^{x_{\min}} + 2\Delta x)}{e^{x_{\max}} - e^{x_{\min}}} K$。用显式欧拉格式离散 $\frac{\partial V}{\partial \tau}$ 和 $\frac{dS_f}{d\tau}$,则在第 n 个时间阶,对于 $i = 1, 2$:

$$\frac{V_i^{n+1} - V_i^n}{\Delta \tau} = \left(\gamma - 1 + \frac{1}{S_f^n}\frac{S_f^{n+1} - S_f^n}{\Delta \tau}\right)\delta_x V_i^n + {}^c_{x_{\min}}D_x^\alpha V^n\big|_{x=x_i} - \gamma V_i^n$$

$$+ \frac{S_f^{n+1} - S_f^n}{S_f^n}\frac{Ke^{i\Delta x}}{e^{x_{\min}} - e^{x_{\max}}} + \bar{f}(x_i) \tag{6.21}$$

其中,δ_x 是 x 方向上的一阶微分算子,以及:

$$\bar{f}(x) = \frac{(\gamma - 1)Ke^x + \gamma(e^{x_{\max}} - e^x)K}{e^{x_{\min}} - e^{x_{\max}}}$$

$$+ \frac{Ke^{x_{\min}}}{\Gamma(1 - \alpha)(e^{x_{\max}} - e^{x_{\min}})(x - x_{\min})^\alpha}$$

$$- \frac{Ke^{x_{\min}}}{\Gamma(2 - \alpha)(e^{x_{\max}} - e^{x_{\min}})(x - x_{\min})^{\alpha-1}}$$

$$+ \frac{K}{\Gamma(2 - \alpha)(e^{x_{\max}} - e^{x_{\min}})}\int_{x_{\min}}^x \frac{e^s}{(x - s)^{\alpha-1}}ds$$

定义 $LV_i^n = V_i^n + \Delta\tau[(\gamma - 1)\delta_x V_i^n + {}^C_{x_{\min}}D_x^\alpha V^n\big|_{x=x_i} - \gamma V_i^n]$ 后,式(6.21)可以写为:

$$V_i^{n+1} = \left(\frac{S_f^{n+1}}{S_f^n} - 1\right)\delta_x V_i^n + LV_i^n + \left(\frac{S_f^{n+1}}{S_f^n} - 1\right)\frac{Ke^{i\Delta x}}{e^{x_{\min}} - e^{x_{\max}}} + \Delta x\bar{f}(x_i)$$

上式与式(6.20)结合则可获得第 $n+1$ 时间步对应的最优执行价格估计值：

$$S_{fp}^{n+1} = \frac{H + (L - \delta_x)(V_2^n - 4V_1^n) + \frac{K e^{2\Delta x} - 4K e^{\Delta x}}{e^{x_{min}} - e^{x_{max}}} + \Delta x(\bar{f}(2\Delta x) - 4\bar{f}(\Delta x))}{3 + 2\Delta x - \frac{1}{S_f^n}\delta_x(V_2^n - 4V_1^n) + \frac{K e^{2\Delta x} - 4K e^{e^{\Delta x}}}{e^{min} - e^{x_{max}}}}$$

此时完成了预估阶段。

在进入校正阶段之前，需简要介绍分数阶导数(即 $^{C}D_+^{\alpha} V^n \mid_{x=x_i}$)如何进行计算。根据 Caputo 分数阶导数的定义，对于 $\alpha \in (1, 2]$：

$$^{C}D_+^{\alpha} V^n \mid_{x=x_i} = \frac{1}{\Gamma(2-\alpha)} \int_{-\infty}^{x_i} (V^n(z))'' (x_i - z)^{1-\alpha} dz$$

$$= \frac{1}{\Gamma(2-\alpha)} \int_{-\infty}^{0} \frac{(\max(K - S_f^n \exp(z), 0))''}{(x_i - z)^{\alpha-1}} dz$$

$$+ \frac{1}{\Gamma(2-\alpha)} \int_0^{x_i} (V^n(z))'' (x_i - z)^{1-\alpha} dz$$

$$\triangle I_{1i}^n + I_{2i}^n$$

对于 I_{1i}^n，根据在实施域中，期权价格等于回报这一事实，即 $V^n(x; \alpha) = \max(K - S_f^n \exp(x), 0)(x \leqslant 0)$，可知该积分不存在奇点，因为总可以保证 $x_i > 0$。为了进一步消除将 $-\infty$ 截断为 x_{min} 带来的误差，将 x_{min} 设置为 $-\infty$，并采用 Laguerre-Gauss 求积公式来处理定义在半无界区域上的积分，此时有：

$$I_{i1}^n = \frac{1}{\Gamma(2-\alpha)} \int_0^{+\infty} \frac{-S_f^n \exp(-z)}{(x_i + z)^{\alpha-1}} dz = \frac{-S_f^n}{\Gamma(2-\alpha)} \sum_{k=0}^{M_2} w_k (x_i + z_k)^{1-\alpha}$$

其中，M_2 是用于近似积分的 Laguerre 点的数量，z_k 是 Laguerre 多项式 $L_{M_2}(x)$ 的第 k 个根，w_k 是正交权重，定义为 $w_k = \frac{z_k}{(M_2+1)^2 \left[L_{M_2+1}(z_k)\right]^2}$。

就 I_{2i}^n 而言,这个积分包含弱奇异核的卷积 $(x_i-z)^{1-\alpha}$,它与 Jacobi 多项式有关。因此,为了保持计算精度,可采取:

$$I_{i2}^n = \frac{1}{\Gamma(2-\alpha)} \int_0^{x_i} (V^t(z,\tau_n))''(x_i-z)^{1-\alpha} \mathrm{d}z$$

$$= \frac{\left(\frac{x_i}{2}\right)^{2-\alpha}}{\Gamma(2-\alpha)} \sum_{j=0}^{M_1} \left(\int_{-1}^1 F_j''\left(\frac{x_i}{2}(1+s)\right)(1-s)^{1-\alpha} \mathrm{d}s\right) V_j^n$$

$$\triangleq \sum_{j=0}^{M_1} \rho_{ij} V_j^n \qquad\qquad (6.22)$$

这里的系数 ρ_{ij} 可以通过 $\rho_{ij} = \dfrac{\left(\frac{x_i}{2}\right)^{2-\alpha}}{\Gamma(2-\alpha)} \sum_{k=1}^{M_3} F_j''\left(\frac{x_i}{2}(1+s_k)\right) w_k'$ 来确定,其中,s_k 是 Jacobi 多项式 $J_{M_3}(s)$ 的第 k 个根;$w_k' = -\dfrac{2M_3+3-\alpha}{M_3+2-\alpha} \dfrac{1}{(M_3+1)} \cdot$

$\dfrac{2^{1-\alpha}}{J_{M_3}'(s_k) J_{M_3+1}(s_k)}$;$M_3$ 是用来近似计算式(6.22)中包含的积分的 Jacobi 点个数。

最后进入校正阶段。一旦预先知道最优执行价格,整个系统式(6.19)就变成线性的。该线性系统可以通过 SC 法精确求解,其矩阵形式为 $\mathbf{BV}^{n+1} = \mathbf{RHS}^n$,其中未知期权价格向量 $\mathbf{V}^{n+1}$ 是需要计算的唯一解。$\mathbf{B}$ 和 $\mathbf{RHS}^n$ 的定义可参见 Chen 等(2015b)的附录 B。

在获得 $\mathbf{V}^{n+1}$ 后,可利用式(6.20)给出最优执行价格 S_f^{n+1} 的校正值。然后,重复预估校正过程,直到达到期权的到期时间。

(5) 误差分析。

关于当前算法的误差,有如下结论。

定理 6.2 假设初始边界问题式(6.19)有唯一解 $(V(x,\tau), S_f(\tau))$,则

存在正常数 τ_0 和 M，对于 $\Delta\tau \leqslant \tau_0$，用预估-校正方法得到的解满足：

$$\max_{1 \leqslant n \leqslant nT+1} ((\parallel V_M^n - V_c^n \parallel)_{L^2(\Omega)} + \parallel S_f(\tau_n) - S_{fM}^n \parallel)$$

$$\leqslant C(\Delta\tau + \Delta x^2 + M^{\frac{1}{2}-m} \parallel V \parallel_{H_\omega^m(\Omega)})$$

其中，S_{fM}^n 和 $V_M^n = \sum V_j^n F_j(x)$ 是式(6.19)的数值解，ω 为 Jacobi-Gauss 权重 $(1-s)^{2-\alpha}$，F_j 为第 j 个 Lagrange 插值多项式。

这一定理的证明比较复杂，有兴趣的读者可参见 Chen 等(2015b)。

6.3　逆有限元方法

逆有限元方法(IFE)最初由 Alexandrou(1989)提出，用于解决与相位变化特别是固态化相关的非线性问题。该方法的基本思路是找到原始因变量(如温度)处于特定值的位置(有限元的节点)。换句话说，在该方法中，"因变量"和"自变量"角色互换，从而以相反的方式解决原始问题。在金融上，这种方法的运用可以固定期权价格，研究对应的标的价格。通过这种"反向"方式解决问题，可以确定自由边界在每个时间步的正确位置。本节将详细介绍如何运用 IFE 方法对美式看跌期权进行定价。本节主要参考 Zhu 和 Chen(2013b)。

6.3.1　定价系统

令 $P(S, t)$ 表示美式看跌期权的价值，其中 S 是标的期权的价格，t 是当前时间，则在 B-S 模型下，$P(S, t)$ 满足：

$$\begin{cases} \dfrac{\partial P}{\partial t} + \dfrac{1}{2}\sigma^2 S^2 \dfrac{\partial^2 P}{\partial S^2} + rS \dfrac{\partial P}{\partial S} - rP = 0 \\[2mm] P(S, T) = \max(K-S, 0) \\[2mm] \lim_{S\to\infty} P(S, t) = 0 \\[2mm] P(S_f(t), t) = K - S_f(t) \\[2mm] \dfrac{\partial P}{\partial S}(S_f(t), t) = -1 \end{cases} \tag{6.23}$$

该偏微分方程系统定义在 $S \in [S_f(t), +\infty)$，$t \in [0, T]$ 上。在式(6.23)中，r 和 σ 分别是无风险利率和波动率，K 是执行价格，T 是到期时间，$S_f(t)$ 是未知的最优执行价格。

为了应用 IFE 方法，应预先给定 P 的范围。从式(6.23)中可以推断出期权价格 P 在 $[0, K-S_f(t)]$ 范围内，并随着时间 t 的变化而变化。为了给定 P 的范围，进行以下变换。令 $x = \ln \dfrac{S}{K}$，$U = \dfrac{P+S-K}{K}$，$\tau = \dfrac{\sigma^2}{2}(T-t)$，可得：

$$\begin{cases} \dfrac{\partial U}{\partial \tau} = \dfrac{\partial^2 U}{\partial x^2} + (\gamma-1)\dfrac{\partial U}{\partial x} - \gamma U - \gamma \\[2mm] U(x, 0) = \max(1-\exp(x), 0) + \exp(x) - 1 \\[2mm] U(x_f(\tau), \tau) = 0 \\[2mm] \dfrac{\partial U}{\partial x}(x_f(\tau), \tau) = 0 \\[2mm] \lim_{x\to\infty} U(x, \tau) = \exp(x) - 1 \end{cases} \tag{6.24}$$

其中，唯一的参数是相对利率 γ，它与无风险利率之间满足 $r = \sigma^2 \gamma / 2$。因为最优执行价格在到期日时等于执行价格，即 $x_f(0) = 0$，所以当 $x_f \leqslant x < +\infty$ 时，有 $1 - \exp(x) \leqslant 0$。因此，式(6.24)中的初始条件可以简化为 $U(x, 0) =$

$\exp(x)-1$。此外,根据$\dfrac{\partial U}{\partial x}=\left(\dfrac{\partial P}{\partial S}+1\right)\dfrac{S}{K}$,且美式看跌期权的 delta 关于 $S\in(S_f,\ +\infty)$ 大于 -1,因此,对于 $x\in(x_f,\ +\infty)$,U 是一个关于 x 的严格单调递增函数。

另一方面,为了在计算机中进行运算,需要将半无限区域截断为有限区域 $[0,\ x_{\max}]$。与 6.2.1 小节中类似,令 $x_{\max}=\ln 5$。

需要指出的是,在进行变量代换和计算区域的截断之后,U 值变化的范围变为 $[0,\ \exp(x_{\max})-1]$,同时保留了其单调性,这一性质对于运用 IFE 方法解决自由边界问题至关重要。

6.3.2　IFE 方法

要应用 IFE 方法,则需要处理式(6.24)中出现的时间导数。这一步骤对于大多数用来解决与时间相关问题的数值方法来说都是必要的。根据 IFE 方法的本质,期权价格 U 是在给定的随 τ 变化的标的价格下获得的,因此有 $\dfrac{\mathrm{d}U}{\mathrm{d}\tau}=\dfrac{\partial U}{\partial \tau}+\dfrac{\partial U}{\partial x}V_{\mathrm{mesh}}$。因为在后面的计算过程中,$U$ 在节点处值保持恒定,因此有 $\dfrac{\partial U}{\partial \tau}=-\dfrac{\partial U}{\partial x}V_{\mathrm{mesh}}$,其中,$\mathrm{d}x/\mathrm{d}\tau$ 为网格的移动速度 V_{mesh}。利用一阶有限差分公式对其进行数值近似,可得 $V_{\mathrm{mesh}}\approx\widetilde{V}_{\mathrm{mesh}}=\dfrac{x_{t+\Delta t}-x_t}{\Delta t}$。另一方面,按照传统的 Galerkin 有限元方法,残差方程可以构造为:

$$R=\int\left[\frac{\partial^2 U}{\partial x^2}+(\gamma-1+V_{\mathrm{mesh}})\frac{\partial U}{\partial x}-\gamma U-\gamma\right]\varphi\mathrm{d}x=0 \qquad (6.25)$$

其弱解与式(6.24)中的解相同,其中 φ 是试探函数。根据散度定理,残差 R

可写为：

$$R = \int \left[-\frac{\partial U}{\partial x}\frac{\partial \varphi}{\partial x} + (\gamma - 1 + V_{\text{mesh}})\frac{\partial U}{\partial x}\varphi - \gamma U\varphi - \gamma\varphi \right] \mathrm{d}x \quad (6.26)$$

需要指出的是，如果在式(6.26)中将 V_{mesh} 直接替换为 $\widetilde{V}_{\text{mesh}}$，那么新残差方程的解(即 $\bar{R} = 0$)与式(6.26)的解不相同，因为 V_{mesh} 的数值近似带来了截断误差。也就是说，V_{mesh} 的数值处理将影响最终结果的精度。但这与 IFE 方法的准确性和适用性完全不同，因为 IFE 方法完全可以通过对 V_{mesh} 采用高阶近似来提高最终数值结果的精度。

传统有限元方法的下一步是通过式(6.25)来计算单元刚度矩阵和单元荷载向量，然后将所有单元矩阵和单元荷载向量分别进行组装，以获得主刚度矩阵以及总荷载向量。在施加约束边界条件后，可获得如下离散残差 $\widetilde{R}$ 的矩阵形式：

$$\widetilde{R} = K^* U - Q^* \quad (6.27)$$

其中，U 是整个区域的节点值组成的向量，K^* 和 Q^* 分别为总广义节点荷载的主约束刚度矩阵和主约束列矩阵。K^* 和 Q^* 的具体推导过程和形式可参见 Zhu 和 Chen(2013b)的附录 A。

在传统的直接有限元方法中，U 是未知的。一旦计算区域包含移动边界，"直接方法"就会失效。因为在施加自由边界条件后，K^* 和 Q^* 都是关于未知边界的函数，处理起来非常困难。不过，此类高度非线性系统也可以通过一些迭代方法来求解，但由于自由边界和节点值这两个未知量的耦合，所采用的迭代方法容易在收敛性和效率方面产生很大的问题。

为了避免这些困难，可采用"逆向方法"。在"逆向方法"中，每个元素的位置都是未知的(这里指的是 x 坐标)，而节点处的值 U 为已知常数。此时，式(6.27)变为一个非线性系统,可采用迭代方法来求解元素的位置。

另外,为了使得计算结果相对精确,需要 U 具备单调性。如果 U 不具备单调性,即使所采用的迭代方法是收敛的,但由于满足式(6.27)的坐标 $\mathbf{x}$ 不唯一,也无法确定 U 值对应的节点值。幸运的是,在当前情况下,U 是关于 x 严格单调递增的。

这里需要解决的另一个重要问题是给出一个合理的未知节点位置的初始猜测,因为如果初始猜测远离真实解,Newton 法可能收敛得很缓慢,甚至不收敛。对于当前问题,选择当前时间步的节点位置作为下一时间步的元素位置的初始猜测。因为 $\mathbf{x}$ 关于 τ 是连续的,所以对于相当小的时间间隔,两个相邻时间步对应的节点位置不会相差很多。

因此,利用 IFE 方法计算美式看跌期权价格的具体步骤可以总结如下:

(1) 在第 0 个时间步,初始化节点位置:$\mathbf{x}_0 = [a_1 \cdots a_{N+1}]$,其中 $a_1 = 0$,$a_{N+1} = x_{\max}$ 和 $a_{i-1} < a_i < a_{i+1}$ ($2 < i < N$),其中 N 是整个计算域中的"元"数量。

(2) 采用 Newton 迭代方法来计算第 k ($k \geqslant 1$) 个时间步的 U 值对应的精确节点位置,即 $\mathbf{x}_k^{(*)}$。在该步中,第 $k-1$ 个时间步的最终解被假设为第 k 个时间步的初始猜测,即 $\mathbf{x}_k^{(0)} = \mathbf{x}_{k-1}^{(*)}$。

上述算法中包含的 Newton 迭代的具体实现过程如下:

① 假设在第 n 次迭代($n \geqslant 0$)后获得了 $\mathbf{x}_k^{(n)}$,通过式(6.27)计算残差 $R(\mathbf{x}_k^{(n)})$,以及相应的 Jacobian 矩阵 $J_R(\mathbf{x}_k^{(n)})$。

② 通过下式计算第 $n+1$ 次迭代步骤中的未知节点位置:

$$\mathbf{x}_k^{(n+1)} = \mathbf{x}_k^{(n)} - J_R^{-1} R(\mathbf{x}_k^{(n)})$$

③ 重复①—②,直到满足 $\| \mathbf{x}_k^{(n+1)} - \mathbf{x}_k^{(n)} \| < \varepsilon$,将第 k 个时间阶的解设

为 $\mathbf{x}_k^{(*)} = \mathbf{x}_k^{(n+1)}$。此时就完成了第 k 个时间步的 Newton 迭代。这里收敛容忍误差 ε 设为 10^{-6}。

重复(1)和(2)直到到达到期日,此时,可获得整个最优执行价格关于时间的演变过程。

需要指出的是,在上述算法中,应该剔除固定边界的位置,因为它已经是边界节点值对应的解,不需要进一步迭代。如果仍然考虑固定边界的位置,则与该特定点相关的残差为零,导致 Jacobian 矩阵的相应行为零。此时,Jacobian 矩阵高度奇异,Newton 迭代将无法继续进行。关于与该算法相关的算例,有兴趣的读者可参阅 Zhu 和 Chen(2013b)的第 5 章。

第7章 永久美式期权的近似价格

第6章介绍了具有有限有效期的美式期权的数值定价,本章将重点介绍永久美式期权的定价。永久美式期权没有到期日,并且可以在任何时候行权。在期权定价领域中,对此类期权的估值是非常重要的一部分内容。一方面,此类期权的价格可以作为有效期很长的美式期权价格的近似值,而后者如果利用传统方法确定其价格会相当耗时。另一方面,对于随机波动率模型而言,研究美式永久期权的价格有助于定量研究随机波动率对美式期权价格的影响。这是因为对于持续时间不满一年的期权,随机波动率对美式期权价格的影响相当小,而随着持续时间的延长,影响会逐渐变大。从数学角度来看,若期权的持续时间接近无穷大,随机波动率对美式期权价格的影响应该最为显著,因此值得研究。在本章中,我们将给出三类常见随机波动率模型下永久美式期权的近似定价公式,并在此基础上分析了随机波动率对美式期权价格的影响。

7.1　快速均值回归波动率模型下永久美式期权价格的近似

本节将介绍在快速均值回归波动率模型下，如何对永久美式期权进行定价。本节内容主要参考 Zhu 和 Chen(2011c)。

7.1.1　快速均值回归波动率模型

快速均值回归波动率是基于 Ornstein-Uhlenbeck(OU)模型提出的。该模型不依赖于波动过程的具体形式。假设标的价格 S_t 遵循如下随机微分方程：$dS_t = \mu S_t dt + \sigma_t S_t dW_t$，其中 μ 是漂移率，W_t 是标准布朗运动，波动率 σ_t 由另一个随机过程 Y_t 来表示，即 $\sigma_t = f(Y_t)$，其中 f 是光滑的正函数，有大于零的上界且在远离零处有界。Y_t 服从一个均值回归过程，即 $dY_t = \alpha(m - Y_t)dt + \sqrt{2\alpha}v(\rho dW_t + \sqrt{1-\rho^2}dZ_t)$，其中 $(Z_t) \geqslant 0$ 是另一个独立于 W_t 的布朗运动。在上面提到的第二个随机微分方程中，$\rho \in [-1, 1]$ 是上述两个随机过程的相关因子，参数 α 用来衡量 Y_t 达到其长期均值 m 的速率。换言之，$1/\alpha$ 是该过程的时间尺度。v^2 是 Y_t 不变分布的方差，它控制着波动率波动的长期水平。当假设波动率为快速均值回归时，意味着均值回归率 α 的数量级为 $1/\varepsilon$，其中 ε 是一个正的小参数。

1. 定价系统

假设 $P(S, y)$ 表示美式永久看跌期权的价值，其中 S 是标的价格，y 是驱动波动过程的快速均值回归因子。在风险中性测度下，具有快速均值回归波动率的美式永久看跌期权的价格满足如下自由边界问题：

$$
\begin{cases}
\dfrac{1}{2}f^2(y)S^2\dfrac{\partial^2 P}{\partial S^2}+rS\dfrac{\partial P}{\partial S}-rP+ \\[3mm]
\dfrac{\sqrt{2}v}{\sqrt{\varepsilon}}\left[\rho f(y)S\dfrac{\partial^2 P}{\partial S\partial y}-\Lambda(y)\dfrac{\partial P}{\partial y}\right]+\dfrac{1}{\varepsilon}(m-y)\dfrac{\partial P}{\partial y}+\dfrac{v^2}{\varepsilon}\dfrac{\partial^2 P}{\partial y^2}=0 \\[3mm]
\lim_{S\to\infty}P(S,\ y)=0 \\[3mm]
P(S_f,\ y)=K-S_f \\[3mm]
\dfrac{\partial P}{\partial S}(S_f,\ y)=-1
\end{cases}
\tag{7.1}
$$

该问题定义在 $y\in(-\infty,\ \infty)$，$S\in[S_f,\ \infty)$ 上，其中 r 是无风险利率，K 是执行价格，$\Lambda(y)$ 是风险的市场价格，定义为 $\Lambda(y)=\rho(\mu-r)/f(y)+\gamma(y)\sqrt{1-\rho^2}$，其中有界函数 $\gamma(y)$ 是波动率的风险溢价。

　　为了保证式(7.1)的适定性，可能需要给出沿 y 方向的边界条件。在边界退化的情况下，如果边界上的 Fichera 函数的值(在某些情况下可能需要取极限)被证明是负的(非负的)，则应(不应)施加相应的边界条件；而对于非退化情形，边界条件则需事先给定。对于当前问题，不难证明，如果 $\partial^2 P/\partial y^2$ 前面的系数，即 v^2/ε 不为零，那么 $y=-\infty$ 和 $y=\infty$ 都是非退化边界，此时应给出沿着 y 方向的边界条件。但如果 v^2/ε 为零，这两个边界均为退化边界，相应的 Fichera 函数为 $B_{-\infty}(y)=(m-y)/\varepsilon$，$B_{\infty}(y)=(y-m)/\varepsilon$。这样可以建立 $\lim\limits_{y\to-\infty}B_{-\infty}(y)=\infty$，$\lim\limits_{y\to\infty}B_{\infty}(y)=\infty$，因此对于这种退化情况，不需要给出沿 y 方向的边界条件。P 相对于 y 的二阶导数前的系数的这种依赖性表明，当试图找到一个适用于一类快速均值回归随机波动率模型的通用解时，不需要考虑沿着 y 方向的边界条件。因此这里只考虑满足式(7.1)的解，不考虑该解是否满足 y 方向上的边界条件。这种考虑期权价格的思路也是有意义的，因为在当前快速均值回归随机波动率模型中，波动率水平将围绕其均值水平随机波动,出现极高或极低波动率的可能性非常小(Fouque et al.,2003a)。

2. 近似定价

为了便于分析,首先进行变量代换,设 $x=\ln(S/K)$,$P^{\varepsilon}=P/K$,那么式(7.1)可化为:

$$\begin{cases} L^{\varepsilon}P^{\varepsilon}=0 \\ \lim_{x\to\infty} P^{\varepsilon}(x,\ y)=0 \\ P^{\varepsilon}(x_f^{\varepsilon}(y),\ y)=1-\exp(x_f^{\varepsilon}(y)) \\ \dfrac{\partial P^{\varepsilon}}{\partial x}(x_f^{\varepsilon}(y),\ y)=-\exp(x_f^{\varepsilon}(y)) \end{cases} \tag{7.2}$$

其中 $y\in(-\infty,\ \infty)$,$x\in[x_f^{\varepsilon},\ \infty)$,$x_f^{\varepsilon}$ 是归一化的最优执行价格的对数,算子 L^{ε} 定义为:

$$L^{\varepsilon}=L_0/\varepsilon+L_1/\sqrt{\varepsilon}+L_2$$

其中

$$L_0=(m-y)\frac{\partial}{\partial y}+v^2\ \frac{\partial^2}{\partial y^2}$$

$$L_1=v\sqrt{2}\left[\rho f(y)\frac{\partial^2}{\partial x\partial y}-\Lambda(y)\frac{\partial}{\partial y}\right]$$

$$L_2=\frac{1}{2}f^2(y)\frac{\partial^2}{\partial x^2}+\left[r-\frac{1}{2}f^2(y)\right]\frac{\partial}{\partial x}-rI$$

可以观察到,算子 L_2 是具有恒定波动率的永久 B-S 算子,该恒定波动率等于即期波动率 $f(y)$。

遵循标准的渐近分析方法,假设式(7.2)的解具有如下形式:

$$P^{\varepsilon}(x,\ y)=\sum_{n=0}^{\infty}\varepsilon^{\frac{n}{2}}P_n(x)$$

$$x_f^\varepsilon(y) = \sum_{n=0}^{\infty} \varepsilon^{\frac{n}{2}} x_n(y) \tag{7.3}$$

其中，$P_n(n=0,1,2\cdots)$ 都是有界的。将式(7.3)代入式(7.2)中的偏微分方程，可得：

$$\frac{1}{\varepsilon}L_0 P_0 + \frac{1}{\sqrt{\varepsilon}}(L_0 P_1 + L_1 P_0) + (L_0 P_2 + L_1 P_1 + L_2 P_0) +$$

$$\sqrt{\varepsilon}(L_0 P_3 + L_1 P_2 + L_2 P_1) = O(\varepsilon) \tag{7.4}$$

同时，将式(7.3)代入自由边界条件中可得：

$$P_0(x_0, y) + \sqrt{\varepsilon}\left[\frac{\partial P_0}{\partial x}(x_0, y)x_1 + P_1(x_0, y)\right]$$

$$= 1 - \exp(x_0) - \sqrt{\varepsilon}x_1 \exp(x_0) + O(\varepsilon) \cdot \tag{7.5}$$

$$\frac{\partial P_0}{\partial x}(x_0, y) + \sqrt{\varepsilon}\left[\frac{\partial^2 P_0}{\partial x^2}(x_0, y)x_1 + \frac{\partial P_1}{\partial x}(x_0, y)\right]$$

$$= -\exp(x_0) - \sqrt{\varepsilon}x_1 \exp(x_0) + O(\varepsilon)$$

其中，x_1 是最优执行价格的一阶校正。

首先分析式(7.4)，旨在找到 P_0 和 P_1 满足的方程。从式(7.4)中可以观察到，在最低阶 $O(1/\varepsilon)$ 有 $L_0 P_0 = 0$。由于算子 L_0 是遍历马尔可夫过程的生成元，并且仅作用在变量 y 上，此外，依赖于 y 的特定解可被沿着 x 方向的远场边界条件排除，因此尽管 P_0 的具体形式在当前尚不清楚，但仍可以推断出 P_0 不依赖于 y，即有 $P_0 = P_0(x)$。

为了消除 $O(1/\sqrt{\varepsilon})$ 项，根据 P_0 关于 y 是常数的事实可得：$L_0 P_1 + L_1 P_0 = 0$，即 $L_0 P_1 = 0$，并且算子 L_1 也只作用于 y，即 $L_1 P_0 = 0$。对 P_0 进行类似分析可得 $P_1 = P_1(x)$。在 $O(1)$ 处，控制方程变为 $L_2 P_0 + L_1 P_1 + L_0 P_2 = 0$，因为 P_1 不依赖于 y，所以：

$$L_0 P_2 + L_2 P_0 = 0 \tag{7.6}$$

假设 P_0 已知,则式(7.6)是 P_2 满足的泊松方程,该方程具有算子 L_0,且变量为 y。根据 Fredholm 选择定理,除非 $L_2 P_0$ 与 Y 的不变分布正交,否则式(7.6)无解。因此,为了确保式(7.6)解的存在性,需要 $\lceil L_2 P_0 \rceil = 0$。这里,$\lceil \cdot \rceil$ 表示 $\int_{R_y} \cdot \, p_\infty \mathrm{d}y$,其中 p_∞ 是 Y 的不变分布,即 $L_0^* p_\infty = 0$,L_0^* 是 L_0 的伴随算子,定义为 $\langle L_0 x, y \rangle = \langle x, L_0^* y \rangle$。这里,$\langle \cdot, \cdot \rangle$ 是 $L_2(-\infty, \infty)$ 的标准内积,即 $\langle f, g \rangle = \int_{-\infty}^{\infty} f(x) g(x) \mathrm{d}x$,其中 f 和 g 是两个 Lebesgue 平方可积函数。在当前情况下,不难证明 $p_\infty = 1/(\sqrt{2\pi}\, v) \exp[-(y-m)^2/(2v^2)]$。将式(7.5)中 $O(1)$ 项前的系数设为零,可得 P_0 满足的偏微分方程系统为:

$$\begin{cases} \lceil L_2 P_0 \rceil = 0 \\ \lim_{x \to \infty} P_0(x) = 0 \\ P_0(x_0) = 1 - \exp(x_0) \\ \dfrac{\partial P_0}{\partial x}(x_0) = -\exp(x_0) \end{cases} \tag{7.7}$$

定义 $x \in [x_0, \infty)$。由于 P_0 关于 y 是一个常数,式(7.7)中包含的偏微分方程可以进一步简化为 $\lceil L_2 \rceil P_0 = 0$。此外,根据 L_2 的定义可得 $\lceil L_2 \rceil = L_{BS}(\bar{f})$,其中 $\bar{f}$ 是有效波动率,定义为稳态分布的统计平均值,即 $\bar{f} = \lceil f(y) \rceil$。根据遍历定理,有效波动率 $\bar{f}$ 几乎必然等于函数 f 的长期均值,即 $\lim_{t \to \infty} \dfrac{1}{t} \int_0^t f(Y_s) \mathrm{d}s$(几乎处处)。

另外,在式(7.7)中 y 不再是一个变量,因为算子 $\lceil L_2 \rceil$ 是永久 B-S 算子,

不再涉及关于 y 的导数。因此,式(7.7)的解可写为 $P_0(x) = 1/(1+a)[(1+1/a)\exp(x)]^{-a}$, $x_0 = \ln[a/(1+a)]$,其中 $a = 2r/\bar{f}^2$ 是标的价格的相对利率。事实上,如果有效波动率 $\bar{f}$ 被常数 σ 所取代,上述解与罗伯特·默顿(Robert Merton)在具有波动率 σ 的 B-S 模型下找出的永久美式期权价格相同。

为了求解一阶校正项 P_1,合并式(7.4)中的 $O(\sqrt{\varepsilon})$ 项,令其系数等于零,可得 $L_0 P_3 + L_1 P_2 + L_2 P_1 = 0$。对上述方程再次应用 Fredholm 选择定理,可得 $\lceil L_1 P_2 + L_2 P_1 \rceil = 0$。由于 P_1 不依赖于 y,上式可以简化为:

$$\lceil L_2 \rceil P_1 = -\lceil L_1 P_2 \rceil \tag{7.8}$$

由于 $L_2 P_0 = L_2 P_0 - \lceil L_2 \rceil P_0$,可得 $L_2 P_0 = \frac{1}{2}(f^2(y) - \bar{f}^2)\left(\frac{\partial^2 P_0}{\partial x^2} - \frac{\partial P_0}{\partial x}\right)$,结合式(7.6)可得 $L_0 P_2 = -L_2 P_0 = -\frac{1}{2}(f^2(y) - \bar{f}^2)\left(\frac{\partial^2 P_0}{\partial x^2} - \frac{\partial P_0}{\partial x}\right)$。由于 P_1 不依赖于 y,可得:

$$
\begin{aligned}
P_2 &= -\frac{1}{2}L_0^{-1}(f^2(y) - \bar{f}^2)\left(\frac{\partial^2 P_0}{\partial x^2} - \frac{\partial P_0}{\partial x}\right) \\
&= -\frac{1}{2}(\phi(y) + c(x))\left(\frac{\partial^2 P_0}{\partial x^2} - \frac{\partial P_0}{\partial x}\right)
\end{aligned}
\tag{7.9}
$$

其中,$\phi(y)$ 是 $L_0[\phi(y)] = f^2(y) - \bar{f}^2$ 的解,$c(x)$ 是一个关于 y 的常数。将式(7.9)代入式(7.8),可得:

$$
\begin{aligned}
\lceil L_2 \rceil P_1 &= \frac{1}{2}\lceil L_1 \phi(y) \rceil\left(\frac{\partial^2 P_0}{\partial x^2} - \frac{\partial P_0}{\partial x}\right) \\
&= V_3 \frac{\partial^3 P_0}{\partial x^3} + (V_2 - 3V_3)\frac{\partial^2 P_0}{\partial x^2} + (2V_3 - V_2)\frac{\partial P_0}{\partial x}
\end{aligned}
\tag{7.10}
$$

上式中,$V_2 = \sqrt{2}v\rho\lceil f(y)\phi_y(y) \rceil - \sqrt{2}/2v\lceil \Lambda(y)\phi_y(y) \rceil$,$V_3 = \sqrt{2}v\rho\lceil f(y) \cdot \phi_y(y) \rceil/2$。这里需要指出的是,尽管 V_2 和 V_3 是与选择的模型相关的函数,

但它们的具体形式并不影响当前求解方法的应用。这两项在式(7.10)中起到的作用是不同的。V_2 代表波动率水平的修正，取决于 ρ 和风险的市场价格 γ；而 V_3 则表示由于三阶导数的存在而产生的"偏离"效应，并且只与 ρ 有关。

有了 P_1 满足的偏微分方程，结合它需要满足的边界条件，可知 P_1 是如下偏微分方程系统的解，对于 $x \in [x_0, \infty)$ 有：

$$\begin{cases} \lceil L_2 \rceil P_1 = D \exp(-ax) \\ \lim_{x \to \infty} P_1(x) = 0, \ P_1(x_0) = 0 \\ \dfrac{\partial^2 P_0}{\partial x^2}(x_0) x_1 + \dfrac{\partial P_1}{\partial x}(x_0) = -\exp(x_0) x_1 \end{cases}$$

其中，$D = a(1+1/a)^{-a}[-(a+2)V_3 + V_2]$。经过求解，可得：

$$P_1(x) = \frac{2a(1+1/a)^{-a}[-(a+2)V_3 + V_2][-\ln(1+1/a)-x]\exp(-ax)}{\bar{f}^2(a+1)}$$

$$x_1 = \frac{2[-(a+2)V_3 + V_2]}{2r + \bar{f}^2}$$

若均值回归速率极高，即 $\varepsilon \to 0$，则上述校正过程就不需要了。因为当 $\varepsilon \to 0$ 时，波动率为 $\bar{f}$ 的 B-S 价格已经是期权价格的一个良好的近似值。而对于快速但仍有限的均值回归速率，B-S 价格必须进行校正。

将原始变量代入，可得在一般快速均值回归波动率模型下，美式永久看跌期权的期权价格和最优执行价格分别如下：

$$P = \frac{K\bar{f}^2}{\bar{f}^2 + 2r} \left[\frac{S(\bar{f}^2 + 2r)}{2rK}\right]^{\frac{-2r}{\bar{f}^2}}$$

$$-\sqrt{\varepsilon}\, \frac{2\sqrt{2}\,Krv}{\bar{f}^2(\bar{f}^2 + 2r)} \ln \frac{2rK}{S(2r+\bar{f}^2)} \left[\frac{S(\bar{f}^2 + 2r)}{2rK}\right]^{\frac{-2r}{\bar{f}^2}} D(x) \qquad (7.11)$$

$$S_f = K\exp(x_0 + \sqrt{\varepsilon}\, x_1) \approx K\exp(x_0)(1 + \sqrt{\varepsilon}\, x_1)$$

$$= \frac{2rK}{2r + \bar{f}^2} - \sqrt{\varepsilon}\, \frac{2\sqrt{2}\,vrK}{(2r + \bar{f}^2)^2} D(x) \qquad (7.12)$$

其中, $D(x) = 2r\rho\lceil f\phi_y\rceil/\bar{f}^2 + \lceil\Delta\phi_y\rceil$。

从上面的公式可看出,快速均值回归因子 y 在公式中没有起到任何作用。在金融上,可以作如下解释:在快速均值回归波动率假设下,尽管在期权合同有效期内,波动率会围绕其长期均值大幅波动,但是标的价格也可能出现很大的波动,波动率的变化没有标的价格的变化大。换言之,在下一次重大波动出现之前,与标的价格的变化相比,可以将波动率视为相对不变的常数。因此,当前公式中只涉及 Y_t 的所有可能路径的统计平均值。

7.1.2　快速均值回归波动率对价格的影响

式(7.11)—式(7.12)是在一般快速均值回归波动率模型下,永久美式看跌期权价格的近似。利用这两个公式,可以定量分析快速均值回归波动率对永久美式看跌期权价格的影响。这里分别假设波动率和波动率风险溢价为 $\exp(y)$ 和 0(Fouque et al.,2003a)。在这种特殊的随机波动率模型下:

$$\bar{f}^2 = \exp(2v^2 + 2m)$$

$$V_2 = \sqrt{2}\rho(\mu - r)\exp(v^{2/2} + m)(\exp(2v^2) - 1)/(2v) + 2V_3$$

$$V_3 = \sqrt{2}\rho\exp(5v^{2/2} + 3m)(1 - \exp(2v^2))/(2v)$$

为了研究快速均值回归波动率如何影响永久美式看跌期权的价格及其提前行权策略,最好将当前公式与 B-S 模型下的对应公式进行比较,其中 B-S 模型的波动率与公式中的有效波动率一致。在两种不同的模型下,期权价格和最优执行价格间差异的前两项分别为:

$$P^{SV} - P^{BS} = \frac{\sqrt{2\varepsilon}\rho a[(1+a)/a]^{-a}\ln(aK/(S+Sa))(S/K)^{-a}(\mu+r)\exp(m+v^{2/2})[\exp(2v^2)-1]}{v(2r+\bar{f}^2)}$$

$$S_f^{SV} - S_f^{BS} = \frac{2rK\sqrt{2\varepsilon}\rho(\mu+r)\exp(m+v^{2/2})[\exp(2v^2)-1]}{v(2r+\bar{f}^2)^2}$$

因此，如果 $\rho < 0$，就满足 $S_f^{SV} < S_f^{BS}$。对于 $S > aK/(1+a) = S_f^{BS}$，有 $\ln[aK/(S+Sa)] < 0$，因此 $P^{SV} > P^{BS}$；而对于 $S_f^{SV} < S \leqslant S_f^{BS}$，有 $P^{SV} > \max(K-S, 0) = P^{BS}$。对于在 (S_f^{SV}, ∞) 内变化的标的价格，当 $\rho < 0$ 时，当前模型下的期权价格高于 B-S 模型下的期权价格；而随机波动率模型下的最优执行价格小于恒定波动率情况下的最优执行价格。从金融角度分析，假设标的价格正在下跌，当 $\rho < 0$ 时，波动率的存在往往会增加永久看跌期权的价值，并推迟其提前行权时间。类似的分析也适用于 $\rho > 0$ 的情况：如果标的价格下跌，快速均值回归随机波动率的不确定性往往会降低永久看跌期权的价值，并使得其行权时间提前。

进一步的分析可发现，两种不同模型下的期权价格之差在 $S = Ka\exp(1/a)/(1+a) \approx K$ 时达到峰值，此时 $(P^{SV} - P^{BS})_{\max} = -\sqrt{2\varepsilon}\,\rho\,(\mu+r) \cdot \exp(m+v^2/2-1)[\exp(2v^2)-1]/[v(2r+\bar{f}^2)]$，这意味着随机波动率对于那些平值期权的影响相当显著。

7.2　缓慢变动波动率模型下永久美式期权价格的近似

本节将介绍在缓慢变动波动率模型下如何对永久美式期权进行定价。首先需要指出的是，对波动率缓慢变化的假设具备一定的合理性。它在某种程度上与玻恩-奥本海默近似有关（Born and Oppenheimer，1924）。在统计力学中，该近似特别适用于所谓的"快速变量的绝热消除"。在金融市场上，确实可以观察到缓慢变化的波动率（Fouque et al.，2006）。在波动率缓慢变化的情况下，波动率本身的波动性已经被忽略不计，因为波动率本身的波动没有标的价格的波动那么重要（Fouque et al.，1998）。本节内容主要参考 Zhu 和 Chen(2011d)。

7.2.1 缓慢变化的波动率模型

在 Heston 模型下,假设波动过程是缓慢变化的,即方差到达其长期均值的速度 κ 和波动率的波动率 σ 都是数量级为 ε 的常数,其中,ε 是一个非常小的正常数。在已有的大多数研究中,κ 通常取较大的值(Fouque et al.,1998)。然而,通过对低频数据(以年为单位)的研究,发现波动率变动较为缓慢(Fouque et al.,2003b)。一些学者假设均值回归速度相当慢,$1/\kappa$ 的量阶为年(Fouque et al.,2006;Perello et al.,2003);另一些学者则发现波动率的波动率在很长一段时间内非常小,其量阶大约为 10^{-5}/天(10^{-2}/年)(Zhu and Chen,2011d)。

现假设 $P_A(S,v)$ 为永久美式看跌期权的价格,S 为标的价格,v 是方差。在 Heston 模型及波动率缓慢变化的假设下,永久美式看跌期权的价格满足如下自由边界问题:

$$
\begin{cases}
\dfrac{1}{2}vS^2\dfrac{\partial^2 P_A}{\partial S^2}+\rho\varepsilon\tilde{\sigma}vS\dfrac{\partial^2 P_A}{\partial S\partial v}+\dfrac{1}{2}\varepsilon^2\tilde{\sigma}^2v\dfrac{\partial^2 P_A}{\partial v^2} \\[2mm]
\quad +rS\dfrac{\partial P_A}{\partial S}+\varepsilon\tilde{\kappa}(\eta-v)\dfrac{\partial P_A}{\partial v}-rP_A=0 \\[2mm]
\lim\limits_{S\to\infty}P_A(S,v)=0 \\[2mm]
P_A(S_f(v),v)=K-S_f(v) \\[2mm]
\dfrac{\partial P_A}{\partial S}(S_f(v),v)=-1 \\[2mm]
\lim\limits_{v\to 0}P_A(S,v)=0 \\[2mm]
\lim\limits_{v\to\infty}P_A(S,v)=K
\end{cases}
\tag{7.13}
$$

其中，$\tilde{\kappa}=\dfrac{\kappa}{\varepsilon}$ 和 $\tilde{\sigma}=\dfrac{\sigma}{\varepsilon}$ 为参数，其量阶为 $O(1)$，即与常数 1 是同阶。因为当 $v\to 0$ 时，最优执行价格趋于执行价格，因此在连续区域中，$v=0$ 时的边界条件可以简化为零。

一旦考虑了随机波动率，最优执行价格就变成了关于波动率的未知函数，永久美式看跌期权的定价就不再像在 B-S 框架下那样容易找出解析解。但是，基于波动率变化缓慢的假设，我们仍可得出期权价格和最优执行价格的近似值。

为了便于分析，首先进行变量替换：令 $x=\ln(S/K)$，$P=P_A/K$，则式 (7.13)可变为：

$$\begin{cases} L_0 P+\varepsilon L_1 P+\varepsilon^2 L_2 P=0 \\[2mm] \lim_{x\to\infty} P(x,\,v)=0 \\[2mm] P(X_f(v),\,v)=1-\exp(X_f(v)) \\[2mm] \dfrac{\partial P}{\partial x}(X_f(v),\,v)=-\exp(X_f(v)) \\[2mm] \lim_{v\to 0} P(x,\,v)=0 \\[2mm] \lim_{v\to\infty} P(x,\,v)=1 \end{cases} \qquad (7.14)$$

其中，算子 L_0、L_1 和 L_2 的定义如下：

$$L_0=\frac{1}{2}v\frac{\partial^2}{\partial x^2}+\left(r-\frac{1}{2}v\right)\frac{\partial}{\partial x}-rI$$

$$L_1=\rho\tilde{\sigma}v\frac{\partial^2}{\partial x\partial v}+\tilde{\kappa}(\eta-v)\frac{\partial}{\partial v}$$

$$L_2=\frac{1}{2}\tilde{\sigma}^2v\frac{\partial^2}{\partial v^2}$$

不难看出，算子 L_0 是永久 B-S 算子，其波动率等于即期波动率 $\sqrt{v}$ 。

与标准渐近分析一样，将式(7.14)的解按 ε 的幂次方展开：

$$P(x, v) = \sum_{n=0}^{\infty} \varepsilon^n P_n(x, v)$$

$$X_f(v) = \sum_{n=0}^{\infty} \varepsilon^n X_n(v)$$

其中，$P(x, v)$ 和 $X_f(v)$ 分别为归一化的期权价格和归一化的最优执行价格的对数。

将 $P(x, v)$ 的级数展开形式代入(7.14)中的偏微分方程可得：

$$\sum_{n=0}^{\infty} \varepsilon^n L_0 P_n(x, v) + \sum_{n=0}^{\infty} \varepsilon^{n+1} L_1 P_n(x, v) + \sum_{n=0}^{\infty} \varepsilon^{n+2} L_2 P_n(x, v) = 0$$

将 $X_f(v)$ 的级数展开形式代入自由边界条件可得：

$$\sum_{n=0}^{\infty} \varepsilon^n P_n \Big|_{x = \sum_{n=0}^{\infty} \varepsilon^n X_n(v)} = 1 - \exp\Big(\sum_{n=0}^{\infty} \varepsilon^n X_n(v)\Big)$$

$$\sum_{n=0}^{\infty} \varepsilon^n \frac{\partial P_n}{\partial x} \Big|_{x = \sum_{n=0}^{\infty} \varepsilon^n X_n(v)} = -\exp\Big(\sum_{n=0}^{\infty} \varepsilon^n X_n(v)\Big)$$

将上式两端截断到 $O(\varepsilon^2)$ 阶可得：

$$L_0 P_0 + \varepsilon(L_0 P_1 + L_1 P_0) + \cdots = O(\varepsilon^2) \tag{7.15}$$

$$P_0(X_0, v) + \varepsilon\Big(\frac{\partial P_0}{\partial x}(X_0, v) + P_1(X_0, v)\Big) \tag{7.16}$$

$$= 1 - \exp(X_0) - X_1 \exp(X_0) + O(\varepsilon^2)$$

$$\frac{\partial P_0}{\partial x}(X_0, v) + \varepsilon\Big(\frac{\partial^2 P_0}{\partial x^2}(X_0, v) + \frac{\partial P_1}{\partial x}(X_0, v)\Big) \tag{7.17}$$

$$= -\exp(X_0) - X_1 \exp(X_0) + O(\varepsilon^2)$$

其他边界条件的处理在这里省略。

7.2.2　零阶解

可以证明零阶项 P_0 和 X_0 满足以下偏微分方程系统：

$$\begin{cases} L_0 P_0 = 0 \\[2mm] \lim_{x \to \infty} P_0(x, v) = 0 \\[2mm] P_0(X_0(v), v) = 1 - \exp(X_0(v)) \\[2mm] \dfrac{\partial P_0}{\partial x}(X_0(v), v) = -\exp(X_0(v)) \end{cases} \tag{7.18}$$

在式(7.18)中，因为 L_0 是永久 B-S 算子，不包含关于 v 的偏微分，所以方差 v 不再是一个自变量。因此在连续区域中，式(7.18)的解为：

$$P_0(x, v) = \frac{1}{1+a}\left[\frac{1+a}{a}\exp(x)\right]^{-a}$$

$$X_0(v) = \ln\frac{a}{1+a}$$

其中 $a = \dfrac{2r}{v}$ 是相对利率。事实上，如果用 σ^2 代替当前方差 v，这个解与默顿在 B-S 模型下找出的永久美式期权的解相同。这种退化到 B-S 系统的现象在零阶时出现是非常合理的，因为假设波动率在即期波动率 $\sqrt{v}$ 附近缓慢变化，并且变化的程度接近于零，v_t 理所应当被"冻结"在其初始值 v。

7.2.3　一阶解

将式(7.15)—式(7.17)中 ε 前的系数设为零，可得：

$$\begin{cases} L_0 P_1 = -L_1 P_0 \\[2mm] \lim_{x \to \infty} P_1(x, v) = 0 \\[2mm] P_1(X_0, v) = -X_1 \dfrac{\partial P_0}{\partial x}(X_0, v) - X_1 \exp(X_0) \\[2mm] \dfrac{\partial P_1}{\partial x}(X_0, v) = -X_1 \dfrac{\partial^2 P_0}{\partial x^2}(X_0, v) - X_1 \exp(X_0) \end{cases} \tag{7.19}$$

由于 $\dfrac{\partial P_0}{\partial x}(X_0, v) = -\exp(X_0)$，因此 $P_1(X_0, v) = 0$。不难发现，在式 (7.19) 中，方差 v 仍可被视为常数。因为 $X_0(v)$ 在求得 P_0 之后已知，所以上述关于 P_1 的偏微分方程系统不再是自由边界问题。此外，自由边界的一阶校正可以通过如下公式得到：

$$X_1(v) = -\frac{\dfrac{\partial P_1}{\partial x}(X_0, v)}{\dfrac{\partial^2 P_0}{\partial x^2}(X_0, v) + \exp(X_0)} \tag{7.20}$$

一旦消除 $X_1(v)$ 后就可以从式 (7.19) 中求出 P_1。

观察式 (7.19) 可以发现，P_1 需要满足的非齐次常微分方程系统的特征是将永久 B-S 算子 L_0 应用于 P_1，将包含关于 v 微分的算子应用于已知函数 P_0，从而得到两个非齐次项，再通过这两项对零阶最优执行价格 $X_0(v)$ 进行校正。这意味着只需要在零阶时隐式处理移动边界，那么对零阶移动边界的校正都可以在随后的高阶中显式处理。

具体而言，首先找出式 (7.19) 中的常微分方程的一般解，然后利用一阶边界条件确定系数。为了找到式 (7.19) 中包含的常微分方程的一般解，利用应用参数变化方法可得：

$$P_1(x, v) = C_2 \exp(x) + C_1 \exp(-ax)$$

$$-\frac{\exp(-ax)x}{v}\frac{\left[2D+2C+Cx+a(2D+Cx)\right]}{(1+a)^2}$$

其中

$$C=\left(\frac{1+a}{a}\right)^{-a-1}\left[\rho\widetilde{\sigma}a-\frac{\widetilde{\kappa}(\eta-v)}{v}\right]$$

$$D=\left(\frac{1+a}{a}\right)^{-a-1}\left[\rho\widetilde{\sigma}\left(a\ln\frac{1+a}{a}-1\right)-\frac{\widetilde{\kappa}(\eta-v)}{v}\ln\frac{1+a}{a}\right]$$

根据远场边界条件,可以直接证明 $C_2=0$。另一方面,由于 $P_1(X_0,v)=0$,可得:

$$C_1=\frac{X_0}{v}\frac{\left[2D+2C+CX_0+a(2D+CX_0)\right]}{(1+a)^2}$$

因此, $P_1(x,v)=-\dfrac{\exp(-ax)}{v(1+a)^2}\displaystyle\int_{X_0}^{x}2(D+C+aD+Cy+aCy)\mathrm{d}y$。

通过简单计算可得:

$$\frac{\partial P_1}{\partial x}(X_0,v)=\frac{2\exp(-ax)}{v(1+a)^2}\left(D+C+aD+C\ln\frac{a}{1+a}+aC\ln\frac{a}{1+a}\right)$$

$$=\frac{2a}{v^2(1+a)^3}\left[\rho\widetilde{\sigma}v+\widetilde{\kappa}(\eta-v)\right]$$

将上式代入式(7.20),可得 $X_1(v)=-\dfrac{2}{v^2(1+a)^3}\left[\rho\widetilde{\sigma}v+\widetilde{\kappa}(\eta-v)\right]$。

理论上,上述求解过程可以不断重复,直到找到所需的任意高阶项。然而在摄动分析中,在确定高阶项时的代数运算繁琐程度和所需高阶项的数量成非线性比例。由于零阶解和一阶解组成的近似值在理论上可以精确到 ε^2 的数量级,当前为 10^{-4},并且每多推导出一项只会对近似值的精度贡献 $O(10^{-4})$。然而,$O(10^{-4})$ 已经是非常小的值,对于许多国家交易的各种期权衍生品的价格来说可以忽略。因此,从实践的角度来看,只要均值回归率

κ 大致保持在 $O(10^{-2})$，解到达 ε 阶时就可以终止扰动分析。

现在，替换到原始变量，可得永久美式看跌期权价格的近似公式：

$$P_A(S,\,v) = \frac{K^{(1+2r/v)}v}{v+2r}\left[\frac{S(v+2r)}{2r}\right]^{-2r/v}$$

$$-\frac{K^{(1+2r/v)}vS^{-2r/v}}{(v+2r)^2}\int_{\ln 2r/(v+2r)}^{\ln S/K}2g(y)\mathrm{d}y \tag{7.21}$$

以及最优执行价格

$$S_f(v) = \frac{2rK}{v+2r}\exp\left\{-\frac{2v}{(v+2r)^3}\left[\rho\sigma v+\kappa(\eta-v)\right]\right\} \tag{7.22}$$

其中

$$g(y) = \left(\frac{v+2r}{2r}\right)^{-2r/v-1}\left[\rho\sigma\left(\frac{2r}{v}\ln\frac{v+2r}{2r}-1\right)-\frac{\kappa(\eta-v)}{v}\ln\frac{v+2r}{2r}\right]\left(\frac{v+2r}{v}\right)$$

$$+\left(1+y+\frac{2r}{v}y\right)\left(\frac{v+2r}{2r}\right)^{-2r/v-1}\left[\frac{2\rho\sigma r-\kappa(\eta-v)}{v}\right]$$

新导出的解析公式(7.21)—式(7.22)可以视为对经典 Merton 公式的修正。

值得指出，当前的解实际上比假设 κ 和 σ 具有相同阶数更具有一般性。如果放松对 σ 的假设，允许其是一个更大的 $\sqrt{\varepsilon}$ 阶，而 κ 仍保持为 ε 阶，并再次进行推导，将结果截断到二阶；在这种情况下，需要做的就是在式(7.21)和式(7.22)中将 κ 设为零，同时将近似解的精度变为 $O(\varepsilon)$。事实上，κ 是否设为零不会影响解的精度，因为 κ 的数量级为 ε，涉及 κ 的项是式(7.21)和式(7.22)中的高阶项。因此如果需要精确到 ε 阶的近似值，这两个公式也适用。

根据当前的定价公式和 7.1 节中阐述的工作，可以对这两种情况进行比较。可以观察到，在两种模型下，近似解的零阶项都是永久 B-S 公式，但缓慢变化的波动率和快速均值回归的波动率分别被即期值和有效值所取代。

这是两种模型之间的一致性,因为缓慢变化的波动率在变化程度接近零时,应该在其初始值处"冻结";而当快速均值回归率非常大时,波动率应该是其有效水平。其次,缓慢变化的波动率的影响与即期波动率不同,对于即期波动率的某些值,随机波动率倾向于增加合同的价值,但对于另一些值,它倾向于降低合同的价值。最后,在两种波动情况下,产生随机波动率效应的原因是不同的。缓慢变化的波动率对美式永久看跌期权的影响主要来自时间累积效应,因为缓慢变化的波动率的变化在极短时间内可以忽略不计,但从长远角度来看可能是显著的;快速均值回归波动率情况下的随机波动率效应在某种程度上与持有期权期间发生的所有快速但有限波动的总和相同。

7.3　多尺度波动率模型下永久美式期权价格的近似

前两节分别考虑了快速均值回归波动率和缓慢变化波动率情况下,永久美式期权的定价问题。研究表明,使用单一时间尺度的随机波动率模型无法充分反映市场情况。一是无法捕捉波动率修正的长区间记忆性,而这种长区间记忆特征在任何合理的市场中都可以观察到(Cont,2001)。具体而言,如果时间尺度选择较小(几天),则长时间尾部将被完全错过;相反,如果时间尺度选择得很大(大约数百天),则波动率修正初始快速衰变过程将被遗漏。二是与所谓的杠杆效应有关,或与负回报波动率修正有关,即价格下跌后通常会出现波动率增大的情况(Black,1976)。如果只采用单一的时间尺度,则波动率修正和杠杆函数具有大致相同的衰减率,这与实证结果"杠杆效应的衰减速度应该比波动率修正快得多"(Perroló et al.,2003)不吻合。因此,包含单一时间尺度的随机波动率模型无法很好地捕捉波动率修正和杠杆效应的行为,多尺度随机波动率模型便应运而生了。本节将在多尺度随机波动率模型下,考虑永久美式期权的定价问题。本节内容主要参考 Chen 和 Zhu(2012)。

7.3.1　多尺度随机波动率模型

本节将采用 Fouque 等(2003b)在实证研究的基础上提出的一类多尺度随机波动率模型。在这类模型中,假设波动过程由两个扩散驱动,一个是快速波动,另一个则是缓慢变化。具体而言,假设标的资产价格 S_t 遵循几何布朗运动,其波动率随机,且由一个快尺度和一个慢尺度控制。从数学上来说,S_t 满足 $\dfrac{\mathrm{d}S_t}{S_t}=\mu\mathrm{d}t+f(Y_t,\ Z_t)\mathrm{d}B_{1,t}$,其中 μ 是漂移率,$B_{1,t}$ 是标准布朗运动,f 为有界正函数。此外,f 由两个因子 Y_t 和 Z_t 控制,这两个因子满足以下两个过程:

$$\mathrm{d}Y_t=\left[\frac{1}{\varepsilon}(m-Y_t)\right]\mathrm{d}t+\frac{\sqrt{2}\,v}{\sqrt{\varepsilon}}\mathrm{d}B_{2,t}$$

$$\mathrm{d}Z_t=\delta c(Z_t)\mathrm{d}t+\sqrt{\delta}\,g(Z_t)\mathrm{d}B_{3,t}$$

其中,函数 $c(z)$ 和 $g(z)$ 是光滑的,并且随着 $z\to\infty$ 呈线性增长,v^2 表示 Y_t 的不变分布的方差,它决定了波动率的长期水平。$1/\varepsilon$ 是 Y_t 的均值回归率,控制其回归速度,m 为长期均值。若 ε 是一个正的小参数,则 Y_t 被称为快波动率因子,因为它的自相关性在时间尺度 ε 上呈指数衰减。对于 Z_t,若 δ 也是一个小的正参数,则 Z_t 被称为慢波动率因子。ε 和 δ 的独立性与真实市场观察到的结果是一致的。研究表明,ε 和 δ 可以相差一个数量级〔大致为 $\varepsilon\sim O(0.005)$ 和 $\delta\sim O(0.05)$〕。本节将讨论 $\varepsilon\neq\delta$ 的情况。还应注意的

是,前述随机过程中包含的三个布朗运动不一定是独立的,它们之间的相关性可以表示为:

$$\mathbf{B_t}=\begin{bmatrix} 1 & 0 & 0 \\ \rho_1 & \sqrt{1-\rho_1^2} & 0 \\ \rho_2 & \rho_3 & \sqrt{1-\rho_2^2-\rho_3^2} \end{bmatrix}\mathbf{W_t}$$

其中,$\mathbf{B_t}=\begin{bmatrix} B_{1,t} \\ B_{2,t} \\ B_{3,t} \end{bmatrix}$,$\mathbf{W_t}$ 是标准的三维布朗运动。

另外,当引入随机波动率时,市场不再是完整的,这意味着等价鞅测度不再唯一。本节采用了已有文献中的风险溢价组合(Fouque et al.,2003b),即:

$$\Lambda_1(y,z)=\rho_1\frac{(u-r)}{f(y,z)}+\sqrt{1-\rho_1^2}\,l_1(y,z)$$

$$\Lambda_2(y,z)=\rho_2\frac{(u-r)}{f(y,z)}+\rho_3 l_1(y,z)+\sqrt{1-\rho_1^2-\rho_3^2}\,l_2(y,z)$$

其中,$l_1(y,z)$ 和 $l_2(y,z)$ 是光滑的有界函数。在该风险中性测度下,上述三个过程可以表示为:

$$\begin{cases} \dfrac{\mathrm{d}S}{S}=r\mathrm{d}t+\sigma_t \mathrm{d}B_{1,t}^Q \\[2mm] \mathrm{d}Y_t=\left[\dfrac{1}{\varepsilon}(m-Y_t)-\dfrac{\sqrt{2}v}{\sqrt{\varepsilon}}\Lambda_1(Y_t,Z_t)\right]\mathrm{d}t+\dfrac{\sqrt{2}v}{\sqrt{\varepsilon}}\mathrm{d}B_{2,t}^Q \\[2mm] \mathrm{d}Z_t=[\delta c(Z_t)-\sqrt{\delta}g(Z_t)\Lambda_2(Y_t,Z_t)]\mathrm{d}t+\sqrt{\delta}g(Z_t)\mathrm{d}B_{3,t}^Q \end{cases}$$

其中,$\begin{bmatrix} B_{1,t}^Q \\ B_{2,t}^Q \\ B_{3,t}^Q \end{bmatrix}=\mathbf{B_t}+\displaystyle\int_0^t \begin{bmatrix} (\mu-r)f(Y_s,Z_s) \\ l_1(Y_s,s_s) \\ l_2(Y_s,Z_s) \end{bmatrix}\mathrm{d}s$。

7.3.2 永久美式看跌期权的近似价格

1. 定价系统

在上文提出的一般多尺度随机波动率模型下,永久美式看跌期权的价格满足一个自由边界问题。具体而言,期权价格 $P(S,y,z)$ 和最优执行价格 $S_f(y,z)$ 应该满足如下偏微分方程系统:

$$
\begin{cases}
\dfrac{1}{2}f^2(y,z)S^2\dfrac{\partial^2 P}{\partial S^2}+rS\dfrac{\partial P}{\partial S}-rP+\dfrac{\sqrt{2}\,v}{\sqrt{\varepsilon}}\left[\rho_1 f(y,z)S\dfrac{\partial^2 P}{\partial S\partial y}-\Lambda(y,z)\dfrac{\partial P}{\partial y}\right] \\[2mm]
+\dfrac{1}{\varepsilon}(m-y)\dfrac{\partial P}{\partial y}+\dfrac{v^2}{\varepsilon}\dfrac{\partial^2 P}{\partial y^2}-\sqrt{\delta}g(z)\Gamma(y,z)\dfrac{\partial P}{\partial z}+\sqrt{\delta}\rho_2 g(z)f(y,z)S\dfrac{\partial^2 P}{\partial S\partial z} \\[2mm]
+\delta c(z)\dfrac{\partial P}{\partial z}+\delta\dfrac{g^2(z)}{2}\dfrac{\partial^2 P}{\partial z^2}+\sqrt{\dfrac{\delta}{\varepsilon}}\sqrt{2}\,v\rho_{12}g(z)\dfrac{\partial^2 P}{\partial y\partial z}=0 \\[2mm]
\lim_{S\to\infty}P(S,y,z)=0 \\[2mm]
P(S_f,y,z)=K-S_f \\[2mm]
\dfrac{\partial P}{\partial S}(S_f,y,z)=-1
\end{cases}
\tag{7.23}
$$

上述系统的解的存在性和唯一性可以用变分不等式来证明,但可能需要给出沿 y 或 z 方向的边界条件。为了确保式(7.23)的适定性,是否需要施加沿 y 或 z 方向的边界条件取决于相应的边界是否"退化"。在退化边界的情况下,如果 Fichera 函数是负的,则应该施加相应的边界条件,反之则不需要(Zhu and Chen,2011a);对于非退化情况,应先验地给出边界条件。然而,对于本节中讨论的一般的情况,不可能判断沿 y 或 z 方向的边界是否退化,因为函数 $c(z)$、$g(z)$、$f(y,z)$、$\Gamma(y,z)$ 和 $\Lambda(y,z)$ 的具体形式取决于波动过程。即使这些边界被证明是退化的,仍然很难得到相应的 Fichera 函数的任何性质。为了找到适用于多尺度随机波动率模型的通用解,本节找出的解能够满足式(7.23),但不一定满足沿 y 或 z 方向的边界条件。从金融角度来说,本节确定的解可用于正常而非极端的波动率水平。

2. 级数展开

为了方便起见,引入新的变量 $x=\ln\dfrac{S}{K}$, $P^{\varepsilon,\delta}=\dfrac{P}{K}$,对式(7.23)进行归一化,可得:

$$\begin{cases} L^{\varepsilon,\delta}P^{\varepsilon,\delta}=0 \\ \lim_{x\to\infty} P^{\varepsilon,\delta}(x,\,y,\,z)=0 \\ P^{\varepsilon,\delta}(x_f^{\varepsilon,\delta}(y,\,z),\,y,\,z)=1-\exp(x_f^{\varepsilon,\delta}(y,\,z)) \\ \dfrac{\partial P^{\varepsilon,\delta}}{\partial x}(x_f^{\varepsilon,\delta}(y,\,z),\,y,\,z)=-\exp(x_f^{\varepsilon,\delta}(y,\,z)) \end{cases} \tag{7.24}$$

上式中算子 $L^{\varepsilon,\delta}$ 定义为:

$$L^{\varepsilon,\delta}=\frac{1}{\varepsilon}L_0+\frac{1}{\sqrt{\varepsilon}}L_1+L_2+\sqrt{\delta}M_1+\delta M_2+\sqrt{\frac{\delta}{\varepsilon}}M_3$$

其中

$$L_0=(m-y)\frac{\partial}{\partial y}+v^2\frac{\partial^2}{\partial y^2}$$

$$L_1=\sqrt{2}\,v\left[\rho_1 f(y,\,z)\frac{\partial^2}{\partial x\partial y}-\Lambda(y,\,z)\frac{\partial}{\partial y}\right]$$

$$L_2=\frac{1}{2}f^2(y,\,z)\frac{\partial^2}{\partial x^2}+\left[r-\frac{1}{2}f^2(y,\,z)\right]\frac{\partial}{\partial x}-rI$$

$$M_1=-g(z)\Gamma(y,\,z)\frac{\partial}{\partial z}+\rho_2 g(z)f(y,\,z)\frac{\partial^2}{\partial x\partial z}$$

$$M_2=c(z)\frac{\partial}{\partial z}+\frac{g^2(z)}{2}\frac{\partial^2}{\partial z^2}$$

$$M_3 = \sqrt{2}\, v\rho_{12} g(z) \frac{\partial^2}{\partial y \partial z}$$

由于有两个独立的小参数 ε 和 δ，遵循标准渐近分析，应该求出关于 ε 和 δ 的级数解。为简便起见，另一种方法是将其中一个小参数视为正常参数，首先找到关于另一个小参数的级数解。然后，将级数解相对于先前固定的小参数进行展开。在当前工作中，首先求出关于 $\sqrt{\delta}$ 的级数解，即：

$$P^{\varepsilon,\delta}(x,\ y,\ z) = \sum_{n=0}^{\infty} \delta^{n/2} P_n^{\varepsilon}(x,\ y)$$

$$x_f^{\varepsilon,\delta}(y,\ z) = \sum_{n=0}^{\infty} \delta^{n/2} x_n^{\varepsilon}(y) \tag{7.25}$$

事实上，如果首先确定关于 $\sqrt{\varepsilon}$ 的级数解，具体过程会很大不同，但最终结果应该完全相同。需要指出的是，这里试图找到的级数解是以 $\sqrt{\delta}$ 来展开的，而不是以 δ 展开的。这是因为算子 $L^{\varepsilon,\delta}$ 是关于 $\sqrt{\delta}$ 的幂次方的线性组合，即：

$$L^{\varepsilon,\delta} = \left(\frac{1}{\varepsilon} L_0 + \frac{1}{\sqrt{\varepsilon}} L_1 + L_2 \right)(\sqrt{\delta})^0 + \left(M_1 + \sqrt{\frac{1}{\varepsilon}} M_3 \right)\sqrt{\delta} + M_2 (\sqrt{\delta})^2 \tag{7.26}$$

将式 (7.26) 代入式 (7.24) 中的控制方程，可得：

$$\sum_{n=0}^{\infty} \delta^{n/2} \left(\frac{1}{\varepsilon} L_0 + \frac{1}{\sqrt{\varepsilon}} L_1 + L_2 \right) P_n^{\varepsilon}(x,\ y,\ z)$$

$$+ \sum_{n=0}^{\infty} \delta^{(n+1)/2} \left(M_1 + \sqrt{\frac{\delta}{\varepsilon}} M_3 \right) P_n^{\varepsilon}(x,\ v) n \tag{7.27}$$

$$+ \sum_{n=0}^{\infty} \delta^{n/2+1} M_2 P_n^{\varepsilon}(x,\ y,\ z) = 0$$

将式 (7.25) 代入自由边界条件，可得：

$$\sum_{n=0}^{\infty} \delta^{n/2} P_n^{\varepsilon} (\sum_{n=0}^{\infty} \delta^{n/2} x_n^{\varepsilon}, y, z) = 1 - \exp(\sum_{n=0}^{\infty} \delta^{n/2} x_n^{\varepsilon}) \qquad (7.28)$$

$$\sum_{n=0}^{\infty} \delta^{n/2} \frac{\partial P_n^{\varepsilon}}{\partial x} (\sum_{n=0}^{\infty} \delta^{n/2} x_n^{\varepsilon}, y, z) = -\exp(\sum_{n=0}^{\infty} \delta^{n/2} x_n^{\varepsilon}) \qquad (7.29)$$

将式(7.27)—式(7.29)都截断至 $O(\delta)$ 阶,可得:

$$
\begin{cases}
\left(\dfrac{1}{\varepsilon}L_0 + \dfrac{1}{\sqrt{\varepsilon}}L_1 + L_2\right)P_0^{\varepsilon} + \sqrt{\delta}\left[\left(\dfrac{1}{\varepsilon}L_0 + \dfrac{1}{\sqrt{\varepsilon}}L_1 + L_2\right)P_1^{\varepsilon}\right. \\[2ex]
\left. + \left(M_1 + \dfrac{1}{\sqrt{\varepsilon}}M_3\right)P_0^{\varepsilon}\right] = O(\delta) \\[2ex]
P_0^{\varepsilon}(x_0^{\varepsilon}, y, z) + \sqrt{\delta}\left(\dfrac{\partial P_0^{\varepsilon}}{\partial x}(x_0^{\varepsilon}, y, z)x_1^{\varepsilon} + P_1^{\varepsilon}(x_0^{\varepsilon}, y, z)\right) \\[2ex]
\quad = 1 - \exp(x_0^{\varepsilon}) - \sqrt{\delta}\,x_1^{\varepsilon}\exp(x_0^{\varepsilon}) + O(\delta) \\[2ex]
\dfrac{\partial P_0^{\varepsilon}}{\partial x}(x_0^{\varepsilon}, y, z) + \sqrt{\delta}\left(\dfrac{\partial^2 P_0^{\varepsilon}}{\partial x^2}(x_0^{\varepsilon}, y, z)x_1^{\varepsilon} + \dfrac{\partial P_1^{\varepsilon}}{\partial x}(x_0^{\varepsilon}, y, z)\right) \\[2ex]
\quad = -\exp(x_0^{\varepsilon}) - \sqrt{\delta}\,x_1^{\varepsilon}\exp(x_0^{\varepsilon}) + O(\delta)
\end{cases}
\qquad (7.30)
$$

3. 慢尺度下的零阶解

将式(7.30)中 $O(1)$ 项前的系数设为零,可得关于慢尺度 δ 的零阶项满足的偏微分方程系统:

$$
\begin{cases}
\left(\dfrac{1}{\varepsilon}L_0 + \dfrac{1}{\sqrt{\varepsilon}}L_1 + L_2\right)P_0^{\varepsilon} = 0 \\[2ex]
\lim_{x \to \infty} P_0^{\varepsilon}(x, y, z) = 0 \\[2ex]
P_0^{\varepsilon}(x_0^{\varepsilon}, y, z) = 1 - \exp(x_0^{\varepsilon}) \\[2ex]
\dfrac{\partial P_0^{\varepsilon}}{\partial x}(x_0^{\varepsilon}, y, z) = -\exp(x_0^{\varepsilon})
\end{cases}
\qquad (7.31)
$$

从式(7.31)中可以观察到,在 y 为快速均值回归的情况下,P_0^{ε} 是永久美式看跌期权的价格。基于 Fouque 等(2003a)对快速均值回归波动率下欧式衍生品定价的分析,可以推导出 P_0^ϵ 与 x_0^ϵ 的近似值如下:

$$P_0^\epsilon(x,\ y,\ z)=\sum_{n=0}^{\infty}\epsilon^{n/2}P_{n,0}(x,\ y,\ z)=P_{0,0}(x,\ y,\ z)$$

$$+\sqrt{\epsilon}\,P_{1,0}(x,\ y,\ z)+O(\epsilon)$$

$$x_0^\epsilon(y,\ z)=\sum_{n=0}^{\infty}\epsilon^{n/2}x_{n,0}(y,\ z)=x_{0,0}(y,\ z)+\sqrt{\epsilon}\,x_{1,0}(y,\ z)+O(\epsilon)$$

其中,$P_{0,0}(x,\ z)=\dfrac{1}{1+a}\left[\dfrac{1+a}{a}\exp(x)\right]^{-a}$, $x_{0,0}=\ln\dfrac{a}{1+a}$,则:

$$P_{1,0}(x,\ z)=\frac{2a(1+1/a)^{-a}\left[-(a+2)V_3+V_2\right](-\ln(1+1/a)-x)\exp(-ax)}{\bar{f}^2(z)(a+1)}$$

$$x_{1,0}(z)=\frac{2\left[-(a+2)V_3+V_2\right]}{2r+\bar{f}^2(z)}$$

在上式中,$a=\dfrac{2r}{\bar{f}^2(z)}$ 表示相对利率,其中 $\bar{f}(z)$ 是有效波动率,定义为快速因子不变分布的统计均值,即 $\bar{f}(z)=\langle f(y,z)\rangle$,$\langle\ \cdot\ \rangle$ 表示 $\displaystyle\int_{R_y}\cdot\ p_\infty\mathrm{d}y$,其中 p_∞ 是 Y 的不变分布,$p_\infty=\dfrac{1}{\sqrt{2\pi}\,v}\exp\left(-\dfrac{(y-m)^2}{2v^2}\right)$。

4. 慢尺度下的一阶校正

在对 P_0^ϵ 和 x_0^ϵ 的推导中,慢因子 Z_t 在整个求解过程中保持不变。从这个意义上讲,将 P_0^ϵ 和 x_0^ϵ 视为快速均值回归波动率情况下的解是合理的。下面将根据 Z_t 的随机性进行校正。

现将式(7.30)中 $O(\sqrt{\delta})$ 项前的系数设为零,可得:

$$\begin{cases} \left(\dfrac{1}{\varepsilon}L_0+\dfrac{1}{\sqrt{\varepsilon}}L_1+L_2\right)P_1^\varepsilon=-\left(M_1+\dfrac{1}{\sqrt{\varepsilon}}M_3\right)P_0^\varepsilon \\[2mm] \lim\limits_{x\to\infty}P_1^\varepsilon(x,\,y,\,z)=0 \\[2mm] P_1^\varepsilon(x_0^\varepsilon,\,y,\,z)=0 \\[2mm] \dfrac{\partial^2 P_0^\varepsilon}{\partial x^2}(x_0^\varepsilon,\,y,\,z)x_1^\varepsilon+\dfrac{\partial P_1^\varepsilon}{\partial x}(x_0^\varepsilon,\,y,\,z)=-\exp(x_0^\varepsilon)x_1^\varepsilon \end{cases}$$

为了求解 P_1^ε 和 x_1^ε,将其展开为 $\sqrt{\varepsilon}$ 的级数形式,即:

$$P_1^\varepsilon(x,\,y,\,z)=\sum_{n=0}^{\infty}\varepsilon^{n/2}P_{n,1}(x,\,y,\,z)\quad x_1(y,\,z)=\sum_{n=0}^{\infty}\varepsilon^{n/2}x_{n,1}(y,\,z)$$

与 7.2 节中的求解方法类似,可得出:

$$P_{0,1}=-\frac{\exp(-ax)}{\bar{f}^2(z)(1+a)^2}\int_{x_{0,0}}^{x}2(D+C+aD+Cy+aCy)\mathrm{d}y$$

其中

$$C=\frac{4r\bar{f}'(z)g(z)}{\bar{f}^3(z)(1+a)}\left(\frac{1+a}{a}\right)^{-a}\left[\bar{\Gamma}(z)+\rho_2\bar{f}(z)a\right]$$

$$D=\frac{4r\bar{f}'(z)g(z)}{\bar{f}^3(z)(1+a)}\left(\frac{1+a}{a}\right)^{-a}\left[\bar{\Gamma}(z)\ln\frac{1+a}{a}+\rho_2\bar{f}(z)\left(a\ln\frac{1+a}{a}-1\right)\right]$$

$$x_{0,1}=-\frac{4\bar{f}'(z)g(z)}{f^3(z)(1+a)^3}\left[\rho_2\bar{f}(z)-\bar{\Gamma}(z)(z)\right]$$

需要指出的是,上述 $P_{0,1}$ 和 $x_{0,1}$ 是由慢因子 Z_t 的随机性产生的。事实上,$P_{0,0}+\sqrt{\varepsilon}\,P_{0,1}$ 和 $x_{0,0}+\sqrt{\varepsilon}\,x_{0,1}$ 可以视为在缓慢变化的波动率下,永久美式看跌期权和最优执行价格的近似价格。对于期限较短的期权,没必要使用上述关于慢尺度的一阶修正,因为波动率的变化在相当短的时间内可以忽略不计。而对于没有到期日的假设,根据时间累积效应,慢因素对期权价格的影响可能是显著的。这种时间累积效应的定量分析可以通过使用慢尺度的一阶修正来实现。

因此,在一般的多尺度波动率模型下,美式永久看跌期权的价格可以写成:

$$P = \frac{K\bar{f}^2(z)}{\bar{f}^2(z) + 2r}\left[\frac{S(\bar{f}^2(z) + 2r)}{2rK}\right]^{-2r/\bar{f}^2(z)}$$

$$-\frac{2\sqrt{2}\sqrt{\varepsilon}Kr\nu}{\bar{f}^2(z)(\bar{f}^2(z) + 2r)}\ln\frac{2rK}{S[2r + \bar{f}^2(z)]}\left[\frac{S(\bar{f}^2(z) + 2r)}{2rK}\right]^{-2r/\bar{f}^2(z)}\cdot$$

$$\left[\frac{2r\rho_1\langle f\phi_y\rangle}{\bar{f}^2(z)} + \langle\Lambda\phi_y\rangle\right]$$

$$-\frac{\sqrt{\delta}8rK\bar{f}'(z)\bar{f}(z)g(z)}{(\bar{f}^2(z) + 2r)^3}\left[\frac{S(\bar{f}^2(z) + 2r)}{2rK}\right]^{-2r/\bar{f}^2(z)}\cdot$$

$$\int_{\ln 2r/(2r+\bar{f}^2(z))}^{\ln S/K} g(y)\mathrm{d}y$$

其中

$$g(y) = \left[\left[\left(\frac{2r}{\bar{f}^2(z)} + 1\right)\left(\ln\frac{2r + \bar{f}^2(z)}{2r} + y\right) + 1\right]\bar{\Gamma}(z)\right.$$

$$+ \rho_2\bar{f}(z)\left[\frac{2r}{\bar{f}^2(z)}\left(\frac{2r}{\bar{f}^2(z)} + 1\right)\left(y + \ln\frac{2r + \bar{f}^2(z)}{2r}\right) - 1\right]\right]$$

最优执行价格为

$$S_f = K\exp(x_{0,0} + \sqrt{\varepsilon}x_{1,0} + \sqrt{\delta}x_{0,1}) \approx K\exp(x_{0,0})(1 + \sqrt{\varepsilon}x_{1,0} + \sqrt{\delta}x_{0,1})$$

$$= \frac{2rK}{2r + \bar{f}^2(z)}$$

$$\left\{1-\frac{\sqrt{2\varepsilon}\,v\left[2r\rho_1\langle f\phi_y\rangle/\bar{f}^2(z)+\langle\Lambda\phi_y\rangle\right]}{\bar{f}^2(z)+2r}\right.$$

$$\left.-\frac{4\sqrt{\delta}\,\bar{f}'(z)\bar{f}^3(z)g(z)}{(\bar{f}^2(z)+2r)^3}(\rho_2\bar{f}(z)-\bar{\Gamma}(z))\right\}$$

7.3.3   讨论

从上面新推导出的永久美式看跌期权的定价公式及其最优执行价格的公式中可以观察到,快速因子 y 在公式中没有起到任何作用。事实上,在快速均值回归波动率的情况下,尽管在期权合同的有效期内,波动率可能会在几个月内围绕其长期均值大幅波动,但标的价格也可能发生很大的变化,一般而言,波动率的变化不会比标的价格的变化大。换言之,因为与标的价格的变化相比,波动率的变化是微不足道的,所以在下一次重大波动出现之前,波动率可以被视为是相对恒定的。因此,当前公式中仅涉及 Y_t 的所有可能路径的统计平均值,而不是其逐点水平。对于慢波动因子而言,z 被明确地包含在当前近似解中,因为对缓慢变化的过程 Z_t 取极限,它应该被"冻结"在其初始值 z。

此外,从近似公式中还可以观察到,近似解的领头项是永久 B-S 价格,其波动率被"冻结"在 z 的有效波动率所取代,即 $\bar{f}(z)$。这可以视为两种波动率对零阶解的影响的叠加:对于缓慢变化的波动率,当变化程度接近零时,它应被"冻结"在初始值;而在快速均值回归的情况下,当均值回归速度变得非常大时,波动率应为其有效水平。

另一方面,利用当前的定价公式,还可以定量分析多尺度波动率对永久美式看跌期权定价的影响。这样的分析与单一波动率下的分析非常相似(Zhu and Chen，2011c；Chen and Zhu，2012)。研究发现，一个缓慢变化的波动率因子对即期波动率的影响是不同的，而快速均值回归因子总是倾向于增加美式看跌期权的价格。

第 8 章　其他金融衍生品的定价及应用

在前面的章节中,我们主要介绍了期权的定价与应用。然而,正如第 1 章所述,当今金融市场上衍生品的种类繁多,期权只是其中的一小部分。本章将结合作者的有关成果,重点介绍如何给其他金融衍生品进行定价并推广到实际应用。本章将选取两类比较具有代表性的金融衍生品——信用违约互换(credit default swaps, CDS)和股票抵押贷款——进行展开论述。8.1 节将利用解析技巧,在不同模型和破产假设下,找出 CDS 的解析价格;8.2 节将通过在股票抵押贷款和美式看涨期权之间建立联系,利用预估-校正方法给出在随机利率模型下股票抵押贷款的价格。

8.1　信用违约互换

当今社会,金融危机的发生更为频繁,对经济和社会的发展造成了极大的危害。自 20 世纪 30 年代以来,最大的一次金融危机发生在 2008 年。这场危机给世界经济发展带来了前所未有的灾难。不可否认,向信用程度不高、收入低且弹性较大的借款人提供贷款,是金融危机爆发的根本原因。对许多金融机构而言,其本质就是经营风险,而信用风险是金融机构面临的主要风险之一,也是导致区域性乃至全球性金融危机的关键因素之一。有效管理和控制信用风险的工具之一是信用衍生品。它们具有分散信用风险、增强资产流动性、提高资本回报率、扩大金融市场规模与提高金融市场效率等五个方面的功效。信用衍生品在西方的发展十分迅猛,而目前在中国还处于空白阶段。但考虑到利用信用衍生品将有助于缓解银行业出现的"惜贷"、化解金融不良资产以及缓解中小企业融资难等问题,该衍生品在中国有极大的应用前景,对其展开研究符合中国经济发展的需要,具有很强的时代意义。

在所有信用衍生品中,CDS 是国外债券市场中最常见和最基本的信用衍生产品。CDS 购买者将定期向 CDS 出售者支付一定费用,而一旦出现信用类事件,购买者有权利将债券以面值递送给出售者,从而有效规避信用风险。由于 CDS 定义简单、交易简洁、容易实现标准化,自 20 世纪 90 年代以来,该金融产品在国外发达金融市场得到了迅速发展。精确计算 CDS 的价格对金融机构来说是非常基本的要求,因为它不仅帮助这些机构确定预留多少资本来应付金融或投资活动的风险,也可以通过信用衍生品对冲和缓和信用爆破。

如何给 CDS 精确定价是当今金融领域一个炙手可热的研究课题。与普通的互换合约类似,对 CDS 定价就是指确定其互换溢价。近年来,在 CDS 定价方面的工作主要有:Longstaff 和 Schwartz(1995)解决了在一个外生的过程中信用差价期权的定价问题;随着随机强度模型被用于违约事件,Brigo 和 Chourdakis(2009)在交易对手的违约和违约的 CDS 参考信用之间存在关联的情况下考虑 CDS 的交易对手风险;He 和 Chen(2014)在广义布朗运动假设下找出了 CDS 价格的解析解等。

准确确定 CDS 价格主要取决于信贷风险选择的模型。在这方面,两种模型被广泛使用:简化型模型和结构模型。前一个模型起源于 Jarrow 和 Turnbull(1995)的研究,并且在接下来的一系列论文中被进一步发展。在这些模型中,作者通过公司的历史数据来估计违约的可能性和强度。然而,这类模型很大程度上忽略了市场风险和其他信息之间的互相影响。

作为另一类广泛使用的模型,结构模型是使用公司的资产的结构变量的演化和债务的价值来确定违约发生的时刻。默顿是第一个使用结构模型来描述违约的人。他提出的 Merton 模型是结构化模型中的经典模型之一,其基本原理是公司的资产所有者把资产的价值与资产的票面价值比较,如果前者较小,则执行"违约期权",把剩余资产交给债权人。虽然此模型在信用衍生品领域得到了广泛的应用,但是它的假设有一些不合理。譬如在此模型下,违约只能发生在债券到期日,参照资产收益变化服从正态分布等。采用不合理的模型会导致计算出的信用衍生品与实际值有较大的误差,其潜在的操作风险将不利于信用风险控制工作的顺利展开,可能会引起金融市场的不稳定,甚至引发金融危机。

综上所述,选择合适的信用风险和参考资产价格演变模型对精确求解 CDS 的价格至关重要。本节将结合现有研究成果,对几种复杂模型下的 CDS 进行准确定价。

8.1.1　广义分数布朗运动模型下的 CDS 价格

本节将首先简要回顾有关广义分数布朗运动(GMFBM)的背景,有兴趣的读者可以参考 Thäle(2009)。本节主要参考 He 和 Chen(2014)。

1. 广义分数阶布朗运动简介

定义 8.1　一个参数为 $H=(H_1, \cdots, H_N)$ 和 $\alpha=(\alpha_1, \cdots, \alpha_N)$ 的广义分数布朗运动是一个随机过程,即 $Z^H=(Z_t^H)_{t\geqslant 0}=(Z_t^{H,\alpha})_{t\geqslant 0}$,定义在某个概率空间 (Ω, F, P) 上:$Z^{H,\alpha}=\sum_{k=1}^{N}\alpha_k B_{H_k}(t)$,其中 $(B_{H_k}(t))_{t\geqslant 0}$ 是具有 Hurst 指数 H_k 且相互独立的分数布朗运动,其中 $k=1, \cdots, N$。

根据这一定义可以看出,广义分数布朗运动模型是多个分数布朗运动模型的推广。当 $N=1$ 时,广义分数布朗运动模型退化为分数布朗运动模型;当 $N=1$ 和 $H_1=\frac{1}{2}$ 时,该模型退化为布朗运动模型;当 $N=2$ 和 $H_1=\frac{1}{2}$ 时,该模型退化为混合分数布朗运动模型(MFBM)。关于更多广义分数布朗运动的性质可以参照文献 Thäle(2009)。

需要指出的是,经典的伊藤引理不能用来计算包含广义分数布朗运动的随机积分。因为在一般情况下,广义分数布朗运动既不是一个马尔可夫过程也不是半鞅,Duncan 等(2000)提出利用 Wick 乘积来定义包含广义分数布朗运动的随机积分。一旦采用这种特殊乘积形式,所定义的随机积分都将是零均值的,在此基础上产生了一个新的概念——Wick 套利。有学者指出,分数布朗运动模型是无套利的,表明它们是无法进行 Wick 套利的(Elliott and van der Hoek,2003)。然而,最近,在无套利模型下已经发现了一些套利机会(Björk and Hult, 2005;Cheridito, 2001),这说明 Wick 乘积的引入并不能消除套利,其原因可能是随着伊藤积分被以 Wick 乘积定义的积分所取代,投资组合价值和自融资组合这两个用于衡量市场是否无套利的概念与标准概念已变得完全不同（Björk and Hult，2005）。另一方面，对于混合分数布朗运动模型，在 Hurst 指数上加上一定约束条件后，混合分数布朗运动可变为标准布朗运动的常数倍数，因此相应的市场在常规意义上是无套利的（Cheridito，2001）。这一结论也可扩展到广义分数布朗运动模型。

考虑具有 $H_1 < H_2 < \cdots < H_N$ 和 $\alpha_1，\cdots，\alpha_N \in \mathbb{R} \setminus \{0\}$ 的广义分数布朗运动 Z^H。因此，Z^H 是一个高斯过程，其谱密度为 $f(\lambda) = \sum_{k=1}^{N} \alpha_k^2 f_{H_k}(\lambda)$，其中，$f_{H_k}(\lambda)$ 是具有 Hurst 指数 $H_k \in (0，1)$ 的分数布朗运动的谱密度，它的定义为：$f_{H_k}(\lambda) = D_{Hk} |\lambda|^{1-2H_k}$，其中 $D_{Hk} = \dfrac{\sin(\pi H_k) \Gamma(1+2H_k)}{2\pi}$。由于 Z^H 中的 Hurst 指数随着下标的增加而增加，不难证明，f 在 $\lambda = \infty$ 时满足下列渐近表达式：$f(\lambda) = \alpha_1^2 f_{H_1} + \alpha_2^2 D_{H_2} |\lambda|^{1-2H_2} (1+0(1))$。

从上式可以观察到，可以将 Z^H 写成具有 Hurst 指数 H_1 的分数布朗运动的倍数和独立的高斯过程之和，该过程的谱密度在靠近无穷大时是 $|\lambda|^{1-2H_2}$ 的倍数。事实上，如果 $H_2 - H_1 > \dfrac{1}{4}$，那么 Z^H 局部等价于 $\alpha_1 B_{H_1}(t)$（van Zanten，2007）。这里的"局部等价"是指对于每一个 $T > 0$，在 $[0，T]$ 上等价。下面的定理将对其进行简要证明。

定理 8.1 设 Z^H 是具有 Hurst 指数 $H_1 < H_2 < \cdots < H_N$ 和 $\alpha_1，\cdots，\alpha_N \in \mathbb{R} \setminus \{0\}$ 的广义分数布朗运动，如果 $H_2 - H_1 > \dfrac{1}{4}$，则 Z^H 和 $Y = \alpha_1 B_t^{H_1}$ 局部等价。

证明 设 $f_0(\lambda)$ 和 $f_1(\lambda)$ 分别为 Y 和 Z^H 的谱密度。证明两个高斯过程等价主要是检验下列积分的可积性（van Zanten，2007）：

$$\int_c^\infty \left[\frac{f_1(\lambda)-f_0(\lambda)}{f_0(\lambda)}\right]^2 S_T^0(\lambda,\lambda) f_0(\lambda) d\lambda$$

其中 S_T^0 是 Y 的再生核。根据 S_T^0 的渐近式、$f_0(\lambda)$ 和 $f_1(\lambda)$ 的显式表达式,不难证明存在常数 M,使得 $\left|\left[\dfrac{f_1(\lambda)-f_0(\lambda)}{f_0(\lambda)}\right]^2 S_T^0(\lambda,\lambda) f_0(\lambda)\right| \leqslant$ $M|\lambda|^{4(H_1-H_2)}$。

当 $H_2-H_1>\dfrac{1}{4}$ 时,可以通过 Cauchy 方法获得式(8.1)的可积性。证毕。∎

从定理 8.1 中,可以直接得到以下推论。

推论 8.1　在一个具有参数 $H_1<H_2<\cdots<H_N$ 和 $\alpha_1,\cdots,\alpha_N\in\mathbb{R}\setminus\{0\}$ 的广义分数布朗运动 $(Z_t^{H,\alpha})_{t\geqslant 0}$ 市场中,如果 $H_1=\dfrac{1}{2}$ 且 $\dfrac{3}{4}<H_2<H_3<\cdots<H_N<1$,则该市场中不存在套利机会。

证明:根据定理 8.1,$(Z_t^{H,\alpha})_{t\geqslant 0}$ 等价于 $\alpha_1 B_t^{\frac{1}{2}}$,其中 $B_t^{\frac{1}{2}}$ 是标准布朗运动。由于标准布朗运动下的市场是完整的且不存在套利机会,因此该推论的结果可以直接获得。

2. CDS 的价格表达式

下面将导出广义分数布朗运动模型下 CDS 价格的封闭形式的解析表达式。首先计算公司的违约率,在此基础上,通过计算其现金流可以获得 CDS 的价格。

(1) 公司违约概率。

顾名思义,违约概率描述了金融机构在特定时间范围内违约的可能性。现在考虑一个由银行账户和公司风险资产(即参考资产)组成的广义分数布朗运动市场,在时间 t 下,银行账户中一美元的价值 $P(t)$ 满足:$dP(t)=rP(t)dt$,$P(0)=1$,其中常数 $r>0$ 表示无风险利率。在概率测度 P 下,参考资产 V_t 遵循广义分数布朗运动过程,即 $dV_t=(\mu-\rho)V_t dt+\sigma V_t \Diamond d\bar{X}_t$;其中,$\Diamond$ 表示 Wick 乘积,μ 是预期资产回报率,σ 是波动率,ρ 是标的资产的股息收益率,$\bar{X}_t$ 代表广义分数布朗运动,即 $\bar{X}_t=\sum_{i=1}^{N}\alpha_i\bar{B}_{H_i}(t)$,其中 $(\bar{B}_{H_i}(t))_{t\geqslant0}$ 是具有 Hurst 指数 $H_i(i=1,2\cdots,N)$ 的独立分数布朗运动。

根据分数 Girsanov 定理,在风险中性测度 $\mathbb{Q}$ 下,V_t 应满足:

$$dV_t=(r-\rho)V_t dt+\sigma V_t \Diamond dX_t \tag{8.2}$$

其中 $X_t=\dfrac{\mu-r}{\sigma}t+\bar{X}_t$。使用 Wick 微积分,可以得到式(8.2)的解为:

$$V_t=V_t e^{(r-\rho)t}\exp\Diamond\Big[\sum_{i=1}^{N}\int_{0}^{t}\sigma\alpha_i dB_{H_i}(t)\Big] \tag{8.3}$$

根据 Wick 乘积的交换律和结合律,式(8.3)可以进一步简化为:

$$V_t=V_0\exp\Big[(r-\rho)t+\sum_{i=1}^{N}\int_{0}^{t}\sigma\alpha_i dB_{H_i}(t)-\frac{1}{2}\sum_{i=1}^{N}\int_{0}^{t}(M_{H_i}\sigma\alpha_i)^2 ds\Big]$$

这里算子 M_{H_i} 的定义为 $M_{H_i}f(x)=-\dfrac{d}{dx}\dfrac{C_{H_i}}{\left(H_i-\dfrac{1}{2}\right)}\int_{R}(t-x)\mid t-x\mid^{H_i-\frac{3}{2}}f(t)dt$,其中 $f\in S(R)$,$C_{H_i}=\left\{2\Gamma\left(H_i-\dfrac{1}{2}\right)\cos\left[\dfrac{\pi}{2}\left(H_i-\dfrac{1}{2}\right)\right]\right\}^{-1}\cdot[\Gamma(2H_i+1)\sin(\pi H_i)]^{\frac{1}{2}}$。

令 $M_{H_i}[0,t]=MI_{[0,t](x)}$,其中 $I_{[a,b]}$ 是区间 $[a,b]$ 的示性函数,因此,式(8.3)可以改写为:

$$V_t = V_0 \exp\Big[(r-\rho)t + \sum_{i=1}^{N} \int_0^t \sigma\alpha_i dB_{H_i}(t) - \frac{1}{2}\sum_{i=1}^{N}\int_R (M_{H_i}[0,t]\sigma\alpha_i)^2 ds\Big]$$

$$(8.4)$$

根据 Parseval 定理,式(8.4)可以简化为:

$$V_t = V_0 \exp\Big[(r-\rho)t + \sum_{i=1}^{N}\sigma\alpha_i B_{H_i}(t) - \frac{1}{2}\sum_{i=1}^{N}\sigma^2\alpha_i^2 t^{2H_i}\Big]$$

现在,令 D 表示贷款的面值,当公司的资产价值在 T 时小于或等于 D,则触发违约。因此,违约率等于 $V_T \leqslant D$ 的概率,即 $P(V_T \leqslant D)$,可以计算为:

$$P(V_T \leqslant D) = P(V_0\exp\Big[(r-\rho)T + \sum_{i=1}^{N}\sigma\alpha_i B_{H_i}(T) - \frac{1}{2}\sum_{i=1}^{N}\sigma^2\alpha_i^2 T^{2H_i}\Big] \leqslant D)$$

$$= N(d)$$

其中 $N(\cdot)$ 是标准正态分布函数,d 可以表示为:

$$d = \frac{\ln\dfrac{D}{V_0} - (r-\rho)T + \dfrac{1}{2}\sum_{i=1}^{N}\sigma^2\alpha_i^2 T^{2H_i}}{\sqrt{\sum_{i=1}^{N}\sigma^2\alpha_i^2 T^{2H_i}}}$$

$$(8.5)$$

其中,$\dfrac{D}{V_0}$ 是目标公司的初始杠杆。

(2) CDS 的价格。

CDS 是一种金融协议,规定卖方在发生贷款违约或其他信用事件时向买方进行补偿。在 CDS 中,它的价格被定义为买方向卖方定期支付的固定费用,通常以参考资产的百分比来衡量。为了确定 CDS 的价格 c,需要进一步考虑 CDS 合同中的现金流。假设 CDS 的买方在离散时刻 $t_i(i=1, 2, \cdots, n)$ 向卖方支付固定的费用 cM,其中 $0=t_1<t_2<\cdots<t_n=T$,T 为到期

日,M 为参考资产的名义价值。当违约事件发生时,卖方有义务仅在 T 时刻赔偿买方的损失,即向买方支付 $(1-L)M$,其中 L 是满意率。

CDS 合同涉及两部分现金流:一个是买方在每个离散时刻 t_i 支付给卖方的固定金额。假设银行支付的利率为连续复利计算,则该现金流的现值为 $P_1 = \sum_{i=1}^{n} cMe^{-rt_i}$;而另一个现金流只在发生违约事件时才会被触发,也就是卖方向买方支付 $(1-L)M$ 的赔偿金额,该部分的现值为 $P_2 = e^{-rT}M(1-L)P(V_T \leqslant D)$。

与远期合约和期货合约类似,在 CDS 合约刚签订时,该合约对签订双方而言都是公平的。这意味着 CDS 的现金流在签订合同时应该为零,即 $P_1 = P_2$,由此 CDS 的价格为:

$$c = \frac{e^{-rT}(1-L)N(d)}{\sum_{i=1}^{n} e^{-rt_i}} \tag{8.6}$$

其中,d 的定义与式(8.5)中的一致。

确定了 CDS 的价格后,可以通过对当前时间 t 的现金流作进一步分析从而确定 CDS 合同的价值。假设 $f(t)$ 是 CDS 在任何时间 t(其中 $0 \leqslant t \leqslant T$)的现金流,即 $f(t) = |\sum_{i=1}^{n} cMe^{-r(t_i-t)} - M(1-L)N(d)e^{-r(T-t)}|$。将式(8.6)代入 $f(t)$ 的表达式中,可得 $f(t)=0$,也就是说,CDS 的净现值总是为零。然而,如果市场利率一直在变化,CDS 的价值可能会随着时间的推移而出现正值或负值。

3. 数值算例和讨论

结合上文中确定的 CDS 价格,我们将给出一些数值结果,对新导出的公式进行讨论,以及对不同参数的影响进行定量分析。

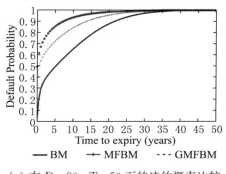

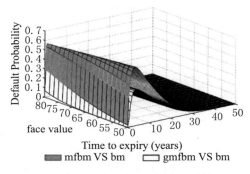

(a) 在 $D=80$、$T=50$ 下的违约概率比较　　(b) 在 $T=50$、$D \in (50, 80)$ 下的
违约概率差的绝对值比较

图 8.1　不同模型下违约率的比较

注：模型参数为 $V_0=100$，$r=0.06$，$\sigma=0.15$，$\rho=0.01$，$N=50$（广义分数布朗运动），$N=2$（混合分数布朗运动）。

　　图 8.1(a)展示的是根据布朗运动、混合分数布朗运动和广义分数布朗运动计算的三组违约概率。三种模型下违约概率之间的差的绝对值如图 8.1(b)所示。为了进行比较，在该图中，其他参数保持不变，调整系数 α_i 使得混合分数布朗运动和广义分数布朗运动的分布与波动率为 σ 的 B-S 分布具有相同的四分位数。令 $\alpha_i = \dfrac{T^{1-H_i}}{\sqrt{N}}$，且 $i=1, \cdots, N$，其中 T 是到期时间，

$H_i = 0.5 + \dfrac{0.95-0.5}{N-1}(i-1)$ 是与 $B_{H_i}(t)$ 相关的 Hurst 指数，N 是广义分数布朗运动中涉及的分数布朗运动的数量。根据推论 8.1，可知在上述参数下的广义分数布朗运动市场是无套利的。从图 8.3 中能看出，从广义分数布朗运动模型中计算出的违约概率比混合分数布朗运动模型的更接近 B-S 模型中的违约概率。

　　接下来研究不同参数对 CDS 价格的影响，包括到期时间 T、离散支付次数 n 和广义分数布朗运动中包含的分数布朗运动数量。图 8.2(a)展示了三种不同模型下 CDS 价格与到期时间 T 之间的关系。当 T 变大时，价格会

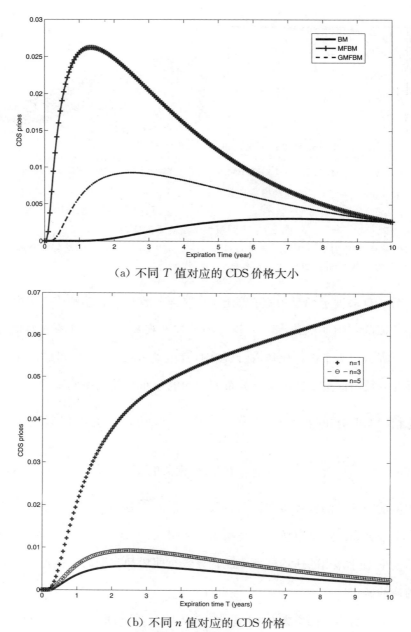

（a）不同 T 值对应的 CDS 价格大小

（b）不同 n 值对应的 CDS 价格

图 8.2　CDS 价格随 T 与 n 的变化

注：模型参数为 $V_0 = 100$，$r = 0.06$，$\sigma = 0.15$，$\rho = 0.01$，$N = 50$（广义分数布朗运动），$N = 2$（混合分数布朗运动）。

上涨,而在 T 值达到一定值之后,价格会随着 T 的增加而下降。当 T 很小的时候,CDS 价格由违约概率主导,违约概率随着 T 的增加而单调增加;当 T 变得非常大时,由于此时违约概率接近 1,主导因素变成 $e^{-rT} \big/ \sum\limits_{i=1}^{n} e^{-rt_i}$,若 T 进一步增加,CDS 价格反而会下降,因为在 n 保持不变的前提下,此时主导因素是关于 T 的单调递减函数。另一方面,如图 8.2(b)所示,在到期时间 T 一定时,CDS 的价格与支付次数成反比。这是因为如果 CDS 的买方更频繁地向卖方付款,那么他每次都所需支付的金额就会变少。

下面考察广义分数布朗运动中包含的分数布朗运动数量对 CDS 价格的影响,图 8.3 中展示了四组在不同 N 值下的 CDS 价格。其中布朗运动模型和混合分数布朗运动模型是广义分数布朗运动模型的特殊情况,分别对应

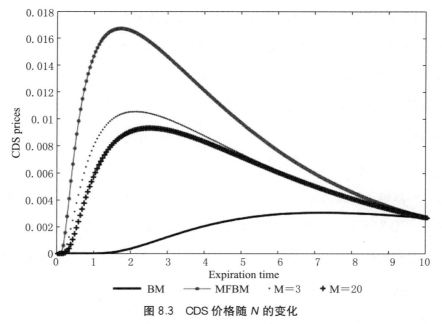

图 8.3　CDS 价格随 *N* 的变化

注:模型参数为 $V_0=100$, $r=0.06$, $\sigma=0.15$, $\rho=0.01$, $N=50$(广义分数布朗运动), $N=2$(混合分数布朗运动)。

$N=1$ 和 $N=2$ 的情况。从图中可以看出,广义分数布朗运动中包含的分数布朗运动数量若是增加,价格就会接近布朗运动下的价格。这说明当前模型可以得到比混合分数布朗运动模型更接近布朗运动模型的结果。

8.1.2　多尺度波动率模型下 CDS 的价格

本节将考虑多尺度随机波动率模型下 CDS 的定价。与常见的单时间尺度模型相比,该模型具有很多优点,如能够更贴近真实的市场,更好地体现长时间记忆效应,保证杠杆效应等。关于该模型的具体数学描述,可参见 7.3 节。此外,本节将在更一般的违约模型下(即非违约概率也需要求解),给出 CDS 价格的近似解。

假设标的资产价格变化遵循多尺度随机波动率过程,下面考虑如何确定 CDS 的价格。首先,推导出包含未知违约率的 CDS 价格的一般表达式;其次,进一步确定未知违约率;最后讨论近似解的精度。注意,这里 CDS 的价格是指 CDS 合同中规定的买方应向卖方支付的常规费用,以确保在违约时得到补偿。

1. CDS 合同

在求解近似值之前,需要对所考虑的 CDS 合同进行简要描述。设 M、R 和 T 分别为参考资产的面值、回收率和到期日,$p(S, t)$ 是在 t 之前没有发生违约的概率,因此,对于任何的公司,都有 $p(S, 0)=1$。当然函数 p 也可能包含 S 和 t 之外的变量,这取决于建模过程中的选择,但这并不影响 CDS 价格一般表达式的确定。为了简单起见,下面仅考虑 p 是关于 S 和 t 的函数的情况。

为了确定价差 c，需要研究 CDS 合同中出现的现金流。如果没有发生违约，CDS 卖方不仅不需要向买方支付任何费用，反而会在单位时间 dt 收到 $cMdt$ 的金额。因此，买方的现金流现值可表示为 $V_1 = \sum_t \left[e^{-rt} cMp(S, t)dt \right]$ $= cM \int_0^T e^{-rt} p(S, t)dt$。

反之，如果发生违约，卖方必须向买方支付 $(1-R)M$ 的赔偿。因此，卖方现金流的现值为 $V_2 = \sum \left[- e^{-rt}(1-R)Mdp(S, t) \right] = -(1-R)M \int_0^T e^{-rt} dp(S, t)$。当 CDS 合同刚签订时，这张合同对双方而言都是公平的。也就是说 CDS 的合同的价值在签订时应该为零，即 $V_1 - V_2 = 0$，因此 $cM \int_0^T e^{-rt} p(S, t)dt + (1-R)M \int_0^T e^{-rt} dp(S, t) = 0$。

基于 $p(S, 0) = 1$，$\int_0^T e^{-rt} p(S, t)dt \neq 0$，可以得出 CDS 价差的一般表达式为：

$$
\begin{aligned}
c &= \frac{(1-R)\int_0^T - e^{-rt} dp(S, t)}{\int_0^T e^{-rt} p(S, t)dt} \\
&= \frac{(1-R)[1 - e^{-rT} p(S, T)]}{\int_0^T e^{-rt} p(S, t)dt} - r(1-R)
\end{aligned}
\tag{8.7}
$$

从上式可观察到，若式(8.7)中的所有参数和函数都是已知的，那么就可以确定 c。但这里，在当前时间 t 之前没有发生违约的概率 $p(S, t)$ 是未知的。如果违约只发生在到期日，那么可以从 S 满足的随机微分方程中直接确定 $p(S, t)$。然而，违约可能发生在到期之前的任何时间，这使得求解 $p(S, t)$ 变得十分复杂。下文将设法在 $p(S, t)$ 和期权之间建立一种关系，这样一来就可以通过确定期权价格间接求解违约概率。

根据 $p(S, t)$ 的含义，$p(S, t)$ 可以表示为 $p(S, t)=\mathrm{Prob}(\min\limits_{0\leqslant t*\leqslant t} S_{t*}>L)=E[I_{\{\min_{0\leqslant t*\leqslant t}S_{t*}>L\}}]$，其中 S_t 是参考资产在时间 t 的价格，Prob 表示概率，L 是违约障碍，$I_{\{.\}}$ 是示性函数，$\min\limits_{0\leqslant t*\leqslant t} S_{t*}>L$ 意味着在 $[0, t]$ 上 S_t 的最小值大于 L。因此，$\mathrm{e}^{-rt}p(S, t)=\mathrm{e}^{-rt}E[I_{\{\min_{0\leqslant t*\leqslant t}S_{t*}>L\}}]$，令：

$$P(S, T-t)=\mathrm{e}^{-rt}p(S, t) \tag{8.8}$$

可得 $P(S, t)=\mathrm{e}^{-r(T-t)}p(S, T-t)=\mathrm{e}^{-r(T-t)}E[I_{\{\min_{T-t\leqslant\tau*\leqslant T}S_{\tau*}>L\}}]$。

因此，$p(S, t)$ 实际上是具有以 S 为标的资产的向下敲出二元期权的价格，$T-t$ 是到期时间，$h(S)$ 是回报函数，定义为：

$$h(S)=\begin{cases} 1 & \min\limits_{T-t\leqslant\tau*\leqslant T} S_{\tau*}>L \\ 0 & \text{其他} \end{cases}$$

现在对 CDS 的定价相当于对具有障碍 L 的向下敲出二元期权的定价。只要计算出该障碍期权的价格，CDS 的价差就可以通过式（8.7）和式（8.8）得到。特别地，在 P 已知的情况下，CDS 的价格可表示为：

$$c=\frac{(1-R)[1-P(S, 0)]}{\int_0^T P(S, y)\mathrm{d}y}-r(1-R) \tag{8.9}$$

2. 价格确定

下面将专注于确定向下敲出二元期权的价格。由于多尺度随机波动率模型下的标的价格与快因子和慢因子密切相关，无违约概率是关于 S、y、z 和 t 的函数，因此 P 也是关于 S、y、z 和 t 的函数。

为了确定向下敲出二元期权的价格，首先建立该奇异期权价格满足的偏微分方程系统。令 $P(S, y, z, t)$ 为向下敲出二元期权的价格，根据 Feynman-Kac 定理,在多尺度随机波动率模型下,对于 $y\in(-\infty,\infty)$, $z\in(-\infty,\infty)$, $t\in[0,T]$, $S\in[L,\infty]$,这种期权的价格满足:

$$
\begin{cases}
L^{\varepsilon,\delta}P=0 \\
P(S,y,z,T)=1 \\
P(L,y,z,t)=0 \\
P(+\infty,y,z,t)=\mathrm{e}^{-r(T-t)}
\end{cases}
\tag{8.10}
$$

其中 $L^{\varepsilon,\delta}=M_0+\sqrt{\delta}\left(M_1+\dfrac{1}{\varepsilon}M_3\right)+\delta M_2$,并且:

$$
M_0=\frac{1}{\varepsilon}L_0+\frac{1}{\sqrt{\varepsilon}}L_1+L_2 \qquad M_1=\rho_2 g(z)f(y,z)S\frac{\partial^2}{\partial S\partial z}-g(z)\Lambda_2(y,z)\frac{\partial}{\partial z}
$$

$$
M_2=\frac{1}{2}g^2(z)\frac{\partial^2}{\partial z^2}+c(z)\frac{\partial}{\partial z} \qquad M_3=\sqrt{2}\rho_{12}vg(z)\frac{\partial^2}{\partial y\partial z}
$$

$$
L_0=(m-y)\frac{\partial}{\partial y}+v^2\frac{\partial^2}{\partial y^2} \qquad L_1=\sqrt{2}v\left[\rho_1 Sf(y,z)\frac{\partial^2}{\partial S\partial y}-\Lambda_1(y,z)\frac{\partial}{\partial y}\right]
$$

$$
L_2=\frac{\partial}{\partial t}+\frac{1}{2}f^2(y,z)S^2\frac{\partial^2}{\partial S^2}+r\left[S\frac{\partial}{\partial S}-I\right]
$$

式(8.10)的解的存在性和唯一性可以用变分不等式来说明。对于式(8.10)是否需要加入沿 y 或 z 方向的边界条件,有兴趣的读者可参照 7.1 节中关于边界条件的讨论。这里需要说明一下,虽然本节找出的价格不一定满足两个方向端点处的边界条件,但这样的解在金融上是有意义的,因为它在波动率水平不是非常高或非常低的情况下都是有效的。

根据标准渐近分析理论,关于上文所提到的两个独立的小参数 ε 和 δ,应该寻找一个同时具有关于 ε 和 δ 的级数解。一种方法是先找到关于其中一个小参数的级数解,同时将另一个作为参数,然后将已获得的级数解关于另一个小参数展开。下面先确定式(8.10)关于 $\sqrt{\delta}$ 的级数解,即:

$$P(S,\ y,\ z,\ t)=\sum_{n=0}^{+\infty}\delta^{\frac{n}{2}}P_n^\varepsilon \tag{8.11}$$

将式(8.11)代入式(8.10)中的偏微分方程后可得:

$$M_0P_0^\varepsilon+\sqrt{\delta}\left[M_0P_1^\varepsilon+\left(M_1+\frac{1}{\sqrt{\varepsilon}}M_3\right)P_0^\varepsilon\right]=O(\delta) \tag{8.12}$$

(1) 慢尺度下的零阶解。

将式(8.12)中 $O(1)$ 项前的系数设为零并考虑边界条件,则慢尺度 δ 下的零阶项 P_0^ε 满足:

$$\begin{cases} M_0P_0^\varepsilon=0 \\ P_0^\varepsilon(S,y,z,\ T)=1 \\ P_0^\varepsilon(L,\ y,\ z,\ t)=0 \\ \lim_{S\to\infty}P_0^\varepsilon(S,\ y,\ z,\ t)=\mathrm{e}^{-r(T-t)} \end{cases} \tag{8.13}$$

可以看出, P_0^ε 是一个在 y 方向中具有快速均值回归波动率的向下敲出二元期权的价格。此外, z 不再是一个变量,而是 P_0^ε 的一个参数,因为此时算子 M_0 不包含任何关于 z 的偏微分。

为了导出 P_0^ε ,将其按 $\varepsilon^{\frac{1}{2}}$ 的幂次方展开:

$$P_0^\varepsilon(S,\ y,\ t)=\sum_{n=0}^{+\infty}\varepsilon^{\frac{n}{2}}P_{0,\,n}^\varepsilon \tag{8.14}$$

将式(8.13)代入式(8.14)中的控制方程,可得:

$$L_0P_{0,0}\frac{1}{\varepsilon}+[L_1P_{0,0}+L_0P_{0,1}]\frac{1}{\sqrt{\varepsilon}}+[L_2P_{0,0}+L_1P_{0,1}+L_0P_{0,2}]$$

$$+[L_2P_{0,1}+L_1P_{0,2}+L_0P_{0,3}]\sqrt{\varepsilon}=O(\varepsilon)$$

将 $O(1/\varepsilon)$ 项前的系数设为零,可得 $L_0P_{0,0}=0$。这说明 $P_{0,0}$ 与 y 无关,即

$P_{0,0}(S, y, t) = P_{0,0}(S, t)$。这是因为 L_0 是仅作用于 y 的遍历马尔可夫过程的生成元。对于 $O(1/\sqrt{\varepsilon})$ 项，有 $L_1 P_{0,0} + L_0 P_{0,1} = 0$。

由于 $P_{0,0}$ 相对于 y 是常数，因此有 $L_1 P_{0,0} = 0$，$L_0 P_{0,1} = 0$。从这里可以推断出 $P_{0,1}$ 也与 y 无关，因此有 $P_{0,1}(S, y, t) = P_{0,1}(S, t)$。由于当前 $P_{0,0}$ 的显式表达式仍未知，应该继续考虑 $O(1)$ 项，有 $L_2 P_{0,0} + L_1 P_{0,1} + L_0 P_{0,2} = 0$。上式可简化为：

$$L_2 P_{0,0} + L_0 P_{0,2} = 0 \tag{8.15}$$

假设 $P_{0,0}$ 已知，则式 (8.15) 实际上是 $P_{0,2}$ 满足的泊松方程。根据 Fredholm 选择定理，除非 $\langle L_2 P_{0,0}\rangle = 0$，否则式 (8.15) 无解，其中 $\langle \cdot \rangle$ 表示 $\int_{-\infty}^{+\infty} \cdot$

$\Phi(y)\mathrm{d}y$，$\Phi(y) = \dfrac{1}{v\sqrt{2\pi}} \mathrm{e}^{-\frac{(y-m)^2}{2v^2}}$ 是 Y_t 的不变分布。由于 $P_{0,0}$ 与 y 无关，因

此控制 $P_{0,0}$ 的偏微分方程系统可以进一步简化为 $\begin{cases} \langle L_2\rangle P_{0,0} = 0 \\ P_{0,0}(S, T) = 1 \\ P_{0,0}(L, t) = 0 \end{cases}$。

根据 L_2 的定义，不难证明 $\langle L_2 \rangle$ 是一个常数波动率被有效波动率 $\bar{f}(z)$ 取代，并定义为 $\bar{f}(z) = \langle f(y, z)\rangle$ 的 B-S 算子。因此，$P_{0,0}$ 是 B-S 框架下的向下敲出二元期权的价格，可以用镜像法来确定。其表达式为：

$$P_{0,0}(S, t) = \mathrm{e}^{-r(T-t)} \left[N(d_1) - N(d_2) \mathrm{e}^{-\left(\frac{2r}{\bar{f}^2(z)} - 1\right)\ln(S/L)} \right]$$

其中，$d_1 = \dfrac{\ln(S/L) + \left[r - \dfrac{1}{2}\bar{f}^2(z)\right](T-t)}{\bar{f}(z)\sqrt{T-t}}$，$d_2 = \dfrac{-\ln(S/L) + \left[r - \dfrac{1}{2}\bar{f}^2(z)\right](T-t)}{\bar{f}(z)\sqrt{T-t}}$，

$N(\cdot)$ 为标准正态分布函数。

下面求解快尺度 ε 对应的一阶修正项。将 $O(\sqrt{\varepsilon})$ 项前的系数设为零，可

得 $L_0 P_{0,3} + L_1 P_{0,2} + L_2 P_{0,1} = 0$，这也是关于变量 y 的泊松方程。因此，当 $\langle L_1 P_{0,2} + L_2 P_{0,1} \rangle = 0$ 时，它是可解的，可简化为：

$$\langle L_2 \rangle P_{0,1} = -\langle L_1 P_{0,2} \rangle \tag{8.16}$$

从式(8.15)和式(8.16)中可以发现：

$$L_0 P_{0,2} = -L_2 P_{0,0} + \langle L_2 P_{0,0} \rangle = -\frac{1}{2} [f^2(y,z) - \bar{f}^2(z)] S^2 \frac{\partial^2 P_{0,0}}{\partial S^2}$$

因此有：

$$P_{0,2} = -\frac{1}{2} L_0^{-1} \left\{ [f^2(y,z) - \bar{f}^2(z)] S^2 \frac{\partial^2 P_{0,0}}{\partial S^2} \right\}$$

$$= -\frac{1}{2} [\phi(y,z) + q(S,z,t)] S^2 \frac{\partial^2 P_0}{\partial S^2} \tag{8.17}$$

其中，$L_0 \phi(y,z) = f^2(y,z) - \bar{f}^2(z)$，函数 q 与变量 y 无关。将式(8.17)代入式(8.16)，有：

$$\langle L_2 \rangle P_{0,1} = \frac{1}{2} \langle L_1 \phi(y,z) \rangle S^2 \frac{\partial^2 P_{0,0}}{\partial S^2} = H_1(S,z,t)$$

其中

$$H_1(S,z,t) = V_3 S^3 \frac{\partial^3 P_{0,0}}{\partial S^3} + V_2 S^2 \frac{\partial^2 P_{0,0}}{\partial S^2}$$

并且

$$V_2 = \frac{v}{\sqrt{2}} \rho_1 \left\langle f \frac{\partial \phi}{\partial y} \right\rangle \quad V_3 = \frac{v}{\sqrt{2}} \left[2\rho_1 \left\langle f \frac{\partial \phi}{\partial y} \right\rangle - \left\langle \Lambda_1 \frac{\partial \phi}{\partial y} \right\rangle \right]$$

值得注意的是，上述方程中出现的 V_2 被称为波动率水平修正，它取决于 ρ_1 和 γ。V_3 是由三阶导数所引起的"皱眉效应"，当 ρ_1 等于零，这一项将消失。

考虑相应的边界条件，$P_{0,1}$ 满足如下偏微分方程系统：

$$\begin{cases} \langle L_2 \rangle P_{0,1} = H_1(S,\ z,\ t) \\ P_{0,1}(S,\ T) = 0 \\ P_{0,1}(L,\ t) = 0 \end{cases} \tag{8.18}$$

从式(8.18)中可以看出，$P_{0,1}$ 由非齐次偏微分方程系统控制，S 和 t 是变量，z 被视为常数，y 由于取快因子的统计均值而消失。

基于 B-S 算子的性质可快速求解式(8.18)，可得：

$$L_{BS}[(t-T)H_1] = H_1 - (T-t)L_{BS}[H_1] = H_1$$

这是因为：

$$L_{BS}[H_1] = V_3 S^3 \frac{\partial^3}{\partial S^3} L_{BS}[P_{0,0}] + V_2 S^2 \frac{\partial^2}{\partial S^2} L_{BS}[P_{0,0}] = 0$$

假设式(8.18)的解可以写成 $P_{0,1} = V(S,\ t) - (T-t)H_1$，这里的 $V(S,\ t)$ 满足：

$$\begin{cases} \langle L_2 \rangle V = 0 \\ V(S,\ T) = 0 \\ V(L,\ t) = (T-t)H_1(L,\ t) \end{cases} \tag{8.19}$$

通过使用 Laplace 变换，可得：

$$V(S,\ t;\ z) = \left(\frac{S}{L}\right)^{\frac{1}{2} - \frac{r}{\bar{f}^2}} \frac{\ln \dfrac{S}{L}}{2\pi \bar{f}(z)} \int_t^T \frac{H_1(L,\ z,\ T+t-\xi)}{(T-\xi)^{\frac{3}{2}}} \cdot$$

$$e^{-\frac{1}{2}\left(\frac{r}{\sigma} + \frac{\sigma}{2}\right)^2 (T-\xi) - \frac{\left(\ln \frac{S}{L}\right)^2}{2\bar{f}^2}(T-\xi)} \, \mathrm{d}\xi$$

因此

$$P_{0,1} = \left(\frac{S}{L}\right)^{\frac{1}{2} - \frac{r}{\bar{f}^2}} \frac{\ln \frac{S}{L}}{2\pi \bar{f}(z)} \int_t^T \frac{H_1(L, z, T+t-\xi)}{(T-\xi)^{\frac{3}{2}}} \cdot$$

$$e^{-\frac{1}{2}\left(\frac{r}{\sigma} + \frac{\sigma}{2}\right)^2 (T-\xi) - \frac{(\ln\frac{S}{L})^2}{2\bar{f}^2}(T-\xi)} d\xi - (T-t)H_1(S, z, t)$$

（2）慢尺度下的一阶修正。

在上面对 P_0^{ϵ} 的推导中，z 保持恒定，P_0^{ϵ} 可以被视为快速均值回归波动率模型下的解。下面将对慢因子 Z_t 中包含的随机性进行一阶修正。消除式（8.12）中 $\sqrt{\delta}$ 阶的相关项，可得：

$$\left(\frac{1}{\epsilon}L_0 + \frac{1}{\sqrt{\epsilon}}L_1 + L_2\right)P_1^{\epsilon} = -\left(M_1 + \frac{1}{\sqrt{\epsilon}}M_3\right)P_0^{\epsilon} \tag{8.20}$$

P_1^{ϵ} 以 $\sqrt{\epsilon}$ 的幂次展开，即：

$$P_1^{\epsilon} = \sum_{n=0}^{+\infty} \epsilon^{\frac{n}{2}} P_{1,n} \tag{8.21}$$

将式（8.21）代入式（8.20）后发现，在最低阶 $O(1/\epsilon)$ 时，以下方程成立：$L_0 P_{1,0} = 0$。

这意味着 $P_{1,0}$ 与 y 无关，即 $P_{1,0} = P_{1,0}(S, z, t)$。在 $O(1/\sqrt{\epsilon})$ 阶下，不难发现 $L_0 P_{1,1} + L_1 P_{1,0} = -M_3 P_{0,0}$。因为 $P_{0,0}$ 和 $P_{1,0}$ 都与 y 无关，所以该方程可简化为：

$$L_0 P_{1,1} = 0 \tag{8.22}$$

同样，基于与 $P_{0,0}$ 类似的原因，可以从式（8.22）中推断出 $P_{1,1}$ 也与 y 无关。

对于 $O(1)$ 阶的情况，可得 $L_2 P_{1,0} + L_1 P_{1,1} + L_0 P_{1,2} + M_1 P_{0,0} +$

$M_3 P_{0,1}=0$。由于 $L_1 P_{1,1}=0$，$M_3 P_{0,1}=0$，上式可简化为：

$$L_2 P_{1,0}+L_0 P_{1,2}=-M_1 P_{0,0} \tag{8.23}$$

在式(8.23)中应用 Fredholm 选择定理，可得：

$$\langle L_2 \rangle P_{1,0}=-\langle M_1 P_{0,0} \rangle=-\langle M_1 \rangle P_{0,0}$$

$$=g(z)\langle \lambda_2(y,z) \rangle \frac{\partial P_{0,0}}{\partial z}-\rho_2 g(z)\bar{f}(z)S\frac{\partial^2 P_{0,0}}{\partial z \partial S}$$

$$\triangle H_2(S,z,t)$$

考虑边界条件，可得 $P_{1,0}$ 满足的偏微分方程系统为：

$$\begin{cases} \langle L_2 \rangle P_{1,0}=H_2(S,z,t) \\ P_{1,0}(S,z,T)=0 \\ P_{1,0}(L,z,t)=0 \end{cases} \tag{8.24}$$

另外一方面，H_2 也是 B-S 方程的解，根据 B-S 算子的性质，有：

$$L_{BS}[(t-T)H_2]=H_2-(T-t)L_{BS}[H_2]=H_2$$

求解式(8.24)的过程与求解式(8.19)的过程十分类似。$P_{1,0}$ 最终可以确定为：

$$P_{1,0}=\left(\frac{S}{L}\right)^{\frac{1}{2}-\frac{r}{f^2}}\frac{\ln\dfrac{S}{L}}{2\pi\bar{f}(z)}\int_t^T \frac{H_2(L,z,T+t-\xi)}{(T-\xi)^{\frac{3}{2}}}\cdot$$

$$e^{-\frac{1}{2}\left(\frac{r}{\sigma}+\frac{\sigma}{2}\right)^2(T-\xi)-\frac{(\ln\frac{S}{L})^2}{2\bar{f}^2}(T-\xi)}d\xi-(T-t)H_2(S,z,t)$$

这里的 $P_{1,0}$ 是关于慢波动率因子的修正。$P_{0,0}+\sqrt{\delta}P_{1,0}$ 可被视为在单一但缓慢变化的波动率下的向下敲出期权的价格。

将快尺度和慢尺度下求出的解结合，可得到如下向下敲出二元期权价格的封闭形式的近似解：

$$\widetilde{P}(S, y, z, t) = \mathrm{e}^{-r(T-t)} \left[N(d_1) - N(d_2) \mathrm{e}^{-\left(\frac{2r}{\overline{f}^2(z)}-1\right) \ln(S/L)} \right]$$

$$+ \left(\frac{S}{L}\right)^{\frac{1}{2}-\frac{r}{\overline{f}^2}} \frac{\ln \dfrac{S}{L}}{2\pi \overline{f}(z)} \int_t^T \frac{\sqrt{\varepsilon} H_1(L, z, T+t-\xi) + \sqrt{\delta} H_2(L, z, T+t-\xi)}{(T-\xi)^{\frac{3}{2}}} \cdot$$

$$\mathrm{e}^{-\frac{1}{2}\left(\frac{r}{\sigma}+\frac{\sigma}{2}\right)^2 (T-\xi) - \frac{(\ln\frac{S}{L})^2}{2\overline{f}^2}(T-\xi)} \mathrm{d}\xi - (T-t) \left[\sqrt{\delta} H_2(S, z, t) + \sqrt{\varepsilon} H_1(S, z, t) \right]$$

此时，相应的 CDS 价格则可以通过进一步计算式(8.9)直接得出。

值得注意的是，在上式中，快因子 y 并没有明确体现，这是因为在波动率快速均值回归的情况下，波动率和标的价格都有可能大幅变化，但波动率的变化可能没有标的价格的变化那么显著。因此，在发生重大变化之前，波动率可以相对地视为一个常数，从而使得当前公式中出现的是 Y_t 所有可能路径的统计平均值，而不是其真实的变化。而上式中慢因子 z 则是作为自变量被明确地包含在内的，这是因为作为一个缓慢变化的过程，随着 $\delta \to 0$ 时，Z_t 的变化在其初始值 z 时就停止了。

（3）近似解的准确性。

这里将讨论近似解的精度。假设 $\hat{P}$ 是一个比 P 更高阶的近似：

$$\hat{P}(S, y, z, t) = P_{0,0} + \sqrt{\varepsilon} P_{0,1} + \varepsilon P_{0,2} + \varepsilon^{\frac{3}{2}} P_{0,3}$$
$$+ \sqrt{\delta} (P_{1,0} + \sqrt{\varepsilon} P_{2,0} + \varepsilon P_{3,0})$$

此外，将 $\hat{P}$ 和 P 之间的残差定义为 $R = \hat{P} - P$。R 的期望形式可表示为：

$$R = \varepsilon E^Q \left\{ \left[\mathrm{e}^{-r(T-t)} G_1(S_T, Y_T, Z_T, T) - \int_t^T \mathrm{e}^{-r(s-t)} R_1(S_s, Y_s, Z_s, s) \mathrm{d}s \right] \cdot \right.$$

$$\left. I_{\{\min_{0 \leqslant t* \leqslant t} S_{t*} \geqslant L\}} \mid S_t, Y_t, Z_t \right\}$$

$$
\begin{aligned}
&+ \sqrt{\varepsilon\delta}\, E^Q \left\{ \begin{bmatrix} \mathrm{e}^{-r(T-t)} G_2\left(S_T,\, Y_T,\, Z_T,\, T\right) \\ -\displaystyle\int_t^T \mathrm{e}^{-r(s-t)} R_2\left(S_s,\, Y_s, Z_s,, s\right)\mathrm{d}s \end{bmatrix} \cdot \right. \\[4pt]
&\qquad\left. I_{\{\min_{0\leqslant t* \leqslant t} S_{t*}\, \geqslant L\}}\ \bigm|\ S_t,\, Y_t,\, Z_t \right\} \\[6pt]
&+ \delta E^Q \left\{ \left[-\displaystyle\int_t^T \mathrm{e}^{-r(s-t)} R_3\left(S_s,\, Y_s,\, Z_s,\, s\right)\mathrm{d}s \right] \cdot \right. \\[4pt]
&\qquad\left. I_{\{\min_{0\leqslant t* \leqslant t} S_{t*}\, \geqslant L\}}\ \bigm|\ S_t,\, Y_t,\, Z_t \right\}
\end{aligned}
$$

其中，E^Q 是风险中性测度 Q 下的期望值，并且：

$$
R_1 = L_1 P_{0,3} + L_2 P_{0,2} \quad R_2 = L_1 P_{3,0} + M_2 P_{0,2}
$$

$$
R_3 = M_1 P_{1,0} + M_2 P_{0,0} + M_3 P_{2,0}
$$

$$
G_1 = P_{0,2} + \sqrt{\varepsilon}\, P_{0,3} \quad G_2 = P_{2,0} + \sqrt{\varepsilon}\, P_{3,0}
$$

利用 $P_{0,0}$ 的表达式和文献中已有的方法（Fouque et al.，2000），可以说明上式中出现的期望值受一些常数的限制，可能取决于 S、y、z 和 t，分析过程较为烦琐，这里省略。最后，根据三角不等式，即有 $P - \widetilde{P} = O(\varepsilon,\, \delta,\, \sqrt{\varepsilon\delta})$。

8.1.3　机制转换模型下 CDS 的价格

本节将在机制转化模型下考虑 CDS 的近似定价问题。这里也假设 CDS 的破产可以在到期日之前的任意时刻触发。本节主要是结合蒙特卡洛算法，给出在新提出的模型下 CDS 的一个近似解，并给出数值模拟。

1. 机制转换模型下的 CDS

本节中，CDS 合同的定价将在与 3.3.1 小节中相同的机制转换框架下进行。与前文一致,这里的 CDS 价格指的是价差,即买方向卖方支付的费用,并且通常表示为参考资产价格的比率,而不是一般情况下合约的价值。本节主要参考 He 和 Chen(2018)。

(1) 违约模型。

首先修正 Merton 模型中关于违约只能发生在合同到期时的假设。现假设违约可能发生在 CDS 合同有效期内的任何时间。修正后的违约模型与 8.1.2 小节中的一致,并且 CDS 的定价问题可简化为确定一个向下敲出二元期权的价格。具体分析过程可参见 8.1.2 小节,这里就不再累述了。

(2) 向下敲出二元期权的价格。

下面将在两个步骤内确定期权价格。第一步,假设马尔可夫链在到期时间 t 之前的所有信息都是已知的,此时波动率变为一个与时间相关的参数。在这种情况下,期权价格满足一个与时间相关的 B-S 方程。利用文献中使用的方法(Lo et al., 2003),可推导出向下敲出二元期权价格的近似解,如定理 8.2 所示。

定理 8.2　如果标的价格 S 遵循 $dS = rSdt + \sigma_t SdW_t$,其中波动率 σ_t 是一个关于时间的确定性函数,则对应的向下敲出二元期权 $U(S, t)$ 的价格可以表示为:

$$U(S, t) = e^{-rt} N\left[\frac{\ln(S/D) + c_1(t)}{\sqrt{2c_2(t)}}\right] - \tag{8.25}$$
$$e^{-rt + \beta[\ln(S/D) + c_1(t) + \beta c_2(t)]} N\left[-\frac{\ln(S/D) + c_1(t) + 2\beta c_2(t)}{\sqrt{2c_2(t)}}\right]$$

其中,t 表示当前到期时间,D 为障碍水平,$N(\cdot)$ 是标准正态分布函数,并且:

$$c_1(t) = rt - \frac{1}{2}\int_0^t \sigma_s^2 ds \quad c_2(t) = \frac{1}{2}\int_0^t \sigma_s^2 ds \quad \beta = -\frac{\int_0^t c_1(u)c_2(u)du}{\int_0^t c_2^2(u)}$$

证明 根据风险中性定价原理,在当前时间为 s 的情况下,对 $y=\ln(S/D)$ 和 $\tau=t-s$ 进行变换,则 $U(y,\tau)$ 应满足以下偏微分方程:

$$\frac{\partial U}{\partial \tau}=\frac{1}{2}\sigma_\tau^2\frac{\partial^2 U}{\partial y^2}+\left(r-\frac{1}{2}\sigma_\tau^2\right)\frac{\partial U}{\partial y}-rU$$

且具备初始条件 $U(y,0)=I_{y>0}$ 和边界条件 $U(0,\tau)=0$。引入一个新的函数 $\widetilde{U}(z,\tau)=e^{r\tau}U(y,\tau)$,其中 $z=y-y^*(\tau)$,$y^*(\tau)=-c_1(\tau)-\beta c_2(\tau)$,$\beta$ 是调整参数。此时,可以推导出 $\widetilde{U}(z,\tau)$ 满足的偏微分方程为 $\dfrac{\partial \widetilde{U}}{\partial \tau}=\dfrac{1}{2}\sigma_\tau^2 \cdot$

$\dfrac{\partial^2 \widetilde{U}}{\partial z^2}-\beta\dfrac{1}{2}\sigma_\tau^2\dfrac{\partial \widetilde{U}}{\partial z}$。令 $\xi=c_2(\tau)$,则上述偏微分方程可以改写为:

$$\frac{\partial \widetilde{U}}{\partial \xi}=\frac{\partial^2 \widetilde{U}}{\partial z^2}-\beta\frac{\partial \widetilde{U}}{\partial z} \tag{8.26}$$

可以观察到,式(8.26)是一个常数热传导方程。因此,令 $\bar{U}(z,\tau)=e^{-\frac{\beta}{2}x+\frac{\beta^2}{4}\xi} \cdot$ $\widetilde{U}(z,\tau)$,式(8.26)可化简为如下标准热传导方程:

$$\begin{cases} \dfrac{\partial \bar{U}}{\partial \xi}=\dfrac{\partial^2 \bar{U}}{\partial z^2} \\[2mm] \bar{U}(z,0)=U(z,0)e^{-\frac{\beta}{2}z} \\[2mm] \bar{U}(-y^*(\tau),\tau)=0 \end{cases} \tag{8.27}$$

根据 $U(y,\tau)$ 与 $\bar{U}(z,\tau)$ 之间的关系可知,当 $\bar{U}(z,\tau)$ 确定时,原始函数 $U(y,\tau)$ 就很容易得到了。然而,尽管此时原来的变系数偏微分方程转化为具有常系数的热传导方程,但之前的固定边界变为现在的移动边界,求解仍然十分困难。

现在,z 限制在 $[0,+\infty]$ 上,并在式(8.27)包含的偏微分方程上施加 $x=0$ 时的固定边界条件,可得到一个新的偏微分方程系统,即:

$$
\begin{cases}
\dfrac{\partial \bar{U}}{\partial \xi} = \dfrac{\partial^2 \bar{U}}{\partial z^2} \\[2mm]
\bar{U}(z,\,0) = U(z,\,0)\mathrm{e}^{-\frac{\beta}{2}z} \\[2mm]
\bar{U}(0,\,\tau) = 0
\end{cases}
\tag{8.28}
$$

通过镜像法,可得式(8.28)的解为:

$$
\bar{U}(z,\,\xi) = \int_{-\infty}^{+\infty} K(z,\,v,\,\xi)\bar{U}_{ext}(v,\,0)\mathrm{d}v
\tag{8.29}
$$

其中

$$
\bar{U}_{ext}(z,\,0) = \begin{cases}
\bar{U}(z,\,0) & z > 0 \\[2mm]
-\bar{U}(-z,\,0) & z < 0
\end{cases}
\tag{8.30}
$$

$$
K(z,\,v,\,\xi) = \frac{1}{\sqrt{4\pi\xi}}\mathrm{e}^{-\frac{(z-v)^2}{4\xi}}
$$

为了获得移动边界问题式(8.27)的近似解,需要确定 β 的值,使 $y^*(\tau)$ 成为固定边界 0 的一个良好近似。一种方法是确定 β,使积分 $\int_0^\tau [y^*(u)]^2 \mathrm{d}u$ 最小化。此时,β 值可确定为 $\beta = \dfrac{\displaystyle\int_0^\tau c_1(u)c_2(u)\mathrm{d}u}{\displaystyle\int_0^\tau c_2^2(u)\mathrm{d}u}$。$\beta$ 值确定后,即获得了式(8.27)的近似解。

下面进一步利用上述解来计算原始目标函数 $U(y,\,\tau)$。具体而言,通过代数运算,式(8.29)中的 $\bar{U}(z,\,\xi)$ 可以化简为 $\bar{U}(z,\,\xi) = \int_0^{+\infty} [K(z,\,v,\,\xi) - K(z,\,-v,\,\xi)]\bar{U}(v,\,0)\mathrm{d}v$,由此可得到 $U(y,\,\tau)$ 的表达式:

$$
U(y,\,\tau) = \mathrm{e}^{-r\tau + \frac{\beta}{2}(y-y^*) - \frac{\beta^2}{4}c_2(\tau)} \int_0^{+\infty} \Big[K(y-y^*,\,v,\,c_2(\tau))
$$

$$
- K(y-y^*,\,-v,\,c_2(\tau)) \Big] U(v,\,0)\mathrm{e}^{-\frac{\beta}{2}v}\mathrm{d}v
$$

化简后可得 $U(y, \tau) = \int_0^{+\infty} \left[f(y, v, \tau) - \mathrm{e}^{-\beta v} f(y, -v, \tau) \right] P(v,$

$0) \mathrm{d}v$，其中 $f(y, v, \tau) = \dfrac{1}{\sqrt{4\pi c_2(\tau)}} \mathrm{e}^{-\frac{[y-v+c_1(\tau)]^2}{4c_2(\tau)} - r\tau}$。由于 $P(v, 0) = I_{\{v>0\}}$，

通过 $\theta = \dfrac{y - v + c_1(\tau)}{\sqrt{2c_2(\tau)}}$ 变换，可得 $\int_0^{+\infty} f(y, v, \tau) P(v, 0) \mathrm{d}v =$

$\mathrm{e}^{-r\tau} N \left[\dfrac{y + c_1(\tau)}{\sqrt{2c_2(\tau)}} \right]$。同理，用另一个变换 $\theta = \dfrac{y + v + c_1(\tau) + 2c_2(\tau)}{\sqrt{2c_2(\tau)}}$，第二

积分可化简为 $\int_0^{+\infty} \mathrm{e}^{-\beta v} f(y, -v, \tau) P(v, 0) \mathrm{d}v = \mathrm{e}^{-r\tau + \beta[y + c_1(\tau) + \beta c_2(\tau)]}$ ·

$N \left[-\dfrac{y + c_1(\tau) + 2\beta c_2(\tau)}{\sqrt{2c_2(\tau)}} \right]$。

至此，已经成功推导出了 $U(y, \tau)$ 的近似解。令当前时间 $s = 0$，即可获得式（8.25）。证毕。■

基于定理 8.2 的结果，可以确定，以马尔可夫链所有信息为已知条件，机制转换模型下的向下敲出二元期权价格的表达式 $P(S, t | X_t)$ 具有如下形式：

$$P(S, t | X_t) = \mathrm{e}^{-rt} N \left[\dfrac{\ln(S/D) + c_1(t)}{\sqrt{2c_2(t)}} \right] - \mathrm{e}^{-rt + \beta[\ln(S/D) + c_1(t) + \beta c_2(t)]} \cdot$$

$$N \left[-\dfrac{\ln(S/D) + c_1(t) + 2\beta c_2(t)}{\sqrt{2c_2(t)}} \right]$$

其中，$c_1(t) = rt - \dfrac{1}{2} \int_0^t \langle \bar{\sigma}^2, X_s \rangle \mathrm{d}s$，$c_2(t) = \dfrac{1}{2} \int_0^t \langle \bar{\sigma}^2, X_s \rangle \mathrm{d}s$。

然而，马尔可夫链的所有信息在当前时刻是已知的，而从当前时刻开始至到期日是不能被预测的。为了获得目标期权价格 $P(S, t; X_0)$，下面进行第二步，即通过使用条件期望的塔式法则来求另一个期望：

$$P(S, t; X_0) = E_{X_t} [P(S, t | X_t) | X_0] \tag{8.31}$$

式(8.31)可用蒙特卡洛方法来进一步估计,即目标期权价格等于所有模拟路径中内置期权价格的平均值。具体而言,在每条路径上生成一个马尔可夫链,使得 CDS 合同到期前马尔可夫链的所有信息都是已知的,然后通过式(8.25)获得条件期权价格。最后,机制转换模型下的向下敲出二元期权价格可以用所有这些价格的平均值来近似。根据二元期权价格与 CDS 价格的关系,可最终确定 CDS 的价格。

(4) 数值算例和讨论。

下文将进行数值实验来检验本节所提的近似方法的准确性。此外,还将定量研究机制转换的引入对 CDS 价格的影响。除非另有说明,本节中的参数值设置如下:无风险利率 r 为 0.1;状态 1 和状态 2 中的波动率(即 σ_1 和 σ_2)分别等于 0.1 和 0.15;两个转移率 λ_{12} 和 λ_{21} 分别等于 10 和 20;标的价格 S 为 15;违约水平 D 为 12;到期时间 $T-t$ 为 1 年,当前状态假设为状态 1。

首先,检验近似解的准确性。将根据近似方法计算出的机制转换 B-S 模型下的向下敲出二元期权价格与直接从蒙特卡洛模拟中得到的价格进行比较,如图 8.4 所示。

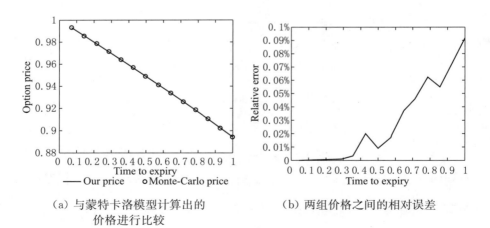

(a) 与蒙特卡洛模型计算出的
价格进行比较

(b) 两组价格之间的相对误差

图 8.4　近似价格的准确性

从图 8.4(a)中可以观察到,两组价格非常接近,且期权价格是关于距离
到期日时间的单调递减函数。这与实际情况是吻合的。因为随着距离到期
日时间变长,标的价格下跌到障碍水平以下的可能性会更大。图 8.4(b)中
则展示了两组价格之间的相对误差。从图中可以发现,相对误差的最大值
小于 0.1%,这验证了当前方法的准确性。

下面研究机制转换特征的引入对 CDS 价格的影响。图 8.5 展示了两种
模型下 CDS 价格与标的价格的关系。从图中可以看出,CDS 价格是关于标
的价格的单调递减函数。这是由于较低的标的价格水平意味着标的价格更
接近违约水平,所以此时合同更容易触发违约。从图 8.5 中可以进一步观察
到,机制转换模型下的 CDS 价格总是高于相应的 B-S 价格。这种现象也是
很符合实际情况的,因为当前状态 2 的波动率水平高,则对应的违约概率也
高,CDS 合同的买方要为更高的风险支付更多的费用。

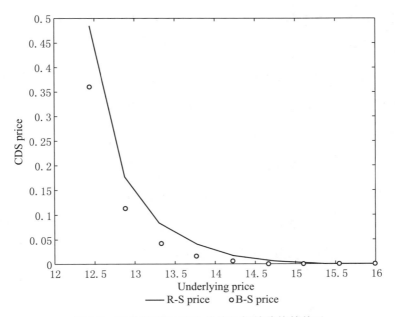

图 8.5　两种模型下 CDS 价格和标的价格的关系

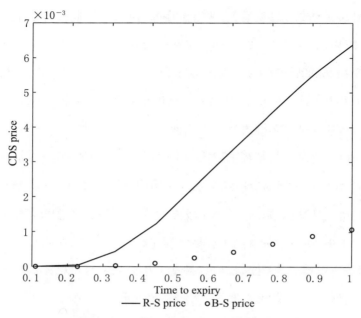

图 8.6　两种模型下 CDS 价格关于距离到期日时间的关系

图 8.6 则展示了 CDS 价格与距离到期日时间的关系。从图中可以观察到，距离到期日时间越长，CDS 价格就越高。这一现象从金融上可以解释为：距离到期日时间的增加将导致更高的违约概率，从而 CDS 买方应该支付更多的费用，以保证其在发生违约时获得风险补偿。此外，当距离到期日时间很短时，两种模型下的 CDS 价格非常接近，这是因为在极短时间内，波动率几乎不可能在两个状态之间进行切换。随着距离到期日时间的增加，波动率在状态之间切换的可能性也增加，因此机制转换模型下的 CDS 价格比相应的 B-S 价格增长得更快。例如，当距离到期日时间为 1 年时，机制转换模型下的 CDS 价格为相应 B-S 模型下价格的 6 倍以上。

8.2　股票抵押贷款

股票抵押贷款是以股票作为抵押品的贷款。欲建立股票抵押贷款,持有股票的投资者需将其股票交给提供股票抵押贷款服务的金融机构。在收取一定数额的股票抵押贷款服务费后,投资者将获得一笔本金和一项权利,允许他/她在任何有效时间内以偿还本金和贷款利息的方式赎回股票。这项权利通常被称为股票抵押贷款的价值。考虑到股票抵押贷款的提前行权性质和回报函数,对它进行定价实际上相当于对相应的美式看涨期权进行定价。

股票抵押贷款可以满足投资者的各种需求。例如,厌恶风险的投资者通常利用股票抵押贷款将持有股票的风险转移给金融机构。对于需要现金但面临出售限制的股票持有人,股票抵押贷款可以解决这一问题,进而增强市场的流动性。

自 2007 年以来,股票抵押贷款越来越受到学术界的关注。Xia 和 Zhou(2007)最先在 B-S 框架下研究了股票抵押贷款的定价。他们假设股票抵押贷款无具体到期日,并推导出其价格的解析表达式。Liang 和 Wu(2012)在股票抵押贷款中加入了自动终止条款、上限和保证金,并为其定价建立相应的变分不等式。对于有限到期的股票抵押贷款,大多数定价方法都是近似的,尚未得到过封闭形式的解析解。

在上述所有工作中,无风险利率被假设为一个常数。然而实际市场表明,恒定利率无法描述利率的期限结构,尤其是对于时间跨度较长(超过 20 年甚至 30 年)的金融产品。由于股票抵押贷款通常具有很长久的有效期,利率对其赎回策略有重要的影响,因此在随机利率框架下考虑股票抵押贷款的定价不仅符合实际,也具有一定的理论意义。基于此,本节主要介绍在随机利率模型下的股票抵押贷款的定价。

8.2.1　股票抵押贷款的定价系统

股票抵押贷款可以被视为客户以 $S-K+c$ 的价格购买的执行价格为 $Ke^{\gamma t}$ 的美式看涨期权,其中 S 是股票价格,K 是本金,c 是金融机构收取的服务费,γ 是以连续复利计算的贷款利率。根据无套利假设,可得 $V=S-K+c$,其中 V 股票抵押贷款的价格。

现在假设股票价格和无风险利率满足 2.2.3 小节中介绍的随机利率模型,在此模型下,股票抵押贷款价格满足的偏微分方程为:

$$\frac{\partial V}{\partial t}+(r-D)S\frac{\partial V}{\partial S}+\frac{1}{2}\sigma_1^2S^2\frac{\partial^2 V}{\partial S^2}+\frac{1}{2}\sigma_2^2r^2\frac{\partial^2 V}{\partial r^2}+\rho\sigma_1\sigma_2 rS\frac{\partial^2 V}{\partial S\partial r}-rV=0$$

$$(S,r,t)\in(0,S_f)\times(0,\infty)\times[0,T) \tag{8.32}$$

其中,S_f 是股票抵押贷款的最优执行价格,T 是到期日。

为了获得股票抵押贷款的价格,需要使用一组适当的边界条件来共同求解式(8.32)。由于股票抵押贷款到期时的价值与回报相同,有 $V(S,r,T)=\max(S-Ke^{\gamma T},0)$。另一方面,当股价为零时,理性的投资者不会选择实施股票抵押贷款。因此,在 $S=0$ 处的边界条件是 $V(0,r,t)=0$。类似于标准的美式看涨期权,假设股票抵押贷款价格及其 delta 在自由边界 S_f 上是连续的,即 $\lim_{S\to S_f}V(S,r,t)=S_f-Ke^{\gamma t}$,$\lim_{S\to S_f}\frac{\partial V}{\partial S}=1$。

在数学上,$r=0$ 是退化边界。如果相应的 Fichera 函数是非负的,则退化边界处不需要施加边界条件。通过计算可发现，当 $r=0$ 时，相应 Fichera 函数为零，因此在 $r=0$ 处不需要添加任何边界条件。当 $r\to\infty$，可在已有公式中对 r 取极限（Fang，2012），可得在随机利率框架下的欧式看涨期权在 $r\to\infty$ 处的极限为 $\lim\limits_{r\to\infty} V_E(S,r,t)=\mathrm{e}^{-D(T-t)}S$。由于美式看涨期权的价格介于股票价格和相应欧式期权价格之间，因此有 $\lim\limits_{r\to\infty} V(S,r,t)=\mathrm{e}^{-D(T-t)}S$。推导在 $r\to\infty$ 时的边界条件的另一种方法，是人为假设 V 在 $r=\infty$ 时满足式(8.32)。将式(8.32)两边同时除以 r^2 并取 $r\to\infty$，可得 $\dfrac{\partial^2 V}{\partial r^2}=0$，其解可写为：

$$V(S,r,t)=F_1(S,t)r+F_2(S,t) \tag{8.33}$$

其中，F_1 和 F_2 是两个一般函数。考虑终值条件和 $S=0$ 时的边界条件，式(8.33)可以进一步简化为 $V(S,r,t)=F_2(S,t)$，由此可以导出 $r\to\infty$ 时的 Neumann 边界条件为 $\lim\limits_{r\to\infty}\dfrac{\partial V}{\partial r}=0$。

综上，随机利率框架下股票抵押贷款的定价系统为：

$$
\begin{cases}
\dfrac{\partial V}{\partial t}+(r-D)S\dfrac{\partial V}{\partial S}+\dfrac{1}{2}\sigma_1^2 S^2\dfrac{\partial^2 V}{\partial S^2}+\dfrac{1}{2}\sigma_2^2 r^2\dfrac{\partial^2 V}{\partial r^2}+\rho\sigma_1\sigma_2 rS\dfrac{\partial^2 V}{\partial S\partial r} \\[2mm]
\quad -rV=0 \\[2mm]
V(S_f,r,t)=S_f-K\mathrm{e}^{rt} \\[2mm]
V(0,r,t)=0 \\[2mm]
\dfrac{\partial V}{\partial S}\bigg|_{S=S_f}=1 \\[2mm]
\lim\limits_{r\to\infty}\dfrac{\partial V}{\partial r}=0 \\[2mm]
V(S,r,T)=\max(S-K\mathrm{e}^{\gamma T},0)
\end{cases}
\tag{8.34}
$$

值得注意的是,尽管式(8.34)中包含的偏微分方程是线性的,但由于自由边界 S_f 未知,整个定价系统是高度非线性的。

8.2.2　数值方法

1. 变量替换

为了便于求解,使用以下变换:

$$\tau = T - t$$

$$Y = e^{-n}S$$

$$f(\tau, r) = e^{-n}S_f(r, t)$$

$$C(x, r, \tau) = e^{-n}V(S, r, t) \tag{8.35}$$

其中,新变量 $x = \ln(f/Y)$ 是 Landau 变换,它通常用来将移动边界问题转换为固定边界问题。经过变量替换后,定价系统变成:

$$
\begin{cases}
\dfrac{\partial C}{\partial \tau} = \left(H_1 - \dfrac{1}{f}\dfrac{\partial f}{\partial \tau}\right)\dfrac{\partial C}{\partial x} + H_2\dfrac{\partial^2 C}{\partial x^2} + H_3\dfrac{\partial^2 C}{\partial x \partial r} + H_4\dfrac{\partial^2 C}{\partial r^2} \\
\qquad + (\gamma - r)C \\[4pt]
\lim\limits_{x \to \infty} C(x, r, \tau) = 0 \\[4pt]
C(x, r, 0) = \max(e^{-x}f - K, 0) \\[4pt]
\lim\limits_{x \to 0} C(x, r, \tau) = f(\tau, r) - K \\[4pt]
\lim\limits_{x \to 0}\dfrac{\partial C}{\partial x} = -f(\tau, r) \\[4pt]
\lim\limits_{r \to \infty}\dfrac{\partial C}{\partial r} = -\dfrac{1}{f}\dfrac{\partial f}{\partial r}\dfrac{\partial C}{\partial x}
\end{cases}
\tag{8.36}
$$

其中

$$\begin{cases} H_1 = \dfrac{1}{2}\sigma_1^2 + D + \gamma - r + \dfrac{1}{2}\sigma_2^2 r^2 \dfrac{1}{f}\dfrac{\partial^2 f}{\partial r^2} - \dfrac{1}{2}\sigma_2^2 r^2 \dfrac{1}{f^2}\left(\dfrac{\partial f}{\partial r}\right)^2 \\[3mm] H_2 = \dfrac{1}{2}\sigma_1^2 - \dfrac{\rho\sigma_1\sigma_2 r}{f}\dfrac{\partial f}{\partial r} + \dfrac{\sigma_2^2 r^2}{2f^2}\left(\dfrac{\partial f}{\partial r}\right)^2 \\[3mm] H_3 = \dfrac{\sigma_2^2 r^2}{f}\dfrac{\partial f}{\partial r} - \rho\sigma_1\sigma_2 r \\[3mm] H_4 = \dfrac{1}{2}\sigma_2^2 r^2 \end{cases}$$

需要指出的是，这里的 $C(x, r, \tau)$ 可以被视为具有标的价格 Y、执行价格 K 和最优执行价格 $f(\tau, r)$ 的标准美式看涨期权。通过使用已有文献中类似的方法（Jiang and Li，2005），可得 $f(0, r) = K\max\left(1, \dfrac{r - \gamma}{D}\right)$。这里，$C$ 和 f 可作为"中间"期权和最优执行价格，当它们的值被确定后，可通过式（8.35）获得 V 和 S_f 的值。此外，在式（8.36）中，原始的移动定价区域 $[0, S_f]$ 已经变为 $[0, +\infty)$。从式（8.36）也可以看出，如果预先知道最优执行价格 $f(\tau, r)$，整个定价系统将变为线性系统。

2. 预估-校正方法

预估-校正方法是一种多步骤算法，可有效求解非线性偏微分方程。本节将构造与 6.2.1 节中类似的预估-校正方法来进一步求解式（8.36）。具体而言，首先预估最优执行价格来线性化定价系统式（8.36）；利用预测的最优执行价格，通过 ADI 方法计算看涨期权 C 的价格；最后通过期权价格来校正预测的最优执行价格。为了算法的稳定性，在预估和校正阶段都采用了混合有限差分近似。

下面对定价系统式（8.36）进行离散。由于该定价系统定义在半无限区域 $\{(x, r, \tau) \in [0, \infty) \times [0, \infty) \times [0, T]\}$ 上，为了在计算机上实现数值计算，需要将半无限区域截断为有限域，即 $\{(x, r, \tau) \in [0, x_{\max}] \times [0, r_{\max}] \times [0, T]\}$。根据 Kandilarov 和 Valkov（2011）进行的数值实验，令 $x_{\max} = 4$；

同时,因为利率总是远小于 1,因此令 $r_{\max}=1$。

现在,在 x 方向设置 $I+1$ 个均匀网格、在 r 方向设置 $J+1$ 个均匀网格和在时间方向设置 $N+1$ 个均匀网格,可得 $\Delta x=\dfrac{x_{\max}}{I}$, $\Delta r=\dfrac{r_{\max}}{J}$, $\Delta\tau=\dfrac{T}{N}$, $x_i=(i-1)\Delta x$, $r_j=(j-1)\Delta r$, $\tau_n=(n-1)\Delta\tau$,其中 $i=1,\cdots,I+1$, $j=1,\cdots,J+1$, $n=1,\cdots,N+1$。假设未知函数 C 和 f 在某个网格点 (i,j,n) 的值分别表示为 $C_{i,j}^n=C(x_i,r_j,\tau_n)$ 和 $f_j^n=f(r_j,\tau_n)$。

下面处理沿 x 方向的边界条件。用标准的方式处理 $x=x_{\max}$ 和 $x=0$ 处的 Dirichlet 边界,即 $C_{I+1,j}^n=0$, $C_{1,j}^n=f_j^n-K$。对于 $x=0$ 处的 Neumann 边界条件,为了避免使用虚点,采用单边逼近方式: $\dfrac{\partial C_{1,j}^n}{\partial x}=\dfrac{4C_{2,j}^n-C_{3,j}^n-3C_{1,j}^n}{2\Delta x}$。因此,对任意时间步 n,期权价格和最优执行价格之间满足 $f_j^n=\dfrac{4C_{2,j}^n+3K-C_{3,j}^n}{3-2\Delta x}$。最终,在网格点 (i,j,n) 处的半离散的定价系统可以写为:

$$\begin{cases}\dfrac{\partial C_{i,j}^n}{\partial\tau}=\left(H_{1,j}-\dfrac{1}{f_j^n}\dfrac{\partial f_j^n}{\partial\tau}\right)\dfrac{\partial C_{i,j}^n}{\partial x}+H_{2,j}\dfrac{\partial^2 C_{i,j}^n}{\partial x^2}+H_{3,j}\dfrac{\partial^2 C_{i,j}^n}{\partial x\partial r}\\[2mm]\qquad\qquad+H_{4,j}\dfrac{\partial C_{i,j}^n}{\partial r^2}+(\gamma-r_j)C_{i,j}^n\\[2mm]C_{I+1,j}^n=0\\[2mm]C_{1,j}^n=f_j^n-K\\[2mm]\dfrac{\partial C_{1,j}^n}{\partial x}=\dfrac{4C_{2,j}^n-C_{3,j}^n-3C_{1,j}^n}{2\Delta x}\\[2mm]C_{i,j}^1=\max(\mathrm{e}^{-x_i}f_j^1-K,0)\\[2mm]\dfrac{\partial C_{i,J+1}^n}{\partial r}=-\dfrac{1}{f_{j+1}^n}\dfrac{\partial f_{j+1}^n}{\partial r}\dfrac{\partial C_{i,J+1}^n}{\partial x}\end{cases}\tag{8.37}$$

其中, $H_{i,j}s(i,j=1,2,3,4)$ 定义为:

$$\begin{cases} H_{1,j}=\dfrac{1}{2}\sigma_1^2+D+\gamma-r_j+\dfrac{1}{2}\sigma_2^2 r_j^2\dfrac{1}{f_j^n}\dfrac{\partial^2 f_j^n}{\partial r^2}-\dfrac{1}{2}\sigma_2^2 r_j^2\left(\dfrac{1}{f_j^n}\dfrac{\partial f_j^n}{\partial r}\right)^2 \\[3mm] H_{2,j}=\dfrac{1}{2}\sigma_1^2-\sigma_1\sigma_2\rho r_j\dfrac{1}{f_j^n}\dfrac{\partial f_j^n}{\partial r}+\dfrac{1}{2}\sigma_2^2 r_j^2\left(\dfrac{1}{f_j^n}\dfrac{\partial f_j^n}{\partial r}\right)^2 \\[3mm] H_{3,j}=\sigma_2^2 r_j^2\dfrac{1}{f_j^n}\dfrac{\partial f_j^n}{\partial r}-\sigma_1\sigma_2\rho r_j \\[3mm] H_{4,j}=\dfrac{1}{2}\sigma_2^2 r_j^2 \end{cases}$$

(1) 预估阶段。

假设当前时间步为 n, 第 $n+1$ 时间步的期权价格和最优执行价格的预估值分别为 $\widetilde{C}_{i,j}^{n+1}$ 和 $\widetilde{f}_j^{n+1}$, 利用第 n 个时间步及其之前所有的信息来计算 $\widetilde{f}_j^{n+1}$。通过将显式方法应用于式(8.37)中的半离散偏微分方程,可得:

$$\widetilde{C}_{i,j}^{n+1}=A_{i,j}^n\widetilde{f}_j^{n+1}+B_{i,j}^n \quad i=2,\cdots,I;\ j=2,\cdots,J;\ n=1,\cdots,N$$

其中

$$\begin{cases} A_{i,j}^n=-\dfrac{1}{f_j^n}\dfrac{\partial C_{i,j}^n}{\partial x} \\[3mm] B_{i,j}^n=\Delta\tau H_{2,j}\dfrac{\partial^2 C_{i,j}^n}{\partial x^2}+\Delta\tau H_{3,j}\dfrac{\partial^2 C_{i,j}^n}{\partial x\partial r}+\Delta\tau H_{4,j}\dfrac{\partial^2 C_{i,j}^n}{\partial r^2} \\[3mm] \qquad +(\Delta\tau H_{1,j}+1)\dfrac{\partial C_{i,j}^n}{\partial x}+[\Delta\tau(\gamma-r_j)+1]C_{i,j}^n \end{cases}$$

以及

$$\widetilde{C}_{2,j}^{n+1}=A_{2,j}^n\widetilde{f}_j^{n+1}+B_{2,j}^n \quad \widetilde{C}_{3,j}^{n+1}=A_{3,j}^n\widetilde{f}_j^{n+1}+B_{3,j}^n$$

$$\widetilde{f}_j^{n+1}=\frac{4\widetilde{C}_{2,j}^{n+1}+3K-\widetilde{C}_{3,j}^{n+1}}{3-2\Delta x}$$

因此，在第 $n+1$ 时间步的最优执行价格的预估值为 $\widetilde{f}_j^{n+1} =$

$$\frac{3K+4B_{2,j}^n-B_{3,j}^n}{3-2\Delta x-4A_{2,j}^n+A_{3,j}^n}。$$

除了最优执行价格外，还需要预估第 $n+1$ 时间步的离散边界条件，以便在校正阶段使用 ADI 方法。根据 $x=+\infty$ 处的边界条件，设 $\widetilde{C}_{I+1,j}^{n+1}=$ $C_{I+1,j}^{n+1}=0$，$j=2，\cdots，J$；基于 $x=0$ 处的边界条件，有 $C_{1,j}^{n+1}=\widetilde{f}_j^{n+1}-K$，$j=2，\cdots，J$。对于沿 r 方向的边界条件，处理起来比较复杂。尽管在 $r=0$ 处没有施加边界条件，但仍可以估计 $r=0$ 时的边界值。假设 $r=0$ 时的期权价格也满足式(8.37)，可得：

$$\begin{cases} \dfrac{\partial C_{i,1}^n}{\partial \tau}=\Big(\dfrac{1}{2}\sigma_1^2+D+\gamma-\dfrac{1}{f_1^n}\dfrac{\partial f_1^n}{\partial \tau}\Big)\dfrac{\partial C_{i,1}^n}{\partial x}+\dfrac{1}{2}\sigma_1^2\dfrac{\partial^2 C_{i,1}^n}{\partial x^2}+\gamma C_{i,1}^n \\[2mm] C_{I+1,1}^n=0 \\[2mm] C_{1,j}^n=f_1^n-K \\[2mm] \dfrac{\partial C_{1,1}^n}{\partial x}=\dfrac{4C_{2,1}^n-C_{3,1}^n-3C_{1,1}^n}{2\Delta x} \\[2mm] C_{i,1}^1=\max(e^{-x_i}f_1^1-K，0) \end{cases} \tag{8.38}$$

从式(8.38)中可以清楚地看出，控制方程与 r 没有关系。因此可以通过使用隐格式直接从式(8.38)中确定 $r=0$ 时的期权价格。在 $r=r_{\max}$ 处采用以下边界条件进行计算，即 $\widetilde{C}_{i,J+1}^{n+1}=C_{i,J+1}^n$。

（2）校正阶段。

在校正阶段，将计算新时间步下的"中间"美式看涨期权 C 的价格，然后用于校正最优执行价格的预测值。由于定价系统中包含两个空间变量 x 和 r，因此使用 ADI 方法可以提高计算效率。

具体而言，在第 $n+1$ 时间步用隐格式离散 x 方向偏导数，用显格式离

散 r 方向偏导数,然后在第 $n+2$ 时间步交替使用隐格式和显格式来离散导数。上述算法可以用矩阵形式表示为:

$$G_1 X^{n+1} = Y^n - e_1 \tag{8.39}$$

$$G_2 X^{n+2} = Y^{n+1} - e_2 \tag{8.40}$$

其中,G_1、G_2、Y^n、Y^{n+1}、e_1、e_2、X^{n+1} 和 X^{n+2} 的定义可参见 Chen 等 (2015c)的附录 C。

通过在第 $n+1$ 时间步时求解式(8.39)或第 $n+2$ 时间步时求解式 (8.40),可得 $C_{i,j}^k (i=2, \cdots, I, j=2, \cdots, J)$。有了这些期权值,可以通过下式来校正相应的最优执行价格:$f_j^k = \dfrac{4C_{2,j}^k + 3K - C_{3,j}^k}{3 - 2\Delta x}$。然后,用 $C_{1,j}^k = f_j^k - K$ 来校正 $x=0$ 处的期权价格。

到目前为止,唯一未知的是在 $r=r_{\max}$ 处的期权价格和修正的最优执行价格。如果采用 $r=r_{\max}$ 处的 Dirichlet 边界条件,则只需用到 $\widetilde{f}_{J+1}^k$;而在 Neumann 边界条件下,需要用到在新的时间步下计算出的期权价格。因此,为了使得计算过程稳健,在 $r=r_{\max}$ 处选择 Neumann 边界条件来使定价系统闭合。将 $r=r_{\max}$ 处的 Neumann 边界条件离散为:

$$4C_{i,J}^k - 3C_{i,J+1}^k - C_{i,J-1}^k = \frac{3\widetilde{f}_{J+1}^k - 4f_J^k + f_{J-1}^k}{\widetilde{f}_{J+1}^k} \frac{c_{i+1,J+1}^k - c_{i-1,J+1}^k}{2\Delta x}$$

$$i = 2, \cdots, I$$

其对应的矩阵格式为(Chen et al., 2015c):

$$G_3 X_2 = Y_2 \tag{8.41}$$

此时,$r=r_{\max}$ 时的期权值可以通过求解式(8.41)来确定。根据求解得到的期

权价格值,最优执行价格在此处可校正为:

$$f_{J+1}^k = \frac{4C_{2,J+1}^k + 3K - C_{3,J+1}^k}{3 - 2\Delta x}$$

同时,$x = 0$ 处的期权价格可校正为 $C_{1,J+1}^k = f_{J+1}^k - K$。

总体而言,与求解二维抛物型方程的各种数值方法相比,当前方法具有以下独特之处:首先,当前方法仅需要与解决一维问题几乎相同的存储空间,即使将该方法应用于多资产问题,存储空间也不会增加。其次,除了期权价格,当前方法还可以得到整个最优执行价格,而在大多数方法中,最优执行价格和期权价格不能同时获得。最后,当前方法不需要迭代,并且很容易扩展到求解其他非线性问题中去。

由于篇幅限制,本节中不再提供关于股票抵押贷款的具体算例和讨论,有兴趣的读者可参照 Chen 等(2015c)。

参考文献

郭宇权(Y.-K. Kwok):《金融衍生产品的数学模型》,张寄洲、边保军、徐承龙等译,科学出版社 2012 年版。

杨丽玲、陈文婷:《CGMY 模型下的欧式外汇期权定价》,《经济数学》2020 年第 1 期。

约翰·赫尔(J. Hull):《期权、期货及其他衍生产品》,王勇、索吾林译,机械工业出版社 2015 年版。

郑振龙、陈蓉:《金融工程》,高等教育出版社 2020 年版。

Alexandrou, A.N., 1989, "An Inverse Finite Element Method for Directly Formulated Free Boundary Problems", *International Journal for Numerical Methods in Engineering*, 28:2383—2396.

Armitage, P., and Colton T., 1998, *Numerical Integration*, John Wiley and Sons, Chichester.

Bates, D. S., 2006, "Maximum Likelihood Estimation of Latent Affine Processes", *Financial Studies*, 19:909—965.

Björk, T., and Hult H., 2005, "A Note on Wick Products and the Fractional Black-Scholes model", *Finance & Stochastics*, 9:197—209.

Black, F., 1976, "Studies of Stock Market Changes", Proceeding of the American Statistical Association, Business and Economics Statistics Section, American Statistical Association, Washington, DC 177—181.

Black, F., and Scholes M., 1973, "The Pricing of Options and Corporate Liabilities", *The Journal of Political Economy*, 81:637—654.

Born, M., and Oppenheimer R., 1924, "On the quantum theory of molecules", *Annalen der Physik*, 84:457.

Brigo, D., and Chourdakis K., 2009, "Counterparty Risk for Credit Default Swaps: Impact of Spread Volatility and Default Correlation", *International Journal of Theoretical & Applied Finance*, 12(07):1007—1026.

Carr, P., and D.B. Madan, 1999, "Option Valuation Using the Fast Fourier Transform", *Computational Finance*, 2:(4) 61—73.

Carr, P., and L. Wu, 2003, "The Finite Moment Log Stable Process and Option Pricing", *Finance*, 58(2):597—626.

Carr, P., H. Geman, D. Madan and M. Yor, 2002, "The Fine Structure of Asset Returns: An Empirical Investigation", *Journal of Business*, 75(2):305—332.

Carrier, G. F., and C. E. Pearson, 1976, *Partial Differential Equations Theory and Technique*, Physics Bulletin.

Cartea, A., and D. Del-Castillo-Negrete, 2006, "Fractional Diffusion Models of Option Prices in Markets with Jumps.", *Physica A*, 374:749—763.

Chen, W., and S. Wang, 2014, "A Penalty Method for A Fractional Order Parabolic Variational Inequality Governing American Put Option Valuation", *Computers & Mathematics with Applications*, 67(1):77—90.

Chen, W., and S. Wang, 2015, "A Finite Difference Method for Pricing European and American Options under A Geometric Lévy Process", *Journal of Industrial and Management Optimization*, 11:241—264.

Chen, W.-T., and S. Lin, 2018, "Option Pricing under the Kobol Model", *The ANZIAM Journal*, 60(2):175—190.

Chen, W.-T., and S.-P. Zhu, 2012, "Pricing Perpetual American Puts under Multi-scale Stochastic Volatility", *Asymptotic Analysis*, 80(1):133—148.

Chen, W.-T., and X.-J. He, 2017, "Pricing Credit Default Swaps under A Multi-scale Stochastic Volatility Model", *Physica*, 468:425—433.

Chen, W.-T., L.-B. Xu and S.-P. Zhu, 2015c, "Stock Loan Valuation under A Stochastic Interest Rate Model", *Computers & Mathematics with Applications*, 70(8):1757—1771.

Chen, W.-T., M.-Y. Du and X. Xu, 2017, "An Explicit Closed-form Analytical Solution for European Options under the CGMY Model", *Communications in Nonlinear Science & Numerical Simulation*, 42:285—297.

Chen, W.-T., X. Xu and S.-P. Zhu, 2014, "Analytically Pricing European-style Options under the Modified Black-Scholes Equation with a Spatial Fractional Derivative", *Applications of Mathematics*, 72(3):597—611.

Chen, W.-T., X. Xu and S.-P. Zhu, 2015a, "Analytically Pricing Double Barrier Options based on A Time-fractional Black-Scholes Equation", *Computers & Mathematics with Applications*, 69(12):1407—1419.

Chen, W.-T., X. Xu and S.-P. Zhu, 2015b, "A Predictor-corrector Approach for Pricing American Options under the Finite Moment Log-stable Model", *Applied Numerical Mathematics*, 97:15—29.

Cheridito, P., 2001, "Mixed Fractional Brownian Motion", *Bernoulli*, 7(6):913—934.

Cheridito, P., 2003, "Arbitrage in Fractional Brownian Motion Models", *Finance & Stochastics*, 7:533—553.

Chesney, M., M. Jeanblanc-Picque and M. Yor, 1997, "Brownian Excursion and Parisian Barrier Options", *Advances in Applied Probability*, 29:165—184.

Christoffersen, P., K. Jacobs and K. Mimouni, 2006, "An Empirical Comparison of Affine and Non-affine Models for Equity Index Options", *Social Science Research Network*.

Christoffersen, P., S. Heston and K. Jacobs, 2009, "The Shape and Term Structure of the Index Option Smirk: Why Multifactor Stochastic Volatility Models Work so Well", *Social Science Electronic Publishing*, 55(12):1914—1932.

Clarke N., and K. Parrott, 1999, "Multigrid for American Option Pricing with Stochastic Volatility", *Applied Mathematical Finance*, 6(3):177—195.

Cont, R., 2001, "Empirical Properties of Asset Returns: Stylized Facts and Statistical Facts", *Quantitat Finance*, 1:223—236.

Cui, Y., S. del Baño Rollin and G. Germano, 2017, "Full and Fast Calibration of the Heston Stochastic Volatility Model", *European Journal of Operational Research*, 263(2):625—638.

Dai, M., and Z.Q. Xu, 2011, "Optimal Redeeming Strategy of Stock Loans with Finite Maturity", *Mathematical Finance*, 21(4):775—793.

Duffie, D., J. Pan and K. Singleton, 2000, "Transform Analysis and Asset Pricing for Affine Jump", *Econometrica*, 68(6):1343—1376.

Duncan, T., Y. Hu and B. Pasik-Duncan, 2000, "Stochastic Calculus for Fractional Brownian Motion", *SIAM Journal of Control and Optimization*, 38:582—612.

Elliott, R.J., and G.-H. Lian, 2013, "Pricing Variance and Volatility Swaps in A Stochastic Volatility Model with Regime Switching: Discrete observations case", *Quantitative Finance*, 13(5):687—698.

Elliott, R.J., and J. van der Hoek, 2003, "A General White Nose Theory and Applications to Finance", *Mathematical Finance*, 13:301—330.

Fang, H., 2012, "Option Pricing under Stochastic Interest rates", *Annals of Mathematics*, 3:82—89.

Fouque, J.-P., G. Papanicolaou and K. R. Sircar, 1998, "Mean-reverting Stochastic Volatility", *Internal Journal of Theoretical and Applied Finance*, 3:101—142.

Fouque, J.-P., G. Papanicolaou and K.R. Sircar, 2000, *Derivatives in Financial Markets with Stochastic Volatility*, Cambridge University Press.

Fouque, J.-P., G. Papanicolaou, K.R. Sircar and K. Solna, 2003a, "Short Time Scale in S&P 500 Volatility", *Computational Finance*, 6(4):1—23.

Fouque, J.P., G. Papanicolaou, K.R. Sircar and K. Solna, 2003b, "Multiscale Stochastic Volatility Asymptotics", *Multiscale Model Simul*, 2(1):22—42.

Fouque, J.-P., K. R. Sircar and K. Solna, 2006, "Stochastic Volatility Effects on Defaultable Bonds", *Applied Mathematical Finance*, 13(2):215—247.

Haber, R.J., P.J. Schonbucher and P. Wilmott, 1998, "Pricing Parisian options", *The Journal of Derivatives*, 34:71—79.

Heston, S. L., 1993, "A Closed-form Solution for Options with Stochastic Volatility with Applications to Bond and Currency Options", *Review of Financial Studies*, 6(2):327—343.

He, X.-J. and S.-P. Zhu, 2016, "An Analytical Approximation Formula for European Option Pricing under A New Stochastic Volatility Model with Regime-switching", *Journal of Economic Dynamics and Control*, 71:77—85.

He, X.-J. and W.-T. Chen, 2014, "The Pricing of Credit Default Swaps under A Generalized Mixed Fractional Brownian Motion", *Physica A*, 404:26—33.

He, X.-J. and W.-T. Chen, 2018, "A Monte-Carlo Based Approach for Pricing Credit Default Swaps with Regime Switching", *Computers & mathematics with Applications*, 76(7):1758—1766.

He, X.-J. and W.-T. Chen, 2019, "A Semianalytical Formula for European Options under A Hybrid Heston-Cox-Ingersoll-Ross Model with Regime Switching", *International Journal of Finance and Economics*.

He, X.-J. and W.-T. Chen, 2021a, "A Closed-form Pricing Formula for European Options under A New Stochastic Volatility Model with A Stochastic Long-term mean", *Mathematics and Financial*, 15:381—396.

He, X.-J. and W.-T. Chen, 2021b, "Pricing Foreign Exchange Options under A Hybrid Heston-Cox-Ingersoll-Ross Model with Regime Switching", *IMA Journal of Management Mathematics*.

Howison, S., 2005, "Matched Asymptotic Expansions in Financial Engineering", *Journal of Engineering Mathematics*.

Hull, J.C., 1997, *Options, Futures, and Other Derivatives*, Prentice Hall Press.

Ikonen, S. and J. Toivanen, 2008, "Effcient Numerical Methods for Pricing American Options under Stochastic Volatility", *Numerical Methods for Partial Differential Equations*, 24(1):104—126.

Ingber, L., A. Petraglia, M.R. Petraglia, and M.A.S. Machado, 2012, *Stochastic Global Optimization and its Applications with Fuzzy Adaptive Simulated Annealing*, Berlin: Springer Publishing.

Ito, K. and J. Toivanen, 2009, "Lagrange Multiplier Approach with Optimized Finite Difference Stencils for Pricing American Options under Stochastic Volatility", *SIAM Journal on Scientific Computing*, 31:2646—2664.

Jarrow, R.A. and S.M. Turnbull, 1995, "Pricing Derivatives on Financial Securities Subject to Credit Risk", *Finance*, 50(1):53—85.

Jiang, L. and C. Li, 2005, "Mathematical Modeling and Methods of Option Pricing", *World Scientific*.

Kandilarov, J.D. and R.L. Valkov, 2011, "A Numerical Approach for the American Call Option Pricing Model", *Lecture Notes in Computational*, 6046:453—460.

Kirkwood, J.R., 1995, *An Introduction to Analysis*, PWS Publishing, Boston.

Koponen, I., 1995, "Analytic Approach to the Problem of Convergence of Truncated Lévy Flights Towards the Gaussian Stochastic Process", *Physical Review E*, 52:1197.

Kwok, Y.K., 2008, *Mathematical Models of Financial Derivatives*, Second Edition, Springer.

Le, A., 2015, "Separating the Components of Default Risk: A Derivativebased Approach", *The Quarterly Journal of Finance*, 5(01):1550005.

Liang, J.-R., J. Wang, W.-J. Zhang, W.-Y. Qiu and F.-Y. Ren, 2010, "The Solution to A Bi-fractional Black-Scholes-Merton Differential Equation", *Pure Applications of Mathematics*, 58(1):99—112.

Liang, Z. and W. Wu, 2012, "Variational Inequalities in Stock Loan Models", *Optimization and Engineering*, 13(3):459—470.

Lim, K.G. and D. Zhi, 2002, "Pricing Options Using Implied Trees: Evidence from FTSE-100 Options", *Journal of Futures Markets*, 22(7):601—626.

Lo, C.F., H. Lee, C.H. Hui, et al., 2003, "A Simple Approach for Pricing Barrier Options with Time-dependent Parameters", *Quant Finance*, 3(2):98—107.

Longstaff, F.A., and E. Schwartz, 2001, "Valuing American Options by Simulation: A Simple Least-squares Approach", *Financial Studies*, 14:113—147.

Longstaff, F.A. and E.S. Schwartz, 1995, "Valuing Credit Derivatives", *Fixed Income*, 5(1):6—12.

McCollum, P.A. and B.F. Brown, 1965, *Laplace Transform Tables and Theorems*, Holt, Rinehart and Winston, New York-Toronto, London.

Medvedev, A., and O. Scaillet, 2010, "Pricing American Options under Stochastic Volatility and Stochastic Interest Tates", *Journal of Financial Economics*, 98(1):145—159.

Metzler, R., and J. Klafter, 2000, "The Random Walk's Guide to Anomalous Diffusion: A Fractional Dynamics Approach", *Physics Reports*, 339:1—77.

Mikhailov, S., and Nögel U., 2004, "Heston's Stochastic Volatility Model: Implementation, Calibration and Some Extensions", *Wilmott Magazine*, 74—79.

Necula, C., 2008, "Option Pricing in a Fractional Brownian Motion Environment", *Advances in Economic and Financial Research-DOFIN Working Paper Series*, 2(3):259—273.

Oosterlee, C.W., 2003, "On Multigrid for Linear Complementarity Problems with Application to American-style Options", *Electronic Transactions on Numerical Analysis*, 15:165—185.

Pazy, A., 1983, *Semigroups of Linear Operators and Applications to Partial Differential Equations*, Springer-Verlag.

Perelló, J., J. Masoliver and J.P. Bouchaud, 2003, "Multiple Time Scales in

Volatility and Leverage Corrections: A Stochastic Volatility Model", *Mathematical Finance*, 11(1):27—50.

Perelló, J., R. Sircar and J. Masoliver, 2008, "Option Pricing Under Stochastic Volatility: The Exponential Ornstein-Uhlenbeck Model", *Journal of Statistical Mechanics: Theory and Experiment*.

Podlubny, I., 1999, *Fractional Differential Equations*, Academic Press, San Diego.

Shen, J., and T. Tang, 2006, *Spectral and High-order Methods*, Science Press.

Shu, J., and J.E. Zhang, 2004, "Pricing S&P 500 Index Options under Stochastic Volatility with the Indirect Inference Method", *Journal of Derivatives Accounting*, 1(2):1—16.

Strikwerda, C.J., 1989, "Finite Difference Schemes and Partial Differential Equations", *Chapman & Hall*.

Sun, L., 2013, "Pricing Currency Options in the Mixed Fractional Brownian motion", *Physica A*, 392(16):3441—3458.

Sun, X., and L. Yan, 2012, "Mixed-fractional Models to Credit Risk Pricing", *Statistical & Econometric Methods*, 1(3):79—96.

Tavella, D., and C. Randall, 2000, *Pricing Financial Instruments: The Finite Difference Method*, Wiley, New York.

Taylor, M., 1997, *Partial Differential Equations*, Springer-Verlag.

Thäle, C., 2009, "Further Remarks on Mixed Fractional Brownian Motion", *Applications of Mathematics*, 3(38):1885—1901.

Van Zanten, H., 2007, "When Is A Linear Combination of Independent FBM's Equivalent to A Single FBM?", *Stochastic Processes and Their Applications*, 117:57—70.

Wilmott, P., J. Dewynne and S. Howison, 1993, *Option Pricing*, Oxford, Financial Press.

Wyss, W., 2000, "The Fractional Black-Scholes Equation", *Fractional Calculus and Applied Analysis*, 3(1):51—61.

Xia, J., and X.Y. Zhou, 2007, "Stock Loans", *Mathematical Finance*, 17(2):307—317.

Zhu, S.-P., A. Badran and X. Lu, 2012, "A New Exact Solution for Pricing European Options in A Two-state Regime-switching Economy", *Computers & Mathematics with Applications*, 64(8):2744—2755.

Zhu, S.-P., and J. Zhang, 2011, "A New Predictor-corrector Scheme for Valuating American Puts", *Applied Mathematics & Computation*, 27：4439—4452.

Zhu, S.-P., and W.-T. Chen, 2010, "A New Analytical Approximation for European Puts with Stochastic Volatility", *Applied Mathematics Letters*, 23(6)：687—692.

Zhu, S.-P., and W.T. Chen, 2011a, "A Predictor-corrector Scheme Based on ADI Method for Pricing American Puts with Stochastic Volatility", *Computers & Mathematics with Applications*.

Zhu, S.-P., and W.T. Chen, 2011b, "A Spectral-collocation Method for Pricing Perpetual American Puts with Stochastic Volatility", *Applied Mathematics and Computation*, 217(22)：9033—9040.

Zhu, S.-P., and W.-T. Chen, 2011c, "Should An American Option be Exercised Earlier or Later if Volatility Is not Assumed to be A Constant?", *International Journal of Theoretical & Applied Finance*.

Zhu, S.-P., and W.-T. Chen, 2011d, "Pricing Perpetual American Options under A stochastic Volatility Model with Fast Mean Reversion", *Applied Mathematics letters*, 24：1663—1669.

Zhu, S.-P., and W.-T. Chen, 2013a, "An Inverse Finite Element for Pricing of American Options", *Journal of Economic Dynamics and Control*, 37(1)：231—250.

Zhu, S.-P., and W.-T. Chen, 2013b, "Pricing Parisian and Parasian Options Analytically", *Journal of Economic Dynamics and Control*.

Zvan, R., P. A. Forsyth and K. R. Vetzal, 1998, "Penalty Methods for American Options with Stochastic Volatility", *Journal of Computational and Applied Mathematics*, 91：199—218.

图书在版编目(CIP)数据

金融衍生品定价 / 陈文婷著. -- 上海 ：格致出版
社 ：上海人民出版社，2024. -- (格致经管前沿).
ISBN 978-7-5432-3574-8

Ⅰ. F830. 95

中国国家版本馆 CIP 数据核字第 20242QX970 号

责任编辑　郑竹青
装帧设计　路　静

格致经管前沿

金融衍生品定价

陈文婷　著

出　　版　格致出版社
　　　　　上海人民出版社
　　　　　(201101　上海市闵行区号景路 159 弄 C 座)
发　　行　上海人民出版社发行中心
印　　刷　上海颛辉印刷厂有限公司
开　　本　720×1000　1/16
印　　张　17.5
插　　页　2
字　　数　213,000
版　　次　2024 年 7 月第 1 版
印　　次　2024 年 7 月第 1 次印刷
ISBN 978 - 7 - 5432 - 3574 - 8/F・1578
定　　价　79.00 元

格致经管前沿

金融衍生品定价
陈文婷 著

需求方视角下小微企业信贷可得性与企业发展研究
徐娜娜 著

基础设施、财政支出效率与产业动态比较优势研究
茹玉骢　王文雯 著

公司创业投资与企业技术创新：基于被投资企业的视角
王　雷 著

中国人口迁移与区域收入差距
潘泽瀚 著

谦卑型领导力对创业绩效的影响研究
陈翼然 著

全成本、比较优势与国际贸易
杨青龙 著

二元经济结构、国际经贸新规则与外贸转型升级
刘　晴 著

中国金融分权结构与金融体系发展——基于财政分权下金融风险的视角
苗文龙 著

知识网络与合作网络的关系研究——基于 Python 编程
张晓黎 著

贸易结构与劳动者报酬占比研究
罗海蓉 著

铁矿石与钢铁产业供应链竞争研究
王金桃 等著

政府规制视角下国企高管薪酬管理制度改革研究
黄再胜 著